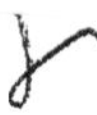

Vente du Lundi 22 au Samedi 27 Mai 1911
(HOTEL DROUOT)
Par le ministère de Me **ANDRÉ DESVOUGES**, Commissaire-Priseur

CATALOGUE

DE

LIVRES ANCIENS

ET MODERNES

RELATIFS

AUX BEAUX-ARTS

PEINTURE, GRAVURE, ARCHITECTURE, DÉCORATION INTÉRIEURE

ARTS INDUSTRIELS, ETC.

LIVRES ILLUSTRÉS DANS TOUS LES GENRES

PROVENANT DE LA BIBLIOTHÈQUE

DE M. G. ROQUES

PARIS

LIBRAIRIE HENRI LECLERC

219, RUE SAINT-HONORÉ, 219

ET 16, RUE D'ALGER

1911

LIVRES

RELATIFS AUX BEAUX-ARTS

LA VENTE AURA LIEU

Du Lundi 22 au Samedi 27 Mai 1911

A 2 heures précises

HOTEL DES COMMISSAIRES-PRISEURS, 9, RUE DROUOT

Salle N° 10

Par le ministère de **Mᵉ ANDRÉ DESVOUGES**, commissaire-priseur

26, RUE GRANGE-BATELIÈRE, 26

Assisté de **M. HENRI LECLERC**, libraire

219, RUE SAINT-HONORÉ, 219

ET 16. RUE D'ALGER

VOIR L'ORDRE DES VACATIONS A LA FIN DU CATALOGUE

CONDITIONS DE LA VENTE

La vente se fera au comptant.

Les acquéreurs paieront 10 pour 100 en sus des enchères.

Les livres vendus devront être collationnés dans les vingt-quatre heures de l'adjudication. Passé ce délai, ils ne seront repris pour aucune cause.

M. Leclerc se réserve la faculté, dans l'intérêt de la vente, de réunir ou de diviser les numéros du catalogue. Il remplira les commissions qu'on voudra bien lui confier.

CATALOGUE

DE

LIVRES ANCIENS

ET MODERNES

RELATIFS

AUX BEAUX-ARTS

PEINTURE, GRAVURE, ARCHITECTURE, DÉCORATION INTÉRIEURE

ARTS INDUSTRIELS, ETC.

LIVRES ILLUSTRÉS DANS TOUS LES GENRES

PROVENANT DE LA BIBLIOTHÈQUE

DE M. G. ROQUES

PARIS

LIBRAIRIE HENRI LECLERC

219, RUE SAINT-HONORÉ, 219

ET 16, RUE D'ALGER,

—

1911

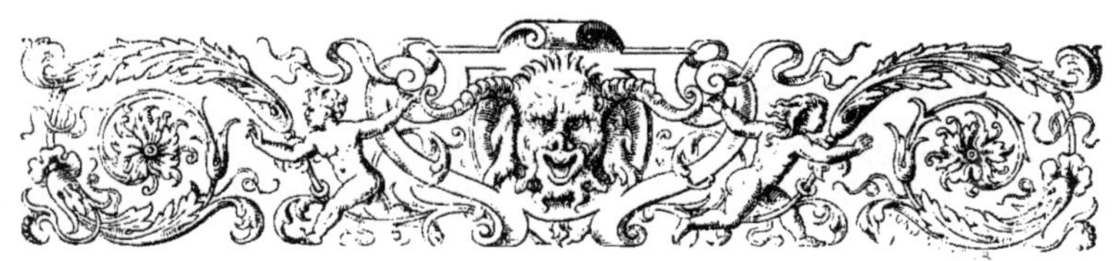

I. — BEAUX-ARTS

I. — GÉNÉRALITÉS

1. BEAUX-ARTS (Les) ; illustration des arts et de la littérature. *Paris, L. Curmer, s. d.* (1843-1844). 3 vol. in-4, dans le cartonnage original de l'éditeur.

> Ouvrage orné de nombreuses planches hors texte gravées à l'eau-forte et en lithographie, d'après *J. Dupré, Gavarni, Corot. Isabey, H. Baron,* etc., et de vignettes dans le texte, gravées sur bois.
> Texte par *Mery, E. de La Bedollierre, Aug. Bouchet, Alph. Karr, Eug. Guinot, Henri Heine,* etc., etc.

2. BIBLIOTHÈQUE DE L'ENSEIGNEMENT DES BEAUX-ARTS (de la), publiée sous la direction de M. Jules Comte. *Paris, A. Quantin, s. d.,* 13 vol. in-8, reliés et brochés.

> Babelon (E.). — Manuel d'archéologie orientale. — Chesneau (E.). La Peinture anglaise. — Collignon (Max). L'Archéologie grecque. — Delaborde (H.). La Gravure. — Gerspach. La Mosaïque. — Havard (H.). La Peinture hollandaise. — Lafenestre (G.). La Peinture italienne. — Lavoix (H.). Histoire de la musique. — Lostalot (A. de). Les Procédés de la gravure. — Martha (Jules). L'Archéologie étrusque et romaine. — Maspéro (G.). L'Archéologie égyptienne. — Mayeux (Henri). La Composition décorative. — Wauters (A.-J.). La Peinture flamande.

3. BRULLIOT (François). Dictionnaire des monogrammes, marques figurées, lettres initiales, noms abrégés, etc., avec lesquels les peintres, dessinateurs, graveurs et sculpteurs ont désigné leurs noms. Nouvelle édition revue, corrigée et augmentée d'un grand nombre d'articles. *Munich, J.-G. Cotta,* 1832-1834, 3 vol. in-4, bas. fauve, tr. rouges.

> Ouvrage très important divisé en trois parties contenant : 1° *les monogrammes ;* 2° *les lettres initiales ;* 3° *les noms abrégés et estropiés, ainsi que les appendices.*

4. BULLETIN MONUMENTAL, ou collection de mémoires et de renseignements pour servir à la confection d'une statistique des monuments de la France, classés chronologiquement. *Paris, 1839-1885*, 34 vol. in-8, dont 26 demi-rel. chagrin vert et 8 en fascicules.

> Nous possédons : Première série (1839-1840), tome V et VI. — Deuxième série (1854), tome X. — Troisième série (1855 à 1864), tomes I à X inclus. — Quatrième série (1865 à 1872), tomes I à VIII inclus. — Cinquième série (1873 à 1884), tomes I à XII inclus, moins les fascicules 8 du tome VI, 7 et 8 du tome VIII, 7 du tome IX et 2, 3 et 4 du tome X. — Sixième série (1885), tome Ier, les fascicules 1, 2 et 3 (janvier à juin).

5. CARTER (John). Specimens of the ancient sculpture and painting remaining in England, from the earliest period to the reign of Henri VIII. With critical and historical illustrations by Francis Donce, Richard Gough, John Fenn, J. S. Hawkins, etc., etc. *London, Henry G. Bohn*, 1838, in-fol., dos et coins mar. grenat, plats toile, tête dor., non rogné.

> Cette édition, contenant 119 planches, dont plusieurs coloriées, est rangée dans l'ordre topographique des comtés, et augmentée de notes par Dawson Turner, Sir Samuel Rush Meyrick, John Britton, etc.
> Le titre indique 120 planches, mais l'ouvrage est complet avec 119, y compris 2 frontispices et 2 planches hors série.

6. DENON (Vivant). Monuments des arts du dessin chez les peuples tant anciens que modernes, recueillis par le baron Vivant Denon, pour servir à l'histoire des arts ; lithographiés par ses soins et sous ses yeux ; décrits et expliqués par Amaury Duval. *A Paris, chez Brunet Denon*, 1829, 4 vol. gr. in-fol., demi-rel chagrin vert, tr. jasp.

> Recueil intéressant, tiré à 250 exemplaires : il est orné de 314 (sur 315) planches lithographiées en noir et à plusieurs teintes.
> La planche 192 *bis* manque.

7. DUMESNIL. (J.). Histoire des plus célèbres amateurs de France et de leurs relations avec les artistes. *Paris, Renouard*, 1858, 3 vol. — Histoire des plus célèbres amateurs italiens et de leurs relations avec les artistes. *Ibid., id.*, 1853, 1 vol. — Ens. 4 vol. in-8, brochés.

8. FÖRSTER (Ernest). Monuments d'architecture, de sculpture et de peinture de l'Allemagne depuis l'établissement du christianisme jusqu'aux temps modernes. Texte traduit en français par MM. W. et E. de Suckau. *Paris, A. Morel*, 1859-1866, 8 vol. in-4, demi-rel. chagrin La Vall., non rognés.

> Ouvrage orné de 395 planches, gravées en taille-douce, dont 200 pour l'architecture, 100 pour la peinture et 95 pour la sculpture.

9. GONCOURT (Edmond et Jules de). L'Art du dix-huitième siècle.

Troisième édition revue et augmentée de planches hors texte. *Paris, A. Quantin*, 1880-1882, 2 vol. in-4, cartonn. dos et coins chagrin bleu, plats toile, fers spéciaux, non rognés (*Cartonn. de l'éditeur*).

Ouvrage orné de nombreuses reproductions hors texte en héliogravure. Papier vergé de Hollande.

10. GRIMOUARD DE SAINT-LAURENT. Manuel de l'art chrétien. *Paris, Oudin*, 1878, gr. in-8, dos et coins mar. rouge, tête dor., non rogné.

Ouvrage orné de 38 planches hors texte et de 232 vignettes dans le texte gravées sur bois.

11. HAVARD (Henry). L'Art à travers les mœurs. Illustrations par C. Goutzwiller. *Paris, Decaux et A. Quantin*, 1882, gr. in-8, broché.

Un des 100 exemplaires (n° 91) imprimés sur papier de Hollande.

12. LENOIR (Alex.). Monumens des arts libéraux, mécaniques et industriels de la France, depuis les Gaulois jusqu'au règne de François Ier. 45 (46) planches contenant plus de 800 sujets, dessinées et gravées au trait par les plus habiles artistes en ce genre ; présentant une suite non interrompue de monumens d'architecture, de sculpture et de peinture..... *Paris, J. Techener*, 1840, in-fol., cartonn. demi-toile bleue, non rogné.

La planche 14 est double avec un n° *bis*.

13. LEVALLOIS (Jules). Les Maîtres italiens en Italie. *Tours, A. Mame et fils*, 1887, gr. in-8, demi-rel. mar. rouge, tête dor., non rogné.

Nombreuses gravures sur bois hors texte et dans le texte.

14. LÜBKE (Wilhelm). Essai d'histoire de l'art. Traduit par C.-Ad. Koëlla, architecte, d'après la neuvième édition originale. Ouvrage illustré de 619 gravures sur bois. *Paris, Rouam*, 1886-1887, 2 tomes en 1 vol. in-8, dos et coins chagrin La Vall., tête dor., ébarbé.

15. MARTHA (Jules). L'Art étrusque, illustré de 4 planches en couleurs et de 400 gravures dans le texte, d'après les originaux, ou d'après les documents les plus authentiques. *Paris, Firmin-Didot et Cie*, 1889, gr. in-8, cartonn. toile fers spéciaux, tête dor., ébarbé (*Cartonn. des éditeurs*).

16. MEMORIE per le belle arti. Tomi I-IV. *In Roma nella stamperia Pagliarini. 1785-1788*. 4 tomes en 2 vol. in-4, figures, mar. vert, jans., dent. int., tr. dor. (*Pagnant*).

Cette revue, parue mensuellement, contient dans le tome 1er 5 planches, tome II, 6, tome III, 1, et tome IV, 4 planches.

On a relié à la fin du premier volume une plaquette intitulée : *Lettera di Bajocco al ch. signor abate Carlo Fea giureconsulto ō sia memorie per servire alla storia letteraria di questo nuovo scrittore di antiquaria, e belle arti. Cosmopoli* 1786. (A la fin :) Dal Caffé degl' Inglesi in Roma 3o. Luglio 1786. 13 ff.

Sur le titre une curieuse figure gravée en taille-douce.

17. MÉNARD (René). L'Art en Alsace-Lorraine. *Paris, Librairie de l'Art*, 1876, gr. in-8, demi-rel. chagrin rouge, plats toile, fers spéciaux, tr. dor. (*Rel. des éditeurs*).

52 planches hors texte, dont 17 eaux-fortes ; figures dans le texte gravées sur bois.

18. RACZYNSKI (Le Comte Ath.). Histoire de l'art moderne en Allemagne. *A Paris, chez Jules Renouard*, 1836-1841, 3 vol. in-4, cartonnés.

Exemplaire sans l'atlas.
Le texte est orné de nombreuses vignettes gravées sur bois.

19. SEROUX D'AGINCOURT (J. B. L. G.). Histoire de l'art par les monuments, depuis sa décadence au iv⁰ siècle, jusqu'à son renouvellement au xvi⁰. *Paris, Treuttel et Wurtz*, 1823, 6 vol. in-fol., demi-rel. veau vert, tr. jasp.

325 planches gravées à l'eau-forte.

20. STAMPART (Franciscus de) et Antonius de BRENNER. Prodromus, oder Vor-Licht des eröffneten Schau- und Wunder-Pracutes aller... in... Wienn sich befindlichen Kunst-Schätzen etc. *Wienn in Oesterreich, gedruckt bey Johann Peter van Ghelen*, 1735. In-fol., figures, veau marb., tr. jasp.

Ouvrage sur les œuvres d'art qui se trouvent dans la ville de Vienne, contenant un texte descriptif et 29 (sur 3o) planches hors texte. La première (planche de dédicace) contient un portrait de l'empereur Charles VI. Les autres planches reproduisent un grand nombre de tableaux et statues.
La planche 6 manque et a été remplacée par un double de la planche 10.
Forte déchirure raccommodée à la planche 11. Déchirure aux marges de quelques autres planches.

21. VASARI (Giorgio). Le vite de' piu eccellenti pittori, scultori et architettori, scritte & di nuovo ampliate, da M. Giorgio Vasari pit. et archit. aretino co' rittratti loro et con le nuove vite dal 1555 insino al 1567... *In Fiorenza appresso i Giunti*, 1568, 2 tomes en 3 vol. in-4, vélin à recouv., tr. marb. (*Rel. anc.*).

Belle édition ornée de nombreux portraits gravés sur bois.
Le titre du premier volume est doublé. Mouillures.

22. VASARI (Giorgio). Vies des peintres, sculpteurs et architectes, traduites par Léopold Leclanché et commentées par Jeanron et

Léopold Leclanché. *Paris, Just. Tessier*, 1841-1842, 10 vol. in-8, demi-rel. bas. fauve, tr. jasp.

> Mouillures.
> Exemplaire sans les portraits.

23. VIOLLET LE DUC (E.). L'Art russe, ses origines, ses éléments consécutifs, son apogée, son avenir. *Paris, Vve A. Morel*, 1877, gr. in-8, dos et coins mar. vert, tête dor., non rogné.

> 31 planches hors texte en chromolithographie ou gravées sur acier, et figures dans le texte gravées sur bois.

24. WINCKELMANN (G.-G.). Opere di G. G. Winckelmann. Prima edizione italiana completa. (*Prato*), *tipographia dei F.-F. Giachetti*, 1830, in-fol., demi-rel. parchemin blanc, tr. jasp.

> Atlas seul renfermant 199 (sur 200) planches ; la planche 132 manque.
> On y joint les tomes I et II (sur 3) de l'histoire de l'art chez les anciens, trad. de l'allemand. *Paris*, an II, 2 vol. in-4, demi-rel. bas., renfermant 1 frontispice, 1 portrait et 62 planches (Le 1er vol. n'a pas de titre).

2. — DESSIN. — PERSPECTIVE. — MINIATURE.

25. CHENAVARD (A.-M.). Compositions historiques. Esquisses. Supplément aux compositions historiques. Les Poètes. *Lyon, Imp. de Louis Perrin*, 1862-1863, 2 vol. in-fol. oblong, cartonnés.

> Texte et 61 planches gravées à l'eau-forte, par Dubouchet et Léon, tirées en bistre.

26. CHENNEVIÈRES (Henri de). Les dessins du Louvre. *Paris, L. Baschet et Ch. Gillot, s. d.*, 4 vol. gr. in-4, demi-rel. bas. verte, tr. jasp.

> Ouvrage orné de nombreuses reproductions hors texte.
> Ecole française, 2 vol. — Ecole italienne, 1 vol. — Ecoles flamande, hollandaise et allemande, 1 vol.

27. DU CERCEAU (Jacques Androuet). Leçons de perspective positive. *A Paris, par Mamert Patisson, 1576*. In-fol., cartonn.

> Geymüller, p. 299.
> 11 ff. de texte, 1 f. blanc et 60 planches chiff., hors texte, gravées sur cuivre.
> Des grands morceaux ont été arrachés aux planches 54-60 ; les figures sont gravement atteintes.
> Mouillures et piqûres de ver. Titre bruni.
> A la fin du texte la note manuscrite : *La Pierre achate pour huit liures dix sols en mars 1623 à Paris*. Le même nom se retrouve sur plusieurs planches.

28. LA FAGE (Raymond). Recueil des meilleurs desseins de Raimond La Fage gravé par cinq des plus habiles graveurs. Et mis en lumière par les soins de Vander-Bruggen. *Se vend chez Gerard Valck... à Amsterdam, s. d.* (vers 1689). In-fol., basane brune, tr. marb. (*Rel. de l'époque*).

> Le recueil comprend 37 pages ou feuilles gravées et chiffrées, y compris le titre, la dédicace, le discours, etc., plusieurs feuilles contenant différents cuivres.
> Beau portrait de Jean Vander-Bruggen, gravé à la manière du lavis par lui-même d'après N. de Largillière et 5 planches non chiffrées.
> Les dessins de La Fage sont gravés par *G. Audran, Franç. Ertinger, C. Simonneau* et *C. Vermeulen*.
> Ensemble 70 cuivres.

29. NICERON (Le R. P. Jean-François). La Perspective curieuse du reverend P. Niceron Minime. Divisée en quatre livres. Avec l'Optique et la catoptrique du R. P. Mersenne du mesme ordre, mise en lumiere aprés la mort de l'autheur. *A Paris, chez la veufve F. Langlois, dit Chartres, 1652,* 2 parties en 1 vol. in-folio, figures, veau brun, fil., tr. jasp. (*Rel. anc.*).

> Ouvrage orné d'un frontispice gravé par *Daret*, d'un beau portrait de l'auteur par *M. Lasne* et de 50 planches hors texte chiffrées.
> Des portraits de membres de la famille royale et de personnes de qualité ont fourni à l'auteur des sujets pour l'enseignement de l'optique.

30. PROPORTIONS (Les) du corps humain, mesurées sur les plus belles figures de l'antiquité. *A Paris, chez Girard Audran,* 1683, in-fol., broché, non rogné.

> 30 planches gravées en taille-douce par *Audran.*

31. PUTEUS (A.). Perspectiva pictorum et architectorum Andreæ Putei... *Romæ, ex typographia Joannis Zempel,* 1741 et *Romæ, ex typ. Antonii de Rubeis,* 1638 (pour la seconde partie), 2 vol. in-fol., vélin (*Rel. anc.*).

> Guilmard, pp. 320, n° 45.
> Ces volumes renferment 1 portrait, 2 frontispices et 218 planches gravées qui représentent des éléments et des applications de perspective, colonnes, corniches, portiques, chapiteaux, des monuments, des plafonds, des autels, des portes, des fenêtres, etc., etc.
> Chaque planche est accompagnée d'un texte explicatif en latin et en italien.

32. RÉUNION d'environ 350 dessins des xviie, xviiie siècles et du commencement du xixe siècle, en différents formats, collés dans 3 volumes de papier ancien, reliés en vélin, dont deux vol. à recouvrements.

> La plupart de ces dessins sont de la fin du xviiie siècle et du commencement du xixe siècle. Presque tous ont été achetés à Rome et sont de

provenance italienne. Ce sont des esquisses, des académies, des copies d'après des maîtres anciens, des paysages, etc. Il y a un certain nombre représentant des vues de Rome dont quelques-unes dessinées par *Ribinski*, un portrait de Pie VI, etc. Quelques dessins sont attribués à *Lucas* et à *F. Manno*.

33. **ROBAUT** (Alfred). Eugène Delacroix. Fac-simile de dessins et croquis originaux. *Paris, Dusacq et Cie*, 1864-1865, 2 vol. in-fol., cartonnés.

> 1re et 2e séries renfermant 55 lithographies, tirées sur Chine.

34. **VIATOR**. De artificiali perspectiva (*Toul*, 1509). *Paris, Tross*, 1860. In-fol., cartonn. toile grenat (*Cart. de l'éditeur*).

> Edition fac-simile, imprimée par le procédé Pilinski et tirée à 118 exemplaires. N° 22 des 100 exemplaires sur papier vergé.
> On joint :
> Montaiglon (Anatole de). Notice historique et bibliographique sur Jean Pelerin, chanoine de Toul et sur son livre De artificiali perspectiva. *Paris, Tross*, 1861. In-fol. 20 pp. et 2 pl.

35. **VINCI** (Léonard de). Recueil de charges et de têtes de différens caractères, gravées à l'eau-forte d'après les desseins de Léonard de Vinci, précédé d'une lettre de M. Mariette... Nouvelle édition revue et augmentée par l'auteur. *A Paris, chez Antoine Jombert*, 1767, in-4, veau fauve, pet. dent. sur les plats, dos orné, dent. int., tr. dor. (*Rel. anc.*).

> Ouvrage orné d'un frontispice et 66 planches tirées en bistre sur 36 feuillets.

---

36. **DENIS** (Ferdinand). Histoire de l'ornementation des manuscrits. *Paris, Rouveyre*, 1880, in-8, broché.

> Edition imprimée à 600 exemplaires et ornée de 140 planches et vignettes gravées d'après les plus précieux manuscrits.

37. **FOUCQUET** (Jehan). Œuvre de Jean Foucquet. Heures de maistre Estienne Chevalier. Texte restitué par l'abbé Delaunay. Miniatures et encadrements en chromolithographie suivi de notices sur la vie et les œuvres de Jehan Foucquet. *Paris, Curmer*, 1867, 2 vol. gr. in-8, dos et coins mar. rouges, tête dor., ébarbés.

38. **HORAE** b. Mariae Virginis. Manuscrit sur vélin pet. in-8, de 122 ff., miniatures, mar. rouge, dent., dos orné, tr. dor.; sur les plats le nom François Albaniac (*Rel. anc.*).

> Manuscrit d'origine française de la fin du xve siècle.
> Il est richement orné de miniatures, d'initiales et de majuscules peintes en or et couleurs.
> Le volume commence par un feuillet blanc. Suit le calendrier en langue française qui ne comprend que les mois mars à décembre, sur 5

feuillets. Le feuillet avec les mois de janvier et février ne s'y trouve pas. Ces 5 feuillets sont accompagnés de montants contenant des miniatures qui représentent les occupations et les emblèmes des différents mois.

Toutes les autres pages sont ou encadrées de bordures ou accompagnées de montants, composés de rinceaux et fleurs.

Le volume contient 22 jolies petites miniatures représentant des saints et 6 grandes miniatures, dont voici la description :

La Nativité (cette miniature a souffert). — Les Bergers. — Les Rois mages. — L'Oblation. — La Fuite en Égypte. — Le Pape, un cardinal et d'autres personnages conduits par la mort.

La moitié du feuillet 59, qui est blanc au verso et qui contenait probablement une miniature au recto, a été découpée.

39. MINIATURES. Réunion de 27 miniatures et bordures peintes en or et couleurs, découpées de manuscrits du xv° siècle, collées sur papier, in-folio, mis dans une reliure ancienne en basane.

> Ces miniatures représentent les quatre évangélistes, les bergers, les rois mages, la nativité, la crucifixion.
>
> Ces figures sont accompagnées de fragments de bordures, découpés du même manuscrit.
>
> Plus une demi-page d'un manuscrit, encadrée d'une bordure.
>
> On joint une grande miniature moderne à nombreux personnages, représentant le banquet d'Hérode et Salomé portant la tête de S. Jean. Cette miniature qu'on a sans doute voulu faire passer pour une miniature de la fin du xv° siècle est peinte sur un feuillet d'antiphonaire.

40. STATUTS de l'ordre du Saint-Esprit au droit désir ou du nœud institué à Naples en 1352 par Louis d'Anjou, premier du nom roi de Jérusalem, de Naples et de Sicile. Manuscrit du xiv° siècle conservé au Louvre dans le Musée des souverains français ; avec une notice sur la peinture des miniatures et la description du manuscrit par le comte Horace de Viel-Castel. *Paris, Engelmann et Graf,* 1853, in-fol., cartonn. dos et coins toile verte, tête dor., non rogné.

> 17 grandes chromolithographies, reproduisant les miniatures et bordures du manuscrit.

41. SHAW (Henry). Illuminated Ornaments selected from manuscripts and early printed books, from the sixth to the seventeenth centuries, drawn and engraved by Henry Shaw ; with descriptions by Sir Fred. Madden. *London, William Pickering (Bohn),* 1833, pet. in-fol. cartonné demi-bas.

> Exemplaire imprimé sur GRAND PAPIER et contenant les miniatures peintes avec soin, et rehaussées d'or.
>
> Ce bel ouvrage renferme un frontispice et 40 spécimens en 59 planches.

42. WESTWOOD (J.-O.). Illuminated illustrations of the Bible. Copied from select Mss. of the middle ages. *London, Wm Smith,* 1846, gr. in-4, figures, dos et coins chagrin vert, tr. dor. (*Rel. défraîchie*).

> Exemplaire sur grand papier.
>
> L'ouvrage contient 40 planches hors texte, lithographiées et coloriées, représentant des miniatures de manuscrits de diverses époques.

3. — PEINTURE

43. ALBUMS DES SALONS de 1840 et de 1841. Collection des principaux ouvrages exposés au Louvre reproduits par les peintres eux-mêmes, ou sous leur direction, par MM. Alophe, Léon Noel, Français, Tony Johannot, C. Nanteuil, etc., etc. Texte par Jules Robert et Wilhelm Ténint. *Paris, Challamel,* 1840-1841, 2 vol. in-4, demi-rel. toile grenat, tr. jasp.

L'album de 1840 renferme 41 lithographies, et celui de 1841 en contient 32.

44. ALEXANDRE (Arsène). Honoré Daumier ; l'homme et l'œuvre. Ouvrage orné d'un portrait à l'eau-forte, de 2 héliogravures et de 47 illustrations. *Paris, Laurens,* 1888, in-8, broché.

45. ALOE (Stanislao d'). Le Pitture dello Zingaro nel chiostro di S. Severino in Napoli, dinotanti i fatti della vita di S. Benedetto, pubblicate per la prima volta e dilucidate da Stanislao d'Aloe. *Napoli,* 1846, in-4, cartonn. dos et coins parchemin blanc.

Ouvrage orné d'un portrait et de 17 planches gravées au trait par *Crispino, Russo, Mastracchio* et autres.

46. ARGENVILLE (Dezallier d'). Abrégé de la vie des plus fameux peintres, avec leurs portraits gravés en taille-douce, les indications de leurs principaux ouvrages, quelques réflexions sur leurs caractères, et la manière de connoitre les desseins des grands maitres par M** (Dezallier d'Argenville). *A Paris, chez de Bure,* 1745, 2 vol. — Supplément à l'abrégé de la vie des plus fameux peintres, etc. *Ibid., id.,* 1752, 1 vol. — Ens. 3 vol. in-4, veau marb., tr. rouges (*Rel. anc.*).

PREMIER TIRAGE.
Ouvrage orné d'un frontispice gravé par *Fessard,* d'après *Latouche,* de 3 vignettes par *Pierre* et *de Sève,* gravées par *Fessard* et *Aubert,* 1 cul-de-lampe de *Choffard* et de 254 portraits ou encadrements de portraits.

47. ARTAUD DE MONTOR (Le Chevalier). Peintres primitifs. Collection de tableaux rapportée d'Italie et publiée par le Chevalier Artaud de Montor, reproduite par nos premiers artistes, sous la direction de M. Challamel. *Paris, Challamel,* 1843, in-4, dos et coins chagrin noir.

56 pp. de texte et 60 planches gravées par *Fichot, Gsell, Jacot,* etc.

48. BLANC (Charles). Histoire des peintres de toutes les écoles. *Paris, Renouard,* 1849-1876, 14 vol. in-4, portraits et fac-simile, dos et coins bas. fauve, tr. jasp.

49. BOUCHER DESNOYERS (Auguste). Recueil d'estampes gravées d'après des peintures antiques, italiennes, etc., par Auguste Boucher Desnoyers, ou exécutées sous sa direction d'après les dessins qu'il a faits en Italie, dans les années 1818 et 1819. *Paris, de l'Imp. de Firmin Didot,* 1821, in-fol., cartonné.

> 34 planches gravées sur acier.

50. BOUCHER-DESNOYERS (Auguste). Recueil d'estampes gravées d'après des peintures antiques, italiennes, etc. *A Paris, de l'Imp. de Firmin Didot,* 1821, in-fol., demi-rel. veau brun, non rogné (*Rel. de l'époque*).

> 34 grandes planches gravées par *Godefroy, Coqueret, Massol* et autres. On y a joint une lithographie publiée par Engelmann, représentant l'enfant Jésus, d'après le Tableau du Guide.

51. BUONARROTI. Pitture dipinte nella volta della Cappella Sistina nel Vaticano. *In Roma, presso Carlo Losi,* 1773, in-4, dos et coins bas. marb.

> Réimpression du recueil publié en 1645 intitulé : *Michael Angelus Bonarotus pinxit, Adam sculptor Mantuanus incidit,* contenant 68 planches (Prophètes, Sybilles, etc.) y compris le titre ci-dessus, le titre primitif et le portrait de Michel-Ange.

52. CARRACHE (Les). Raccolta de' cammini che si ritrovano in varie case nobili di Bologna dipinti da Lodovico, d'Annibale, e d'Agostino Carracci, delineati, ed incisi da Carlantonio Pisarri, (*Ferdinando Pisarri forma in Bologna*). *S. d.* Gr. in-4, dos et coins basane olive, tr. jasp. (*Rel. anc.*).

> 1 titre imprimé et 19 planches gravées sur cuivre, représentant des peintures, exécutées comme dessus de cheminée.

53. CHABERT. Galerie des peintres ou collection de portraits des peintres les plus célèbres de toutes les écoles, accompagnée de leur notice historique, de leurs dessins et d'un discours sur les arts. *A Paris, de l'Imp. lithogr. de Chabert, s. d.,* 3 vol. in-fol., demi-rel. chagrin vert, tr. jasp.

> Ouvrage orné de 271 (sur 272) lithographies, dont 140 portraits et 131 copies de tableaux. — Il manque un portrait.

54. DESCAMPS (J.-B.). La Vie des peintres flamands, allemands et hollandois, avec des portraits gravés en taille-douce, une indication de leurs principaux ouvrages, et des réflexions sur leurs différentes manières. *A Paris, chez Ch. Ant. Jombert,* 1753-1764, 4 vol., 1 frontispice par Descamps, gravé par Lebas, 2 vignettes de dédicace, et 168 portraits par Descamps, Eisen et Campion. — Voyage pittoresque de la Flandre et du Brabant. *Paris, chez Desaint, Saillant,* 1769, 1 vol., 1 vignette de dédicace, 5 figures non signées et 1 carte pliée. — Ens. 5 vol. in-8, demi-rel. veau marb., tr. jaunes (*Rel. anc.*).

55. FLANDRIN. Frise de la nef de l'Eglise St Vincent de Paul, peinte par Hippolyte Flandrin, reproduite par lui en lithographie. *Paris, Haro, s. d.,* in-fol. oblong, cartonn. dos et coins toile grenat.

14 lithographies tirées en bistre sur Chine, y compris le titre.

56. GIRODET. Compositions tirées des Géorgiques (et de l'Enéide), lithographiées par ses élèves et publiées par Mr. Pannetier. *A Paris, chez Henry-Gaugain, Lambert et Cie, s. d.,* in-fol. oblong, dos et coins veau fauve, tr. jasp.

Portrait de Girodet et 82 lithographies au trait par *Aubry-Lecomte Chatillon, De Juinne, Lancrenon,* etc., dont 4 pour les *Géorgiques* et 78 pour l'*Enéide.*

57. HAVARD (Henry). L'Œuvre de P. V. Galland. *Paris, Maison Quantin,* 1895, in-4, cartonné.

1 portrait et 12 planches en héliogravure hors texte et nombreuses phototypies, représentant les diverses décorations de Galland.

58. HESS (Henri de). Vie de Saint Boniface. Douze planches gravées, d'après les fresques peintes par Henri Hess dans l'église Saint-Boniface, à Munich. Texte par Bathild Bouniol. *Paris et Munich, s. d.,* in-fol. oblong, en feuilles dans le cartonn. de publication.

Texte et 12 planches gravées sur acier, tirées sur Chine.

59. HOUBRAKEN (Arnold). De groote Schoubourgh der neder-lantsche konstschilders en schilderessen. Zynde een vervolg op het schilderbock van K. v. Mander. Den tweeden druck. *In 's Graven-hage, by J.-Swart, C. Boucquet, en M. Gaillard. 1753.* 3 parties en 3 vol., figures, demi-rel., veau vert, tr. marb.

Deuxième édition de cette histoire des peintres néerlandais, de 1466 à 1659, contenant 1 frontispice, 1 portrait de Houbraken et 47 planches hors texte avec portraits d'artistes.
Exemplaire légèrement mouillé.

60. INGRES. Œuvres de J.-A. Ingres (1800-1851), gravées au trait sur acier par A^{le} Réveil. *Paris, Firmin Didot frères,* 1851, in-4, demi-rel. toile verte.

102 planches tirées en bistre.

61. LAIRESSE (Gérard de). Les tableaux qui se trouvent à la Haye, dans la chambre du Conseil de Justice de la Cour d'Hollande, de Zelande et de Westvrise, peints par Gérard de Lairesse et gravez par d'habiles maistres, d'après les desseins de Nicolas Verkolje. *A Amsterdam, pour Nicolas Verkolje,* 1737, in-fol. veau marb., comp. de fil. et dent., titre doré sur le premier plat (*Rel. anc.*).

Explication des tableaux en hollandais et en français, et 7 grandes planches gravées par *Duflos* et *Tanjé.*

62. LARROUMET (Gustave). Meissonier ; étude suivie d'une biographie par Philippe Burty. *Paris, Baschet, s. d.*, in-4, demi-rel. mar. La Vall., tête dor., non rogné.

Nombreuses reproductions hors texte et dans le texte.

63. LEBRUN. Galerie des peintres flamands, hollandais et allemands. Ouvrage enrichi de 201 planches gravées d'après les meilleurs tableaux de ces maîtres, par les plus habiles artistes de France, de Hollande et d'Allemagne ; avec un texte explicatif pouvant servir à faire reconnaître leur genre et leur manière, et faire prononcer sur le mérite et la valeur de leurs productions... *A Paris, chez l'auteur et chez Poignant,* 1793-1796, 3 vol. in-fol. cartonnés, non rognés.

201 planches gravées par *Garreau, Pierron, Le Brun, Guttenberg,* etc. etc.
Bel exemplaire.

64. LÉPICIÉ. Catalogue raisonné des tableaux du Roy, avec un abrégé de la vie des peintres. *A Paris, de l'Imp. royale,* 1752-1754, 2 vol. in-4.

Le tome I est relié en veau ancien ; le tome II est cartonné, non rogné.

65. MANTZ (Paul). Les chefs-d'œuvre de la peinture italienne. *Paris, Firmin Didot frères,* 1870. gr. in-4, cartonn. toile rouge, fers spéciaux, non rogné.

Ouvrage contenant 20 planches chromolithographiques exécutées par *F. Kellerhoven.* 30 planches sur bois et 40 culs-de-lampe et lettres ornées.

66. MARCHESE (P. Vincenzo). S. Marco, convento dei padri predicatori in Firenze, illustrato e inciso principalmente nei dipinti del B. Giovanni Angelico, con la vita dello stesso pittore, e un sunto storico del convento medesimo del P. Vincenzo Marchese. *Firenze, presso la Società artistica,* 1853, in-fol., dos et coins mar. bleu, tête dor., ébarbé.

Ouvrage orné de 40 planches gravées par *F. Livy, S. Martelli, Bonaini,* etc. tirées sur Chine.

67. MAROLLES (Michel de). Tableaux du temple des Muses ; tirez du cabinet de feu M. Favereau, avec les descriptions, remarques et annotations composées par Michel de Marolles. *A Paris, chez Nicolas L'Anglois,* 1655, in-fol., veau brun, dos orné, tr. rouges (Rel. anc.).

ÉDITION ORIGINALE recherchée pour les 60 figures gravées par *Bloëmaert,* d'après *Diepenbeke,* dont elle est ornée.
Mouillures.

68. MÉNARD (René). Entretiens sur la peinture, avec 50 eaux-fortes. *Paris, Heymann,* 1875, in-4, broché.

69. MÉRIMÉE (Prosper). Notice sur les peintures de l'église de Saint-Savin (département de la Vienne). Texte par M. P. Mérimée (dessins de M. Gérard Séguin). *Paris, Imp. royale*, 1845, gr. in-fol., demi-rel. chagrin rouge, tr. jasp.

> Ouvrage orné de 42 chromolithographies.
> De la collection des « *Documents inédits sur l'histoire de France* ».

70. MICHIELS (Alfred). Histoire de la peinture flamande depuis ses débuts jusqu'en 1864. *A Paris, Lacroix, Verboeckhoven et Cie*, 1865-1876, 10 vol. in-8, brochés.

71. MÜNTZ (Eugène). Raphaël, sa vie, son œuvre et son temps. Ouvrage contenant 155 reproductions de tableaux ou fac-simile, de dessins insérés dans le texte et 41 planches tirées à part. *Paris, Hachette et Cie*, 1881, gr. in-8, dos et coins chagrin rouge, tête dor., ébarbé.

72. ORSEL (Victor). Œuvres diverses de Victor Orsel (1795-1850), mises en lumière et présentées par Alphonse Perin. *Paris*, 1852-1877. 2 tomes en 1 vol. gr. in-fol., en feuilles et 100 planches dans un carton.

> D'après l'indication du titre du tome second il faudrait 110 planches.
> Le texte est imprimé sur beau papier de Hollande et les planches, tirées sur Chine, sont montées sur papier vélin.

73. PAILLOT DE MONTABERT. Traité complet de la Peinture. *Paris, Delion*, 1829-1851, 9 vol. in-8, demi-rel. chagrin vert, tr. jasp.

> Exemplaire sans l'atlas.
> Mouillures.

74. PASSAVANT (J.-D.). Raphael d'Urbin et son père Giovanni Santi. Edition française refaite, corrigée et considérablement augmentée par l'auteur sur la traduction de M. Jules Lunteschutz, revue et annotée par M. Paul Lacroix. *Paris, Vve Jules Renouard*, 1860, 2 vol. in-8, deux frontispices, vélin, non rognés.

> Taches de rousseur.

75. PINELLI (Bart.). Il Fregio di Giulio Romano dipinto nella Farnesina, rappresentante in XVI quadri soggetti della mythologia e le IX muse dipinte dal medesimo, disegnato ed inciso da Bartolomeo Pinelli. *Roma*, 1813, in-fol. oblong, non relié.

> Collection de 18 planches gravées à l'eau-forte.
> Mouillures.

76. PORTALIS (Baron Roger). Honoré Fragonard ; sa vie et son œuvre. 210 planches et vignettes d'après les peintures, estampes et dessins originaux ; eaux-fortes par Lalauze, Champollion, Courtry, de Marc, etc., etc. *Paris, Rothschild*, 1889, gr. in-8, broché.

> Un des 876 exemplaires (n° 543) imprimés sur SIMILI-JAPON.

77. RAPHAEL. Deux suites d'estampes, dessinées et gravées par Petrus Sanctus Bartolus, d'après des fresques de Raphael. *Io. Iacobi de Rubeis formis Romae. S. d.* Ens. 3o planches in-fol. oblong, cartonn. dos vélin, tr. jaunes (*Cart. anc., dos abîmé*).

> Chaque suite de 14 planches est précédée d'une dédicace gravée qui sert en titre-frontispice.
> La première suite représente des sujets de l'histoire sainte, la deuxième, sous forme allégorique, des épisodes de la vie de Léon X.

78. RECUEIL de 37 planches gravées, réunies sous le titre factice « L'Art moderne en Allemagne », et représentant les œuvres d'artistes allemands de la première moitié du xixe siècle. *Bettendorf, C. Schulgen*, gr. in-fol., cartonn. dos bas. brune.

> Portraits de Pierre Cornelius, W. Schadow, Albert Thorwaldsen. Schinkel ; reproductions des œuvres de Klenze, Schinkel, Rauch, Schwanthaler, Thorwaldsen, Kaulbach, Schnorr, Mucke, Lessing, Cornelius, Carstens, Veit, Overbeck et autres.

79. ROSSI (Giuseppe). Pitture a fresco del camposanto di Pisa, di-segnate da Giuseppe Rossi ed incise dal prof. cav. G. P. Lasinio figlio. *Firenze, tipografia all' insegna di Dante*, 1832, in-fol., cartonn. de publication.

> Ouvrage orné de 46 planches gravées à l'eau-forte.

8o. SCHOLA ITALICA picturae sive selectae quaedam summorum e schola italica pictorum tabulae aere incisae cura et impensis Ga ini Hamilton pictoris Romae 1773. Gr. in-folio, dos et coins vélin vert.

> Recueil de 4o planches chiffrées, y compris le titre, représentant des chefs-d'œuvre de la peinture italienne, gravées par *J. Perini, Dom. Cunega, Ant. Capellan, Joh. Volpati, Angelo Campanella* et autres.
> Légère mouillure sur toutes les marges et forte tache sur la planche 22.

81. TENIERS (David). Theatrum pictorium, in quo exhibentur ipsius manu delineatae, ejusque curâ in aes incisae picturae, archetipae italicae, quas ipse ser^{mus} archidux (Leopold) in pinacothecam suam Bruxellis collegit. *Antverpiae, apud Jacobum Peeters*, 1684, in-fol., veau jasp., dos orné, tr. marb. (*Rel. anc.*).

> Portrait de Teniers et 243 (sur 245) planches gravées par *Troyen, Boel, van Kessel, Klasseus* et autres.
> Les planches 167 et 168 manquent.

82. TRAVAUX D'ULYSSE (Les) desseignez par le sieur de Sainct Martin, de la façon qu'ils se voyent dans la maison royalle de Fontainebleau, peints par le sieur Nicolas et gravez en cuivre par Théodore Van Tulden ; avec le subject et l'explication morale de chaque figure. *A Paris, chez Melchior Tavernier*, 1633, in-fol. oblong, vélin. (*Rel. anc.*).

> 58 planches gravées en taille-douce.
> Tache d'encre à 3 planches et mouillures.

83. VENTO (Claude) (Violette). Les Peintres de la femme. *Paris, E. Dentu,* 1888, gr. in-8, dos et coins chagrin bleu, tête dor., non rogné.

> Nombreuses gravures et planches hors texte.

84. VIERGES DE RAPHAEL (Les), gravées par les premiers artistes français. *Paris, Furne et Perrotin, s. d.,* in-fol., demi-rel. chagrin La Vall., plats toile, titre doré sur le premier plat, tr. dor. (*Rel. des éditeurs*).

> Texte explicatif et 12 planches gravées sur acier par *Pannier, Gust. Lévy, Aug. Blanchard* et autres.

85. VINCI (Léonard de). Les Manuscrits de Léonard de Vinci, publiés en fac-simile (procédés Arosa), avec transcription littérale, traduction française, préface et table méthodique par M. Charles Ravaisson-Mollien. *Paris, A. Quantin,* 1883, gr. in-4, broché.

> Ce volume renferme les manuscrits B et D de la Bibliothèque de l'Institut.

86. WEIROTTER (F.-E.). Œuvres de F.-E. Weïrotter, peintre allemand, né à Inspruck, en 1730, et mort à Vienne en 1771... *A Paris, chez Jean, s. d.* (1775), in-fol. cartonné (*Rel. de l'époque*).

> Portrait et 215 planches, tirées sur 104 feuillets gravés à l'eau-forte, composant l'œuvre de F.-E. Weïrotter.
> Bel exemplaire NON ROGNÉ.

4. — SCULPTURE

87. BELLORI (Jos.-Petr.). Admiranda romanarum antiquitatum ac veteris sculpturae vestigia anaglyphico opere elaborata ex marmoreis exemplaribus quae Romae adhuc extant in Capitolio aedibus hortisque virorum principum ad antiquam elegantiam a Petro Sancti Bartolo delineata incisa..... notis Io. Petri Bellorii illustrata. *Romae, de Rubeis,* 1693, in-fol. oblong, demi-rel. veau brun (*Rel. anc.*).

> Recueil de 84 planches gravées, y compris le titre et la dédicace.

88. BOUILLON (P.). Musée des antiques, dessiné et gravé par P. Bouillon, peintre, avec des notices explicatives par J.-B. de Saint-Victor. *Paris, de l'Imp. de Didot l'aîné, s. d.,* 3 vol. gr. in-fol., demi-rel. veau rouge, non rognés.

> Cet exemplaire ne renferme que 276 planches (sur 282).
> Fortes mouillures et taches de moisissure ; un feuillet de texte du tome III est très réparé.

89. CANOVA. Œuvre de Canova, recueil de gravures d'après ses

statues et ses bas-reliefs, exécutées par M. Réveil ; accompagné
d'un texte explicatif de chacune de ses compositions, et d'un essai
sur sa vie et ses ouvrages par M. H. de Latouche. *Paris, Audot,*
1825, gr. in-8, cartonné, non rogné.

> 100 planches gravées à l'eau-forte au trait.

90. CLARAC (Cte F. de). Musée de sculpture antique et moderne, ou
description historique et graphique du Louvre et de toutes ses parties, des statues, bustes, bas-reliefs et inscriptions du Musée royal
des antiques et des Tuileries et de plus de 2 500 statues antiques,
dont 500 au moins sont inédites, tirées des principaux musées et
des diverses collections de l'Europe, accompagnée d'une iconographie égyptienne, grecque et romaine, et terminée par l'iconographie française du Louvre et des Tuileries. *Paris, Imp. Royale,* 1841,
4 vol. in-8 de texte et 5 vol. in-4 oblong de planches, dos et coins
chagrin vert, tr. jasp.

> Nous possédons seulement les tomes I à III de texte et 5 (sur 6) atlas ;
> ils renferment ensemble 1 288 planches gravées à l'eau-forte. — Les
> planches 750, 762, 770, 811, 812, 812A, 995 à 1 000, 1 048 à 1 051,
> 1 056 à 1 069 et 1 084 à 1 087 manquent.
> Le tome III du texte n'a pas de titre et les volumes III, IV et V des
> planches n'ont pas de table.

91. DESJARDINS (Abel). La Vie et l'œuvre de Jean Bologne, d'après
les manuscrits inédits recueillis par M. Foucques de Vagnonville.
Paris, A. Quantin, 1883, in-fol., cartonn. toile grise, non rogné.

> Nombreuses reproductions hors texte en héliogravures, et figures
> dans le texte gravées sur bois.

92. GOUJON (Jean). Œuvre de Jean Goujon, gravé d'après ses statues et ses bas-reliefs par Réveil, accompagné d'un texte biographique et de tables explicatives des planches. *Paris, A. Morel,*
1868, gr. in-4, monté sur onglets, demi-rel. chagrin vert foncé.

> 88 planches gravées en taille-douce au trait et tirées sur papier de
> Chine.

93. PERIER (François). Figures antiques dessinés a Rome par François Perier. *A Paris, chez F. Chereau. S. d.* In-8, veau marbré, tr.
roug. (*Rel. anc.*).

> 1 titre gravé et 56 planches chiff. 1-44, 46-57.
> Texte manuscrit sur le verso de quelques planches.
> On a relié dans le volume 10 autres estampes, dont 4 de *Salvator
> Rosa.*

94. STOTHARD (C.-A.). The monumental effigies of Great Britain ;
selected from our cathedrals and churches, for the purpose of
bringing together and preserving correct representations of the
best historical illustrations extant, from the Norman conquest to
the reign of Henry the eighth. With historical descriptions and notes

by Alfred John Kempe. A new edition, with large additions by John Hewith. *London, Chatto and Windus,* 1876, in-fol., cartonn. toile rouge, non rogné.

Bel ouvrage orné de vignettes dans le texte gravées sur bois et de 144 planches hors texte gravées sur acier.
Exemplaire imprimé sur GRAND PAPIER.

95. VENUTI (Rodulphino) Vetera Monumenta quae in hortis Caeli-Montanis et in aedibus Matthaeiorum adservantur nunc primum in unum collecta et adnotationibus illustrata a Rodulphino Venuti et a Johanne Christophoro Amadutio. *Romae, sumpt. Venantii Monaldini bibliopolae,* 1779, 2 vol. in-fol., demi-rel. veau marb., tr. jasp. (*Rel. anc.*).

Tomes I et II seuls renfermant 196 planches.
L'ouvrage complet se compose de 3 vol.

5. — GALERIES. — COLLECTIONS

96. BOYER D'AGUILLES. Recueil d'estampes d'après les tableaux des peintres les plus célèbres d'Italie, des Pays-Bas et de France, qui sont à Aix dans le cabinet de M. Boyer d'Aguilles, gravées par Jacque Coelemans, d'Anvers, par les soins et sous la direction de M. J.-B. Boyer d'Aguilles... *A Paris, chez Pierre-Jean Mariette,* 1744, in-fol., demi-rel. veau, tr. rouges (*Rel. anc.*).

Cet exemplaire renferme seulement 82 planches contenant 116 sujets.
Les planches 68-69 manquent et les planches 80 et 81 sont remontées.
L'exemplaire est fatigué.

97. CHEFS-D'ŒUVRE (Les) de la Pinacothèque royale de Turin, avec illustrations italiennes de Robert d'Azeglio et Charles-Félix Biscarra, résumées en français par Paul des Saules. *Turin, Aug. Fred. Negro, s. d.* (1878), 2 vol. in-fol., demi-rel. chagrin rouge, tr. jasp.

165 planches gravées, tirées sur Chine, avec texte en français et en italien.

98. COUCHÉ (J.). Galerie du Palais royal gravée d'après les tableaux des différentes écoles qui la composent, etc. Dédiée à S. A. S. Monseigneur le duc d'Orléans par J. Couché. *A Paris, chez J. Couché...,* 1786-1808. 3 vol. in-fol., demi-rel. veau vert, dos ornés, ébarbés.

Ouvrage contenant un titre et une dédicace gravés et 352 (sur 355) planches.
Les titres des tomes IIe et IIIe sont imprimés.
2 planches du tome second et 1 planche du tome troisième manquent.
Le tome premier contient la Notice historique sur la galerie du Palais royal et la table de cette galerie (liste des planches).

99. COUCHE (J.). Galerie du Palais royal gravée d'après les tableaux des différentes écoles qui la composent, avec un abrégé de la vie des peintres et une description historique de chaque tableau par M^r l'abbé de Fontenai. Dediée..... par J. Couché graveur de son cabinet. *A Paris, chez J. Couché...* 1786-1808. 1 titre et 1 dédicace gravés et 277 (sur 355) planches, en 4 vol. in-fol., dos et coins chagrin rouge, grenat, bleu et brun, plats en papiers de mêmes couleurs, dos ornés, tr. dor. (*Rel. romantiques*).

> Planches provenant des trois tomes de cette publication.
> Très bonnes épreuves, dont 134 AVANT la lettre (la plupart avec la lettre tirée sur papier de soie).

100. COUCHÉ (J.). Galerie du Palais royal. *Paris,* 1786-1808. Titre et dédicace gravés et 144 (sur 355) planches. En 2 vol. in-fol., mar. rouge, fil., dos ornés, tr. dor. (*Rel. anc.*).

> D'après la reliure c'est tout ce qui avait été publié au moment où ces deux volumes ont été reliés. Le titre gravé est répété en tête du deuxième volume.
> La plupart des planches du premier volume sont mouillées surtout au commencement et à la fin du volume. Le titre, la dédicace et les deux premières planches sont très abimés, troués et remontés.
> Le deuxième volume est assez frais.

101. FILHOL. Galerie du Musée Napoléon, publiée par Filhol, graveur, et rédigée par Lavallée (Joseph). *Paris, chez Filhol,* an XII-1804-1815, 10 vol. gr. in-8, demi-rel. mar. rouge, pet. dent., dos orné, non rognés (*Rel. de l'époque*).

> Exemplaire bien complet des 720 planches gravées à l'eau-forte par *Desaulx, Chataigné, Duplessi-Berlaux* et autres.

102. GALERIE DE FLORENCE, gravée sur cuivre, et publiée par une société d'amateurs, sous la direction de L. Bartolini, J. Bezzuoli et S. Jesi, avec un texte en français par Alexandre Dumas. *Florence,* 1841-1844, 4 vol. in-fol., demi-rel. chagrin vert, tr. jasp.

> Voici la description de cet exemplaire :
> Texte ayant pour titre : Histoire de la peinture, depuis les Égyptiens jusqu'à nos jours, par Alexandre Dumas. Florence, 1842-1844, 3 parties en 2 vol., avec 15 portraits (Le second volume est incomplet de la fin).
> Planches ; 2 vol. portant chacun tome premier ; le 1er, à la date de 1841, renferme 106 planches avec texte explicatif ; le second qui porte la date de 1844 renferme 77 portraits et 75 planches, sans texte.
> Mouillures à 1 vol. de planches.

103. GALERIE DE FLORENCE. Tableaux, statues, bas-reliefs et camées de la galerie de Florence et du palais Pitti, dessinés par Wicar, peintre, et gravés sous la direction de C. L. Masquelier, avec les explications par Mongez. *A Paris, chez Lacombe et Masquelier,* 1789-1814, 4 vol. in-fol. cartonn. toile grise, non rognés.

> Exemplaire bien complet, contenant les 200 planches tirées sur papier de Chine.

104. GALERIE DE RUBENS, dite du Luxembourg. Ouvrage composé de 25 estampes, avec l'explication historique et allégorique de chaque sujet. *A Paris, chez Desève et Deterville,* 1809, in-fol., dos et coins mar. bleu à longs grains, ébarbé.

Exemplaire contenant les 25 estampes GRAVÉES EN COULEURS.

105. GALERIE ÉLECTORALE DE DUSSELDORFF ou catalogue raisonné et figuré de ses tableaux, dans lequel on donne une connoissance exacte de cette fameuse collection, et de son local, par des descriptions détaillées, et par une suite de 30 planches contenant 365 petites estampes rédigées et gravées d'après ces mêmes tableaux, par Chrétien de Mechel. Ouvrage composé dans un goût nouveau, par Nicolas de Pigage. *A Basle, chez Ch. de Méchel,* 1778, in-fol. oblong, demi-rel. chagrin La Vall., plats toile, tr. jasp.

PREMIER TIRAGE.
Cet ouvrage offre d'autant plus d'intérêt que la Galerie de Dusseldorff a été détruite par un incendie.

106. GALERIE IMPÉRIALE-ROYALE du Belvédère à Vienne d'après les dessins de Mr Sigismond de Perger gravée par différents artistes ; avec un texte explicatif, critique et historique sur chaque objet..... *Vienne et Prague, chez Charles Haas,* 1821-1828, 4 vol. gr. in-8, dos et coins bas. fauve, dos orné, tr. marb.

239 planches hors texte gravées en taille-douce.

107. GALERIE LEUCHTENBERG. Gemälde-Sammlung seiner Kaiserl. Hoheit des Herzogs von Leuchtenberg in München. In Umrissen gestochen von Inspector J. N. Muxel. Zweite Ausgabe. Mit umgearbeitetem Texte von J. D. Passavant. *Frankfurt am Main, Verlag von Joseph Baer,* 1851, in-4, demi-rel. bas. verte, non rogné.

263 planches gravées à l'eau-forte au trait par *J. N. Muxel.*

108. GALERIE ROYALE DE DRESDE (Recueil d'estampes d'après les plus célèbres tableaux de la). *Imprimé à Dresde,* 1753-1757, 2 vol. très gr. in-fol. veau marb., dent. et fleurons aux angles, dos orné, tr. dor. (*Rel. anc.*).

Superbe ouvrage contenant 2 vignettes par *Eisen* sur les titres, les portraits d'Auguste III, roi de Pologne, gravé par *Balechou,* d'après *Rigaud* et de Marie-Josèphe de Pologne, gravé par *Daullé,* d'après *Louis de Sylvestre,* 1 plan, 1 vue et 100 estampes d'après *Andrea del Sarto, Carrache, Guido Reni, L. de Vinci, Titien, Rembrandt,* etc., gravées par *Aubert, Basan, Duflos, Le Mire, Lempereur,* etc.
Exemplaire complet, renfermant le portrait d'Auguste III, qui manque souvent.
La reliure, qui est très fatiguée, a été vernie.

109. GALERIES HISTORIQUES du palais de Versailles. Album de 100 gravures d'après Ary Scheffer, Isabey, David, Horace Vernet,

Gudin, Alfred et Tony Johannot, etc., etc. *Paris, Garnier frères,*
s. d., in-4, en feuilles dans le cartonnage de publication.

> 100 planches gravées sur acier.

110. GALERIES HISTORIQUES du Palais de Versailles. *Paris, Imp.*
Royale, 1839-1848, 9 tomes en 10 vol. in-8, dos et coins chagrin
rouge, tête dor., non rognés.

> Catalogue des tableaux, statues et autres objets d'art que contiennent
> les galeries de Versailles.

111. GALLERIA del Sig. Principe Giustignani in Bassano di Roma
dipinta dagl' immortali pittori Domenichino, e Francesco Albani.
S. l. n. d., gr. in-folio, broché.

> 25 planches de différents formats, tirées sur 18 feuilles, gravées par
> *Gérôme Frezza.*
> Le titre donné ci-dessus, se trouve, en manuscrit, sur la couverture.
> Les 5 premières planches portent des taches de rousseur et les trois
> dernières, sont trouées.

112. GAVARD. Galerie Aguado. Choix des principaux tableaux
de la galerie de M. le marquis de las Marismas del Guadalquivir.
Paris, chez Gavard, s. d., gr. in-fol., dos et coins chagrin rouge,
tr. jasp.

> Exemplaire sans le texte, renfermant les 36 planches tirées sur papier
> de Chine.

113. GAVARD. Galeries historiques de Versailles. *Paris, Ch. Ga-*
vard, 1838, 16 vol. in-fol., dos et coins chagrin rouge, tête dor.,
ébarbés.

> Cet exemplaire renferme, 2 portraits, 3 plans, 1718 planches, dont
> 28 de blasons coloriés. Le volume de texte n'a pas de titre et les tomes
> VI (*Supplément*), VII et VIII sont fortement atteints de moisissures.

114. HALL (S. C.). The Vernon Gallery of british art. *London,*
George Virtue, 1854, 3 vol. — The Gallery of modern sculpture.
Ibid., id., 1854, 1 vol. — Ens. 4 vol. in-4, demi-rel. chagrin La
Vall., plats toile, tr. jasp.

> Ces deux ouvrages sont ornés ensemble de 239 planches hors texte
> gravées sur acier (dont 77 pour la galerie de sculpture) et de vignettes
> dans le texte, gravées sur bois.

115. JUBINAL (Achille). La Armeria real, ou collection des principales pièces de la Galerie d'armes anciennes de Madrid. Dessins de
M. Gaspard Sensi. Texte de M. Achille Jubinal..... *Paris, chez Di-*
dron, s. d. (1839), 3 vol. in-fol., demi-rel. bas. bleue foncé, tr. jasp.

> Bel ouvrage orné de 124 planches coloriées.
> Les planches du troisième volume, qui forme le *Supplément*, ne sont
> pas coloriées, mais elles sont tirées sur Chine. Ce volume est en demi-
> rel. chagrin rouge avec coins et de format un peu plus grand.

116. KUNSTVEREIN (Der). Neue Serie : Stahlstich-Sammlung der vorzüglichsten Gemälde der Dresdener Gallerie. Nebst Text von Adolph Görling (II. Abteilung). *Leipzig und Dresden, A. H. Payne, s. d.* (vers 1850). In-4, toile brune, dos chagrin brun, ébarbé.

> Volume portant sur le frontispice : *Dresdener Gallerie. II Abteilung.*
> L'ouvrage contient un grand nombre de planches gravées sur acier.

117. LIÈVRE (Edouard). Collection Sauvageot, dessinée et gravée à l'eau-forte par Edouard Lièvre, accompagnée d'un texte historique et descriptif par A. Sauzay. *Paris, Noblet et Baudry*, 1863, 2 vol. in-fol., montés sur onglets, demi-rel. bas. rouge, tr. jasp.

> 120 planches gravées à l'eau-forte, tirées sur Chine.

118. MUSÉE DE PARIS, ou collection des chefs-d'œuvre de peinture et sculpture de la galerie du Louvre, gravée par MM. Foster, Lefèvre, Tavernier, etc. *Paris, Just Tessier*, 1839, gr. in-8, dos et coins veau vert, dos plat orné à froid, non rogné.

> Texte explicatif et 70 planches gravées sur acier.

119. MUSÉE DE VERSAILLES. Avec un texte historique par Théodose Burette. *Paris, Furne et Cie*, 1844, 3 vol. in-4, figures, chagrin violet, fil. et fers spéciaux, tr. dor. (*Rel. des éditeurs*).

> Légères taches de rousseur.

120. MUSÉE NATIONAL DU LOUVRE. Galerie d'Apollon. Le Trésor artistique de la France. Première série. Publié sous la direction de M. Paul Dalloz, avec la collaboration pour le texte de MM. Paul de Saint Victor, Maxime Du Camp, Georges Berger, etc. *Paris, Moniteur universel, s. d.*, 12 fascicules gr. in-fol., dans des cartons.

> Cet exemplaire renferme 40 planches en photochromie et en phototypie.
> Les planches représentant un *plat de jaspe oriental* et le *sceptre de Charlemagne* manquent.

121. PISTOLESI (Erasmo). Real Museo Borbonico, descritto ed illustrato da Erasmo Pistolesi. *Roma, Tipografia Gismondi*, 1838-1840, 10 vol. in-8, cartonn. demi-toile rouge.

> Tomes I à X, renfermant 915 planches gravées à l'eau-forte au trait.
> Les planches 47 du tome III, 59 et 60 du tome V manquent, ainsi que les tomes 11 et 12.
> Le 10e volume est incomplet des derniers feuillets de texte.

122. ROBILLARD. [Musée français, ou collection complète des tableaux, statues et bas-reliefs qui composent la collection nationale].

S. l. n. d., in-fol., monté sur onglets, demi-rel. chagrin grenat, ébarbé.

> Réunion de 80 planches gravées par *Ingouf, Tardieu, Fontana, Godefroy*, etc., provenant du *Musée français*.

123. VATOUT (J.) et QUÉNOT (J.-P.). Galerie lithographiée de Son Altesse royale monseigneur le duc d'Orléans. *Paris, chez Motte, s. d.* (1825-1829), 2 vol. gr. in-fol. dos et coins bas. bleue foncé, non rognés.

> 150 lithographies tirées sur Chine.

---

124. SCHRENCK VON NOTZING (Jacob). Augustissimorum imperatorum, serenissimorum regum, atque archiducum, illustrissimorum principum, necnon comitum, baronum, nobilium, aliorumque, clarissimorum virorum... verissimae imagines et rerum ab ipsis domi, sorisque; gestarum succintae descriptiones ; quorum arma... in Ambrosianae arcis armamentario... conspiciuntur. *Œniponti, excudebat Joannes Agricola,* 1601, in-fol., demi-rel. bas. rouge.

> Ce volume représente les armures anciennes de la collection appartenant alors à l'archiduc Ferdinand d'Autriche, et réunie dans l'Arsenal de la citadelle d'Ambras près d'Insprück, aujourd'hui conservées à Dresde.
>
> Cet exemplaire se compose de 125 feuillets (sur 128, d'après Brunet); il renferme un titre, un frontispice avec le portrait de l'archiduc Ferdinand d'Autriche et 120 portraits en pied gravés sur cuivre par *Dom. Custodis,* d'après les dessins de *J.-A. Fontana* ; ce sont ceux des plus célèbres personnages du xvie siècle.
>
> Le texte est encadré de belles bordures gravées sur bois.
>
> Mouillures et moisissures à plusieurs feuillets.

125. SCHRENCK VON NOTZING (Jacob). Der... Kayser | ...Königen vnd Ertzhertzogen | ...Fürsten | wie anch Grafen | Herren vom Adel | vnd anderer Kriegsshelden... warhafftige Bildtnussen vnd kurtze Beschreibungen jhrer... fümembsten thaten vnd handlungen, etc., etc. ...in die Teutsche Sprach transferiert... durch Johann Engelberten Noyse von Campenhouten. *Getruckt zu Ynssprugg | durch Daniel Baur* (1603), gr. in-fol., de 130 ff., contenant 126 figures y compris le portrait de l'archiduc, veau marb., tr. rouge (*Rel. anc.*).

> Ce volume représente les armures anciennes de la collection appartenant alors à l'archiduc Ferdinand d'Autriche, et réunie dans l'arsenal de la citadelle d'Ambras près d'Inspruck. Les planches gravées sur cuivre par *Dom. Custodis,* d'après les dessins de *I. A. Fontana,* représentent les portraits en pied des personnages ayant porté ces armures, dans de riches encadrements. Le texte descriptif, imprimé au verso des planches, est encadré de bordures gravées sur bois.
>
> Exemplaire bien complet.

Le titre et le dernier feuillet, légèrement abîmés et mouillés, ont été doublés. Un morceau de la marge du cinquième feuillet est arraché.

On a relié en tête du volume, en guise de frontispice, une gravure du xviie siècle représentant la cathédrale de Strasbourg, et à la fin du volume 7 cartes publiées chez Math. Seuter, à Augsbourg et Homann à Nuremberg.

126. SKELTON (Joseph). Engraved illlustrations of antient arms and armour, from the collection at Goodrich Court, Herefordshire ; after the drawings, and with the descriptions of sir Samuel Rush Meyrick. *London, Henry G. Bohn*, 1854, 2 vol. gr. in-4, mar. rouge, comp. de fil et large dent., dos orné, dent. int., tr. dor. (*Rel. angl.*).

150 planches gravées sur acier renfermant chacune de nombreux motifs.

6. — ARCHITECTURE

127. ANGELIS (Abb. Paulus de). Basilicae S. Mariae Maioris de urbe a Liberio papa I usque ad Paulum V. pont. max. descriptio et delineatio auctore abbate Paulo de Angelis. *Romae, ex typographia Barth. Zannetti*, 1621, in-fol., demi-rel. mar. rouge à longs grains, tr. jasp.

Titre gravé dans un bel encadrement représentant divers sujets religieux, 1 plan et 37 planches gravées en taille-douce.

128. APSLEY HOUSE and Walmer castle, illustrated by plates and description. *London, John Mitchell*, 1853, in-fol., en feuilles.

7 pp. de texte par Richard Ford et 10 lithographies à deux teintes.

129. BARQUI (F.). L'Architecture moderne en France ; maisons les plus remarquables des principales villes des départements ; plans, coupes, élévations, détails de construction, etc. *Paris, J. Baudry*, s. d., en feuilles, dans le cartonnage de publication.

120 planches.
Cassure à une planche.

130. BAUDOT (A. de). Eglises de bourgs et villages. *Paris, A. Morel*, 1867, 2 vol. in-4, montés sur onglets, demi-rel. bas. fauve, tr. jasp.

150 planches gravées sur acier.

131. BLAVIGNAC (J.-D.). Histoire de l'architecture sacrée du quatrième au dixième siècle dans les anciens évêchés de Genève, Lau-

sanne et Sion. *Paris, V^or Didron, Londres et Leipzig,* 1853, 1 vol. in-8 et 1 atlas in-4 oblong, demi-rel. chagrin bleu, non rognés.

Le texte renferme une carte et 36 planches ; l'atlas comprend 82 grandes planches lithographiées.

132. BOCKLER (André). Architectura curiosa nona...., per Georgium Andream Bocklern... et in latinam linguam translata a Johanne Christophoro Sturmio. *Norimbergæ, impensis Pauli Fursten, s. d.* (1664), 4 parties en 1 vol. in-fol. vélin, tr. jasp. (*Rel. anc.*).

Cette édition est ornée de 222 (sur 226) planches, gravées en taille-douce, représentant des jets d'eau, fontaines en tout genre, des grottes, des châteaux d'eau et des plans de labyrinthes. Ces 222 planches sont tirées sur 191 feuillets. La planche 60 de la IIIe partie et les planches 20-22 et 23 de la IVe partie manquent.

133. BOFFRAND. Livre d'architecture contenant les principes généraux de cet art, et les plans, élévations et profils de quelques-uns des bâtimens faits en France et dans les pays étrangers. Ouvrage françois et latin. *A Paris, chez Guillaume Cavelier,* 1745, in-fol., veau marb., tr. marb. (*Rel. anc.*).

Cet exemplaire ne contient que 57 planches (sur 70) ; les planches 5, 44, 48, 51, 61, 63 à 70 manquent.
Dans le même volume :
DESCRIPTION de ce qui a été pratiqué pour fondre en bronze d'un seul jet la figure équestre de Louis XIV... par le sieur Boffrand. *A Paris, chez Guil. Cavalier,* 1743, 17 (sur 20) planches : les planches 10, 11 et 12 manquent.

134. BOSSE (Abraham). Traité des manières de dessiner les ordres de l'architecture antique. Avec plusieurs belles particularitez qui n'ont point parû jusques a present toucha' les bastim^ts de marque. *A Paris, chez Claude Jombert, s. d.,* frontispice et titre et 40 planches chiff. de texte et figures. — BOSSE (A.). Représentations geometrales de plusieurs parties de bastiments faites par les reigles de l'architecture antique et de qui les mesures sont réduittes en piedz poulces & lignes, afin de saccommoder à la manière de mesurer la plus en usage parmy le commun des ouvriers. *A Paris,* 1688. 1 frontispice et un titre gravés, et 45 planches. — Ens. 2 ouvrages en 1 vol. in-folio, veau marbré, tr. rouges (*Rel. anc.*).

Bons exemplaires de ces deux ouvrages entièrement gravés.
19 planches du deuxième ouvrage représentent des portes, vestibules, fontaines et cheminées.

135. BOSSE (A.). Traité des manières de dessiner les ordres de l'Architecture antique en toutes leurs parties... *A Paris, chez Pierre Aubouin, s. d.* (1664), frontispice, titre, 44 planches avec texte gravé. — Des ordres de colōnes en l'architecture, et plusieurs autres dépendances d'icelle. *S. l. n. d.,* titre-frontispice et 20 planches avec texte gravé. — Représentations géométrales de plusieurs

partics de bastiments faites par les reigles de l'architecture antique.
Paris, 1668, titre et 23 planches. — Ens. 3 part. en 1 vol. in-fol.
veau fauve, dos orné, tr. jasp. (*Rel. anc.*).

Ouvrages entièrement gravés. Le dernier renferme des modèles de
portes, cheminées, fontaines, etc.

136. BRISEUX (Charles-Etienne). Architecture moderne ou l'art de
bien bâtir pour toutes sortes de personnes, tant pour les maisons
des particuliers que pour les palais. *A Paris, chez Claude Jombert*,
1728, 2 vol. in-4, veau marb., tr. rouges (*Rel. anc.*).

149 (sur 150) planches gravées en taille-douce.
La planche 98 manque.

137. CAILLIAT et LANGE. Encyclopédie d'architecture, journal
mensuel. De l'origine 1851 à 1858. *Paris, Bance*, 1851-1858, 8
vol. in-4, dem.-rel. basane grenat.

On y joint le texte des neuf premières années, relié en 3 vol. in-4,
demi-toile noire et environ 1200 planches diverses de l'*Encyclopédie
d'architecture*, réunies en 12 cartons.

138. CALDERARI (Ottone). Disegni e scritti d'architettura. *Vicenza,
tipografia Paroni*, 1808-1815, 2 tomes en 1 vol. in-fol., demi-rel.
bas. brune.

Ouvrage orné de 90 planches gravées par *Mugnon*.

139. CANÉTO (L'abbé). Sainte-Marie d'Auch. Atlas monographique
de cette cathédrale. *Paris, Victor Didron*, 1857, in-fol., cartonné.

Texte et 39 planches gravées et lithographiées.

140. CATANEO (Pietro). I quattro primi libri di architettura (A la
fin :) *In Vinegia, in casa de' figliuoli di Aldo*, 1554, in-fol., vélin
blanc (*Rel. anc.*).

Première édition recherchée, ornée de figures gravées sur bois; mouillures à plusieurs feuillets.
Reliure fatiguée.

141. CHOISY (Auguste). L'Art de bâtir chez les Byzantins. *Paris*,
1883. In-fol., demi-rel. chagr. bleu, ébarbé.

Figures dans le texte et 25 planches hors texte, gravées en taille-
douce.
Envoi de l'auteur sur le faux-titre.

142. CHÉRISSEAU. Antiquités de la France. Monuments de Nismes.
A Paris, de l'Imp. de Ph. Denys Pierres, 1778, in-fol. cartonné.

Frontispice gravé par *Poulleau* et 41 planches.
Cette édition renferme les premières épreuves des planches.
Forte tache d'encre à la planche 19, atteignant légèrement les pl. 20
et 21.

143. COLFS (Jean-François). La filiation généalogique de toutes les écoles gothiques. Ouvrage orné d'un grand nombre de vignettes explicatives. *Paris, J. Baudry*, 1882-1892, 4 vol. in-8, brochés.

144. DALY (César). L'Architecture privée au XIXe siècle sous Napoléon III. Nouvelles maisons de Paris et des environs. *Paris, Morel et Cie*, 1864. 3 vol. gr. in-4, montés sur onglets, demi-rel. bas. brune, ébarbés.

> Ouvrages renfermant 226 planches gravées en taille-douce.

145. DALY (César). Motifs historiques d'architecture et de sculpture d'ornement. Deuxième série : Décorations intérieures empruntées à des édifices français du commencement de la Renaissance à la fin de Louis XVI. *Paris, Durcher et Cie*, 1880, 2 vol. in-fol., en feuilles, dans les cartonnages de publication.

> 179 (sur 200) planches.
> Les planches 3, 4, 6, 7, 10 à 14, 19, 21, 22, 26 à 34 de la première partie du tome II manquent.
> On y joint : le tome I de la première série : Décorations extérieures; renfermant 112 planches.
> Ens. 3 vol.

146. DAN (Pierre). Le Trésor des merveilles de la maison royale de Fontainebleau, contenant la description de son antiquité, de sa fondation, de ses bastimens, de ses rares peintures, tableaux, emblèmes et devises ; de ses jardins, de ses fontaines, et autres singularitez qui s'y voyent. A *Paris, chez Sebastien Cramoisy*, 1642, in-fol., parchemin blanc (*Rel. anc.*).

> Intéressant ouvrage, orné de 9 figures gravées par *Michel Lasne* et *A. Bosse*.
> Cachet de la bibliothèque du Séminaire Saint-Sulpice sur le titre.

147. DELAQUERIERE (E.). Description historique des maisons de Rouen les plus remarquables par leur décoration extérieure et par leur ancienneté ; dans laquelle on a fait entrer les édifices civils et religieux devenus propriétés particulières. A *Paris, de l'Imp. de Firmin Didot*, 1821, 2 vol. in-8, demi-rel. chagrin vert, non rognés.

> 37 planches gravées à l'eau-forte au trait.

148. DE L'ORME (Philibert). Architecture de Philibert de L'Orme... Œuvre entière contenant unze livres, augmentée de deux; et autres figures non encore veuës, tant pour desseins qu'ornemens de maison. Avec une belle invention pour bien bastir, et à petits frais. A *Rouen, chez David Ferrand*, 1648, in-fol., veau jasp., pet. dent., dos orné, tr. rouges (*Rel. anc.*).

> Edition enrichie de nombreuses figures gravées sur bois.
> Un plat de la reliure est cassé.

149. DESJARDINS (Tony). Monographie de l'Hôtel de Ville de Lyon

restauré sous l'administration de MM. Vaïsse et Chevreau, séna-
teurs, par Tony Desjardins, accompagnée d'un texte historique et
descriptif. *Paris, A. Morel,* 1867, in-fol., monté sur onglets, demi-
rel. chagrin rouge.

> Ouvrage orné de 76 grandes planches, dont 14 en chromolithogra-
phie.

150. **DESPREZ et PANSERON.** Ouvrage d'architecture des Sieurs
Desprez et Panseron, 1 volume. *A Paris chés l'auteur (et) Desnos,*
1781. Pet. in-fol., veau marbré, tr. roug. (*Rel. anc.*).

> Réunion de 64 planches, précédées du titre gravé ci-dessus et d'un
feuillet, contenant, sur 2 pages gravées, le catalogue des publications
de Panseron.
> Le recueil, composé de pièces du 1er et 2e volume, représente les
plans, coupes et élévations d'obélisques et colonnes triomphales, de
phares, d'un baldaquin et d'un reposoir de Desprez, d'une église en ro-
tonde, d'arcs de triomphe, de tombeaux, d'une fontaine publique, de
l'escalier de l'archevêché de Paris, d'un rendez-vous (maison) de chasse,
d'un temple funéraire, des portes cochères en menuiserie, etc., etc.
> Légères cassures aux grandes planches pliées.

151. **DIETTERLIN (Wendel).** Architectura und Ausstheilung der V.
Seuln. Das Erst Buch. Durch Wendel Dietterlin vonm Strassburg.
1593 [*Stuttgardt 1593*]. In-fol., dos et coins cuir de Russie, tr.
roug. (*Rel. mod.*).

> Andresen. *Der deutsche Peintre-graveur* II, p. 276.
> PREMIÈRE ÉDITION du premier livre. Le deuxième livre parut l'année
suivante.
> L'ouvrage comprend un titre gravé, 7 ff. de texte imprimés et 39
planches sur 38 feuilles gravées sur cuivre, par *W. Dietterlin.*
> Le feuillet de dédicace et les 2 ff. blancs, signalés par Andresen,
manquent.
> On y a ajouté le portrait de Dietterlin, gravé par lui-même (Andre-
sen n° 1), qui parut dans l'édition collective de 1598. Il a un petit trou
et est doublé.

152. **DU CERCEAU (Jacques-Androuet).** 46 pièces.

> Réunion de 2 suites d'estampes gravées par Jacques-Androuet Du
Cerceau, auxquelles on a joint 6 estampes de Corneille Matsys, Jacques
Prevost et d'autres artistes du xvie siècle. Ensemble 52 pièces en 1 vol.
in-folio, veau marbré (*Rel. anc.*).
> 1° Détails d'ordres d'architecture. Grand format (environ 0m,30 sur
0m,23). 26 (sur 30) pièces (Geymüller, p. 314).
> 7 pièces ont des marges ; les autres sont rognées à la marque du
cuivre.
> Elles ont été anciennement remontées au châssis et collées dos sur
dos.
> 2° Monuments antiques. Suite complète de 28 pièces, rognées à la
marque du cuivre (Geymüller, p. 304).
> Elles ont été, au xvie siècle, remontées en châssis (et collées dos à
dos) sur des feuilles qui avaient déjà contenu des planches de la même

suite, mais les désignations manuscrites qui se trouvent dans les marges des feuillets ne correspondent plus avec les planches.

Une autre main de la même époque a pourvu toutes les planches de numéros et désignations manuscrites que nous donnons ci-dessous.

M. de Geymüller attribue ces annotations, qui se trouvent sur beaucoup d'exemplaires, à Ducerceau même ou à des ouvriers de son officine.

En voici la liste d'après notre exemplaire :

7 Le Temple de bachus — 8 Les Arcz de Lagres — 9 Le Temple de Venuz — 10 Temple Antique — 11 Arc Antique — 12 Arc antique — 13 Temple de Vérité — 14 Temple Antique — 15 Larc du palaix Antique de Claudius — (16) Sainct Pierre muothore (sic pour Montorio) A Rome — 17 Le Pont du gal (sic pour Gard) — 18 Du palaix de Verone — (20) du Temple de Anthonius pius — (19) Temple de Jupiter — (6) Le Temple de Anthonius pius — (?) Arc Antique — (?) Temple de liberte — 3 Temple antique — 4 Consecratio diuij (sic) anthonij — 1 planche non désignée représentant un portique.

3° 1 pièce, gravée sur cuivre 0^m,05 sur 0^m,143, représentant une arabesque. Elle est signée du monogramme CMA, qui serait celui de *Corneille Matsys*. Pièce non décrite par Bartsch. *Peintre-graveur* et par Nagler. *Monogr.* II, n° 432. Elle est à toutes marges et collée en tête d'une planche de la suite précédente.

4° 1 pièce gravée sur suivre, 0^m,26 sur 0^m,302, non signée. Elle représente l'intérieur de l'atelier du sculpteur Baccio Bandinelli et porte l'inscription : Academia di Bacchio Brandin in Roma in luogo detto Belvedere MDXXXI. Le propriétaire du volume attribuait cette estampe à Jules Bonasone. Mais Bartsch ne la décrit pas. Pièce rognée.

5° 1 pièce in-folio, gravée sur bois et tirée en camaïeu. Elle représente un esclave du plafond de la Chapelle Sixtine et porte l'inscription française *Mich. 1 Ange invntevr* (sic) et serait gravée par un artiste français.

6° 1 pièce, d'après Polydore, gravée par *Jacques Prevost*, signée du monogramme PS et de la date 1538. Elle représente deux hommes supportant des architraves. Rob.-Dum., n° 6. Bartsch, XV, p. 496, n° 3. Nagler, *Monogr.* IV, n° 3268. Brulliot I, n° 3050. Bartsch et Brulliot ne connaissaient pas le nom de l'artiste qui signait sous ce monogramme. Pièce rognée.

7° 1 pièce gravée par un artiste italien au monogramme AF (Nagler, *Monogr.* I, 525. — Brulliot I, 316). Elle représente un enfant ailé à cheval (Bartsch XV, p. 536, n° 2). Pièce rognée.

8° 1 grande pièce, in-4 oblong, gravée en taille-douce, non signée. Elle est exécutée dans la deuxième moitié du XVIe siècle et représente la ville de Parme assiégée.

On a relié en tête du volume un exemplaire incomplet de : *Reigle des cinq ordres d'architecture, de ... Vignole.* Amsterdam, Jan Jansz, 1642. Il manque le titre, le 8e feuillet (préliminaire) et le dernier feuillet avec la planche 42.

Le portrait y est avant la lettre. Exemplaire médiocre, mouillé.

Différents feuillets des suites de Ducerceau sont légèrement mouillés. Les estampes sont toujours collées l'une contre l'autre.

153. DU CERCEAU (Jacques-Andronet). [Arcs] Iacobus Androvetivs Dv Cerceav. Lectoribvs. S. En vobis candidi..... *Aureliae 1549*. Re-

cueil de 23 (sur 25) planches gravées sur cuivre, y compris le frontispice. En 1 vol. in-fol., vélin (*Rel. anc.*).

> Geymüller, p. 302.
> Les planches des arcs d'Ancone et de Bénévent manquent.
> Sur le premier feuillet de garde, 3 dessins de l'époque représentant des ornements.
> Taches à plusieurs planches. Les bords des marges du bas ont été mangés par les souris.

154. DU CERCEAU (Jacques-Androuet). Livre d'architecture, contenant les plans & dessaings de cinquante bastimens tous différens : pour instruire ceux qui desirent bastir, soient de petit, moyen, ou grand estat. (A la fin du texte :) *Imprimé à Paris par Benoist Prevost, rue Frementel, 1559*, in-fol., vélin souple, tr. dor. (*Rel. de l'époque*).

> Geymüller, p. 310.
> Première édition, contenant 16 ff. de texte et 69 planches gravées sur cuivre contenant 171 figures.
> Les deux premiers feuillets sont mouillés. Déchirure à une planche.

155. DU CERCEAU (Jacques-Androuet). Second livre d'architecture. Contenant plusieurs et diverses ordonnances de cheminees, lucarnes, portes, fonteines, puis, & pavillons, pour enrichir tant le dedans que le dehors de tous edifices. Avec les desseings de dix sepultures toutes differentes. *A Paris, imprimé pour Jaques Androuet Du Cerceau, 1561*. Pet. in-folio, vélin (*Rel. anc.*).

> Geymüller, p. 310.
> L'ouvrage comprend 2 ff. de texte et 65 (sur 66) planches gravées sur cuivre.
> Mouillure au coin du bas, dans tout le volume. Quelques coins raccommodés.

156. DU CERCEAU (Jacques-Androuet). Livre des édifices antiques romains, contenant les ordonnances et desseings des plus signalez et principaux bastiments qui se trouvoient à Rome du temps qu'elle estoit en sa plus grande fleur : partie desquels bastiments se void encore à présent, le reste aiant esté ou du tout ou en partie ruiné. *S. l. (Paris)*, 1584, in-fol., vélin (*Rel. anc.*).

> Ce recueil se compose de 2 ff. imprimés (titre et dédicace au duc de Savoie) et de 50 planches gravées à l'eau-forte, renfermant 100 sujets.
> Mouillures.

157. DU CERCEAU (Jacques-Androuet). Le premier [et second] volume des plus excellents Bastiments de France. *A Paris, pour ledit Jacques Androuet, du Cerceau, 1607*, 2 parties en 1 vol. in-fol., veau marbré, tr. jasp. (*Rel. anc.*).

> Geymüller, p. 313. — Guilmard, p. 14.
> Exemplaire complet, contenant dans le tome premier 8 ff. prélim.

imprimés et 74 planches tirées sur 63 ff. ; et dans le tome second, 7 ff.
prélim. et 72 planches tirées sur 61 ff.

Différentes planches, rognées à la marque du cuivre, ont été montées
en plein ; d'autres sont remargées dans le bas. Les deux titres, fort
rognés, sont remargés ; le second titre est raccommodé. Mouillures.

On a inséré, au commencement du tome second, 10 pièces (sur 25)
et le titre-frontispice de la suite des arcs de Du Cerceau. Elles sont
toutes rognées et remontées en plein. Taches.

158. DUMONT (Gabriel-Martin), architecte. Recueil de plusieurs
parties d'architecture de différents maîtres tant d'Italie que de
France. (*Paris, chez l'auteur et Madame Chereau 1763.*) In-fol.,
dos basane fauve, coins vélin, tr. jaunes.

Recueil de différentes suites et planches de l'œuvre de Dumont précédées du titre ci-dessus.

Le volume, composé de 142 feuillets, contient notamment :

1° *Les élévations, coupes et profils entiers de la Basilique de St Pierre
du Vatican à Rome.* 1 titre, 1 table, 1 carte, 19 planches et un « Extrait
des registres de l'Acad. d'arch. «, le tout gravé.

2° 4 planches pour une église paroissiale.

3° *Détails des plus intéressantes parties d'architecture de la Basilique de
St Pierre de Rome.* 3 ff. prélim. impr. et 70 planches chiff., 1 pl. non
chiff. « Extrait des registres ».

4° Suite de profils et détails d'architecture. 14 pl. chiff.

Puis des maisons de Versailles, un Belvédère à l'italienne, etc., etc.

Après le titre des Détails, un fort beau portrait de Dumont, dessiné
par *Kucharski,* gravé par *J.-M. Moreau le jeune et Baron.*

159. DUOMO DI MILANO (Il). Monographie de la cathédrale de Milan. *S. l. n. d.,* in-fol., en feuilles dans un carton.

Texte explicatif en français et 70 planches d'ensemble et de détails de
la cathédrale de Milan.

160. FURTTENBACH (Joseph). Halinitro-Pyrobolia. Beschreibüg
einer newen Büchsenmeysterey | etc. *Getruckt in... Ulm | durch
Jonam Sauern.* 1627, front. gravé et 44 planches chiff. hors texte.
— Architectura civilis : Das ist : Eigentliche Beschreibung wie
man nach bester Form | und gerechter Regul. | Fürs Erste : Pal-
läst | mit dero Lust : und Thiergarten | darbey auch Grotten : So-
dann gemeine Bewohnungen..... aufführen vnnd erbawen soll. *Ibid.,
id.,* 1628, front. gravé et 40 planches chiff. hors texte. — Architec-
tura navalis. Das ist : Von dem Schiff-Gebäw | auff dem Meer und
Seckusten zugebrauchen. Etc. *Ibid., id.,* 1629, front. gravé et 20
planches hors texte. — Ens. 3 ouvrages en 1 vol. in-folio, vélin, tr.
jasp. (*Rel. anc.*).

Ouvrages sur la pyrotechnique et l'artillerie, sur l'architecture civile
et navale.

Les premier et troisième titres, un peu abîmés, ont été doublés. Les
planches 44 du premier ouvrage et 1 du deuxième, légèrement abîmées,
sont raccommodées. Fortes taches brunes et mouillures dans le deuxième
et à la fin du troisième ouvrage.

161. GAILHABAUD (Jules). Monuments anciens et modernes, collection formant une histoire de l'architecture des différents peuples à toutes les époques. *Paris, Firmin-Didot frères, 1850*, 4 vol. gr. in-in-4, figures, demi-rel. chagrin vert, ébarbés.

Ouvrage orné d'un grand nombre de planches hors texte, gravées sur acier.

162. GAZETTE DES ARCHITECTES et du bâtiment. Revue bimensuelle publiée sous la direction de M. E. Viollet-le-Duc fils et M. E. Corroyer. De l'origine 1863 à 1871 inclus. *Paris, A. Morel et Cie*, 1863-1871, 7 vol. in-4, demi-rel. toile verte, tr. jasp.

Nombreuses figures hors texte et dans le texte, gravées sur bois.

164. HEIDELOFF (Charles). Les Ornements du moyen-âge. *Paris, A. Morel et Cie*, s. d., in-4, en feuilles, dans un carton.

Texte en français et en allemand et 200 planches gravées sur acier.

165. JOUSSE (Mathurin). Le Secret d'architecture découvrant fidèlement les traits géométriques, couppes, et dérobemens nécessaires dans les bastiments. Enrichi d'un grand nombre de figures, adioustées sur chaque discours pour l'explication d'iceux. *A La Flèche, par George Griveau*, 1642, in-fol., veau jasp., tr. rouges (*Rel. anc.*).

112 figures gravées sur bois.

166. KRAFFT. Maisons de campagne, habitations rurales, châteaux, fermes, jardins anglais, temples, chaumières, kiosques, ponts, etc., etc., situés aux environs de Paris et dans les départements voisins, avec les décorations intérieures et le détail de ce qui concerne l'embellissement des jardins. — Jardins de France, d'Angleterre, d'Allemagne ; plans de jardins connus variés de tous genres et de toutes grandeurs. — Décorations de jardins ; plans, élévations et détails de fabriques de tous genres... *A Paris, Maison Bance aîné*, 1849, 3 parties en 1 vol. in-fol., demi-rel. toile verte.

Ouvrage orné de 292 planches gravées à l'eau-forte.
Mouillure.

167. LABACCO (Antonio). Libro d'Antonio Labacco, appartenente a l'architettura nel qual si figurano alcune notabili antiquita di Roma. *Impresso in Roma, in casa nostra negli anni del signore*, 1559, in-fol., veau marb., fil., tr. jasp. (*Rel. mod.*).

Ouvrage orné de 29 planches gravées en taille-douce.
Mouillures.

168. LASSUS (J.-B.-A.). Album de Villard de Honnecourt, archi-

tecte du xiiie siècle. Manuscrit publié en fac-simile annoté, précédé
de considérations sur la renaissance de l'art français au xixe siècle,
et suivi d'un glossaire par J.-B.-A. Lassus. Ouvrage mis au jour
après la mort de M. Lassus, et conformément à ses manuscrits.
Paris, Imp. impériale, 1858, in-4, broché.

> 72 planches en fac-simile.

169. LENOIR (Albert). Architecture monastique. *Paris, Imp. nationale*, 1852-1856, 3 parties en 2 vol. in-4, demi-rel. bas grenat, tr.
jasp.

> Ouvrage orné de nombreuses figures dans le texte, gravées sur bois.

170. LO FASO PIETRASANTA (Domenico) duca di Serradifalco.
Del duomo di Monreale e di altre chiese siculo normanne raggio-
namenti tre. *Palermo, Tipografia Roberti. Coi tipi dello autore*,
1838. In-folio, figures, cartonnage illustré de l'éditeur.

> Frontispice, titre lithographié et 28 planches chiffrées hors texte, dont
> 27 gravées au trait et 1 (planche VI) lithographiée. Celle-ci offre une
> belle vue de l'intérieur de la basilique de Monreale.

171. MANDAR. Études d'architecture civile, ou plans, élévations,
coupes et détails nécessaires pour élever, distribuer et décorer une
maison et ses dépendances, publiés pour l'instruction des élèves de
l'Ecole royale des ponts et chaussées. Nouvelle édition, gravée en
taille-douce et augmentée de 20 planches. *A Paris, chez Carilian-
Gœury*, 1826, in-fol., demi-rel. bas. verte, tr. jasp.

> Texte et 121 planches gravées en taille-douce.

172. MERLE et PÉRIÉ. Description historique et pittoresque du
château de Chambord offert par la France à S. A. R. Mgr. le duc
de Bordeaux. *A Paris, de l'Imp. de Didot l'ainé*, s. d. (vers 1821),
in-fol., demi-rel. mar. rouge à longs grains, titre doré sur le premier plat (*Rel. de l'époque*).

> Titre lithographié, avec vignette, par *Périé*, 3 vignettes dans le texte
> et 11 (sur 12) lithographies hors texte.
> La première planche manque.

173. MICHEL. Recueil des fondations et établissemens faits par le
roi de Pologne, duc de Lorraine et de Bar, qui comprend la construction d'une nouvelle place, au milieu de laquelle est érigée la
statue de Louis XV, et les batimens que S. M. polonoise a fait élever dans la ville de Nancy pour son embellissement. *A Lunéville,
chez Claude-François Messuy*, 1762, in-fol., veau marb., dos orné,
tr. rouges (*Rel. anc.*).

> Plan de Nancy et 3 grandes planches gravées, représentant les grilles
> de l'Hôtel de Ville et de la place royale de Nancy, et vignettes gravées
> dans le texte, représentant divers monumeuts.

174. MICHEL (Edmond). Monuments religieux, civils et militaires du Gâtinais (Départements du Loiret et de Seine-et-Marne), depuis le xie jusqu'au xviie siècle. *Lyon, Orléans et Paris*, 1879, in-4, demi-rel. veau fauve, non rogné.

Ouvrage orné de 107 planches hors texte d'après les dessins de l'auteur.

175. MOYEN-AGE (Le) monumental et archéologique. *Paris, chez A. Hauser*, 1843, 4 vol. pet. in-fol., montés sur onglets, demi-rel. bas. noire.

Réunion de 417 lithographies tirées sur Chine.
Le premier volume est précédé du titre ci-dessus, d'une introduction de 62 pp., signée *Daniel Ramée* et d'une description de Notre-Dame de Noyon (12 pp.) signée *Alphonse Dantier.*

176. PATTE. Monumens érigés en France à la gloire de Louis XV, précédés d'un tableau du progrès des arts et des sciences sous ce règne, ainsi que d'une description des honneurs et des monumens de gloire accordés aux grands hommes, tant chez les anciens que chez les modernes, et suivis d'un choix des principaux projets qui ont été proposés pour placer la statue du roi dans les différens quartiers de Paris. *A Paris, chez l'auteur et chez Desaint et Saillant, 1765,* in-fol., veau marb., dos orné, tr. rouges (*Rel. anc.*).

Fleuron sur le titre, 1 vignette avec le portrait de Louis XV, par *Boucher,* gravée par *Cochin,* 3 vignettes têtes de pages par *Marvye* et *Patte* et 57 planches, dont plusieurs pièces pliées, par *Patte, Guelin, Loyer, Coutant,* etc.

177. PERRONET. Description des projets et de la construction des ponts de Neuilly, de Mantes, d'Orléans et autres ; du projet du canal de Bourgogne, pour la communication des deux mers par Dijon ; et de celui de la conduite des eaux de l'Yvette et de Bièvre à Paris. *A Paris, de l'Imp. royale,* 1782, 2 vol. gr. in-fol., veau marb., dos orné, tr. rouges (*Rel. anc.*).

Ouvrage orné d'un portrait par *Cochin,* gravé par *Saint-Aubin* et de 67 planches gravées par *Tardieu, Germain, Duval,* etc.
Les reliures ont été vernies.

178. PETIT (Victor). Châteaux de France des xve et xvie siècles. *Paris, Ch. Boivin, s. d.,* in-4, en feuilles, dans le cartonnage de publication.

100 vues lithographiées à deux teintes : châteaux et églises.

179. PFNOR (Rodolphe). Monographie du Palais de Fontainebleau, dessinée et gravée par M. Rodolphe Pfnor, accompagnée d'un texte historique et descriptif par M. Champollion-Figeac. *Paris, A. Mo-*

rel et Cie, 1863, 2 vol. in-fol., dos et coins mar. citron, non rognés.

Texte avec figures gravées sur bois et 150 grandes planches gravées en taille-douce.

180. PFNOR (Rodolphe). Architecture, décoration et ameublement. Epoque Louis XVI, dessinés et gravés d'après des motifs choisis dans les palais impériaux, le mobilier de la couronne, les monuments publics et les habitations privées. Avec texte descriptif. *Paris, A. Morel*, 1865, in-fol., en feuilles, dans le cartonnage de publication.

50 planches gravées sur acier.

181. POLLET. Monuments d'architecture gothique, romane, de la Renaissance, etc., accompagnés de décorations sculpturales et autres dans ces divers styles, tirés des portefeuilles de feu Pollet, architecte de Lyon, qui les a exécutés pour la plupart, et de ceux de plusieurs artistes de la capitale, gravés sur cuivre par H. Roux aîné. *Paris, Bance*, 1841, in-fol., demi-rel. toile grise, tr. jasp.

Texte explicatif et 60 planches gravées à l'eau-forte.

182. PRIOUX (Stanislas). Monographie de l'ancienne abbaye royale Saint-Yved de Braine, avec la description des tombes royales et seigneuriales renfermées dans cette église. *Paris, Lib. archéol. de l'. Didron*, 1859, in-fol., en feuilles, dans le cartonnage de publication.

Ouvrage orné de 27 planches, dont 12 sur acier, 6 chromolithographies, et 9 lithographies tirées en bistre.

183. QUATREMÈRE DE QUINCY. Histoire de la vie et des ouvrages des plus célèbres architectes du xie siècle jusqu'à la fin du xviiie, accompagnée de la vue du plus remarquable édifice de chacun d'eux. *Paris, J. Renouard*, 1830, 2 vol. gr. in-8, cartonnage de publication.

Ouvrage orné de 47 planches gravées en taille-douce.

184. QUATREMÈRE DE QUINCY. Dictionnaire historique d'architecture comprenant, dans son plan, les notions historiques, descriptives, archéologiques, biographiques, théoriques, didactiques et pratiques de cet art. *Paris, Ad. Le Clère et C*^ie, 1832, 2 vol. in-4, bas. marb., tr. jasp. (*Rel. de l'époque*).

Ouvrage estimé, devenu rare.

185. RÉUNION de planches d'architectures, provenant des ouvrages : Regola delle cinque ordini... di Vignola. Libro primo et originale. Venise 1603. Figures gravées par Giacomo Franco. — Alcune opera d'architettura di... Vignola. Raccolte et poste in luce da Francesco Villamena 1617. In Roma. — Libro d'Antonio Labacco apparte-

nente a l'architettura nel qual si figurano alcune notabili antiquita di Roma, Bolognini Zalterii formis 1570. — Ens. 96 planches, collées sur papier ancien, dans un vol. in-fol., basane brune, tr. jasp. (*Rel. anc.*).

Pièces rognées au filet ou à la marque du cuivre.

186. RÉUNION de 3 suites d'estampes relatives à l'architecture, dont une de Jean Vredeman de Vries et deux de Jacques Androuet Du Cerceau. — Ensemble 83 planches collées sur papier, en 1 vol. in-4 oblong, veau brun, tr. jasp. (*Rel. anc.*).

1° VREDEMAN DE VRIES (Johannes). Variae architecturae formae : a Joanne Vredemanni Vriesio..... inventae. *Antverpiae excudebat Theodorus Gallaeus*, 1601. 1 titre gravé et 43 (sur 50) planches chiff. 1-29, 32-35, 40-49.
Réimpression d'un recueil paru d'abord au milieu du xvi° siècle, avec l'adresse de H. Cock, laquelle, dans cette édition, a été remplacée par celle de Theod. Galle.
2° DU CERCEAU (Jacques-Androuet). Suite de 28 (sur 36) pièces (0^m,14 × 0^m,10) représentant des élévations géométrales de monuments anciens (*Orléans 1550*).
3° DU CERCEAU (J.-Androuet). Suite de 12 (sur 14) pièces représentant, en vues perspectives, des fragments d'anciens monuments de Rome (*Orléans 1550 ou 1555*).
La suite de Vredeman de Vries a de belles marges. Celles de Du Cerceau sont rognées. A l'une on a coupé les coins blancs, et la gravure est quelquefois atteinte.
Reliure très fatiguée.

187. RÉVOIL (Henry). Architecture du midi de la France, dessinée, mesurée et décrite par Henry Révoil. *Paris, Vve A. Morel et Cie*, 1873-1874, 3 vol. in-fol., en feuilles, dans les cartonnages de publication.

Figures dans le texte gravées sur bois et 212 planches gravées sur acier.

188. REYNAUD (Léonce). Traité d'architecture, contenant des notions générales sur les principes de la construction et sur l'histoire de l'art. *Paris, Carilian-Gœury et V^or Dalmont*, 1850-1858, 2 vol. in-4 de texte et 2 atlas in-fol., demi-rel. chagrin vert foncé.

Les atlas renferment 168 planches gravées sur acier.

189. ROHAULT DE FLEURY (Georges). La Toscane au moyen âge. Lettres sur l'architecture civile et militaire en 1400. *Paris, Vve A. Morel et Cie*, 1873-1874, 2 vol. in-8 de texte et 2 albums in-fol. de planches, demi-rel. mar. grenat, tête marb., non rognés.

Les 2 albums renferment un texte avec vignettes gravées sur bois et 140 planches gravées en taille-douce.

190. ROHAULT DE FLEURY (G.). Le Latran au moyen âge. *Paris,*

*V*ᵛᵉ *A. Morel et C*ⁱᵉ, 1877, 1 vol. in-8 de texte et 1 atlas in-fol., monté sur onglets, demi-rel. chagrin rouge, tête marb., non rognés.

L'atlas renferme 64 planches gravées sur acier, avec un texte explicatif.

191. ROUSSEL (Pierre-Désiré). Histoire et description du château d'Anet depuis le dixième siècle jusqu'à nos jours, précédée d'une notice sur la ville d'Anet, terminée par un sommaire chronologique sur tous les seigneurs qui ont habité le château et sur ses propriétaires et contenant une étude sur Diane de Poitiers. *A Paris, Imp. par D. Jouaust*, 1875, pet. in-fol., dans le cartonnage de publication.

Ouvrage tiré à 500 exemplaires, orné de 53 planches hors texte en lithographie, en chromolithographie et gravées à l'eau-forte, dont 5 photographies collées, et de figures dans le texte, gravées sur bois.

192. ROUYER (Eugène). L'Art architectural en France, depuis François Iᵉʳ jusqu'à Louis XVI. Motifs de décoration intérieure et extérieure dessinés d'après des modèles exécutés et inédits des principales époques de la Renaissance comprenant lambris, plafonds, voûtes, cheminées, portes, fenêtres, fontaines, autels, bibliothèques, etc., etc. Texte par Alfred Darcel. *Paris, Baudry*, 1866-1867, 2 vol. in-4, en feuilles dans les cartonnages de publication.

Ouvrage renfermant 200 planches gravées en taille-douce.

193. ROUYER (Eugène). L'Art architectural en France depuis François Iᵉʳ jusqu'à Louis XVI. Motifs de décoration intérieure et extérieure dessinés d'après des modèles exécutés et inédits des principales époques de la Renaissance. Texte par Alfred Darcel. *Paris, J. Baudry*, 1866-1867, 2 vol. in-4, dos et coins chagrin brun, fil., tête dorée.

Même ouvrage contenant 200 planches hors texte, gravées en taille-douce et montées sur onglets.

194. SCAMOZZI (Vincent). Œuvres d'architecture de Vincent Scamozzi contenues dans son idée de l'architecture universelle, dont les règles des cinq ordres, que le sixième livre contient, ont été traduites en françois par M. Augustin Charles d'Aviler, et le reste traduit nouvellement par M. Samuel Du Ry..... *A Leide, chez Pierre Vander Aa*, 1713, in-fol. demi-rel., bas. rouge (*Rel. anc.*).

Ouvrage orné d'un frontispice, de 64 planches gravées en taille-douce et de 45 planches gravées sur bois.
Exemplaire NON ROGNÉ.

195. SCAMOZZI (Vincent). Œuvres d'architecture...., contenuës dans son idée de l'architecture universelle ; dont les règles des cinq ordres que le sixième livre contient ont été traduites en françois par M. Aug. Charles d'Aviler et le reste traduit nouvellement

par M. Samuel du Ry..... *A Leide, chez Pierre Vander Aa*, 1713,
in-fol., tr. jasp. brun (*Rel. anc.*).

Même ouvrage.

196. SERLIO (Sebastiano). Il terzo libro di Sebastiano Serlio Bolognese, nel qual si figurano, e descrivono le antichità di Roma, e
e le altre che sono in Italia, e fuori de Italia. Con nove additioni
(Seconda edizione). *Venezia, Franceso Marcolini*, 1544, de 78 ff.
paginés, figures. — Regole generali di architettura sopra le cinque
maniere degli edifici (Libro quarto di architettura). Con nove additioni..... in questa terza editione fatte. *Venezia, Francesco Marcolini*, 1544, de 76 ff. chiff., figures. — Ens. 2 ouvrages en 1 vol.
in-folio, vélin, tr. jasp. (*Rel. anc., dos fatigué*).

Les deux ouvrages sont ornés de nombreuses grandes figures gravées
sur bois, dessinées par Serlio et dont on attribue la gravure à l'éditeur
Marcolini.
Mouillures.

197. STATZ (V.), UNGEWITTER (G.) et REICHENSPERGER (A.).
Livre de types et de modèles gothiques, tirés des monuments.
Paris, Ad. Delahays, 1858, in-fol., demi-rel. bas.

36 lithographies dont plusieurs coloriées.
Le titre est très court.

198. TAYLOR (George Ledwell). The auto-biography of an octogenarian architect, being a record of his studies at home and abroad
during 65 years, comprising among the subjects the cathedrals of
England, France, and Italy, the temples of Rome, Greece, and
Sicily..... *London, Longmans and Co*, 1870, 2 tomes en 1 vol. in-4,
cartonn. toile grenat, tr. jasp.

Ouvrage renfermant de nombreuses lithographies.

199. VERNEILH (Félix de). L'Architecture byzantine en France. Saint-Front de Périgueux et les églises à coupoles de l'Aquitaine. *Paris,
V. Didron*, 1851, in-4, demi-rel. bas. verte, tr. jasp.

Ouvrage orné de 24 planches gravées par *L. Gaucherel*.

200. VIGNOLA. Le due regole della prospettiva pratica di M. Jacomo Barozzi de Vignola. Con i comentarij del R. P. M. Egnatio
Danti. *In Roma. Nella Stamperia del Mascardi 1644*. In-fol. de 6 ff.
prélim., dont le titre gravé, 73 ff. pag. 1-145, 2 ff. non chiff. et 1
f. blanc, figures, vélin (*Rel. anc.*).

L'ouvrage contient un titre gravé par *Cherubino Alberti* et, dans le
texte, des figures mathématiques et à sujets, gravées sur bois ou sur
cuivre.
Mouillures.

201. VILLE (Antoine de). Les Fortifications du chevalier Antoine de

Ville. *A Lyon, chez Irenée Barlet*, 1628, in-fol., figures, veau
brun, fil. (*Rel. anc. abimée et défraîchie*).

> L'ouvrage contient 1 frontispice et 53 planches hors texte chiff., des-
> sinées et gravées par *Antoine de Ville*.
> Ces gravures, représentent la manière de fortifier et offrent, en même
> temps, de belles vues de paysages.
> Le frontispice et le titre sont défraîchis. Très légères mouillures dans
> les marges.

202. VILLE (Antoine de). Les Fortifications du chevalier Antoine de
Ville. *A Lyon, chez Philippe Borde*, 1640. In-fol., figures, veau
brun, tr. jasp. (*Rel. anc. très fatiguée*).

> Réimpression de l'ouvrage précédent contenant les 53 mêmes plan-
> ches hors texte.
> Une partie des planches, plus grandes que le texte, sont légèrement
> fatiguées sur les bords.
> Mouillures.

203. VIOLLET-LE-DUC. Monuments historiques. *Paris, Gide, s. d.*,
3 vol. in-fol., montés sur onglets, demi-rel. veau fauve, non rognés.

> Recueil de 232 planches gravées en taille-douce, avec texte. Sans titre,
> ni table.
> Avignon ; Arles ; Carcassonne, château de Blois ; maisons d'Orléans ;
> Saint-Saturnin, de Toulouse ; archevêché de Sens ; etc., etc.

204. VITRUVE. Les dix livres d'architecture de Vitruve corrigez et
traduits nouvellement en françois, avec des notes et des figures.
Seconde édition reveue, corrigée, et augmentée, par M. Perrault.
A Paris, chez J.-B. Coignard, 1684, in-fol., veau jasp., tr. marb.
(*Rel. anc.*).

> Edition estimée, ornée d'un frontispice par *S. Le Clerc*, gravé par
> *Scotin*, de 67 planches gravées en taille-douce et de nombreuses figures
> gravées sur bois dans le texte.

205. VITRUVE. Les dix livres d'architecture de Vitruve, avec les
notes de Perrault. Nouvelle édition revue et corrigée et augmentée
d'un grand nombre de planches et de notes importantes par E.
Tardieu et A. Cousin fils. *Paris, A. Morel et C*[ie], 1859, 2 vol. in-4,
cartonnés.

> Le second volume renferme 96 planches gravées sur acier.

206. VREDEMAN DE VRIESE (Johannes). Architectura. *Anvers
Geerhardt de Jode*, 1577, 1581 (A la fin :) *En Anvers, de l'imprimerie de Gerard Wolsschat, & Henry Aerts pour Pierre de Jode,
l'an* 1615. Gr. in-4, figures, vélin (*Rel. anc.*).

> L'ouvrage contient un titre gravé (en allemand), 22 (sur 23) plan-
> ches chiff. gravées sur cuivre et 5 ff. de texte.
> Le texte de l'ouvrage est en français. Il est précédé du titre gravé des
> éditions antérieures.
> La planche 17 manque.

7. — ORNEMENTS. — DÉCORATION INTÉRIEURE.

207. ADAMS (Louis). Décorations intérieures et meubles des époques Louis XIII et Louis XIV, reproduits d'après les compositions de Crispin de Passe, Paul Vredman de Vries, Sébastien Serlius, Bérain, Jean Marot, de Brosse, etc., etc., et relevés sur les monuments de ces époques par Louis Adams. *Paris, A. Morel*, 1865, in-fol., en feuilles, dans le cartonnage de publication.

> 100 planches gravées sur acier.

208. AUDSLEY (W. et G.). La Peinture murale décorative, dans le style du moyen âge. 36 planches en couleur et or, avec des notices explicatives et une introduction générale. *Paris, Firmin Didot et Cie*, 1881, in-fol., en feuilles, dans le cartonnage de publication.

209. DEDAUX. Chambre de Marie de Médicis au palais de Luxembourg, ou recueil d'arabesques, peintures et ornements qui la décorent. *Paris*, 1838. Texte, frontispice et 34 planches. — ICONOGRAPHIE de la fontaine monumentale érigée par la ville de Chambéry à la mémoire du général de Boigne sculptée par Sapey, de Grenoble. *Grenoble*, 1838. Texte et 11 planches. — STATISTIQUE monumentale. Atlas. Arrondissements de Toul et Nancy. Cartes, plans et dessins par E. Grille de Beuzelin, 3ᵉ série. Archéologie (*Paris*). *Lithogr. de Thierry, s. d.*, 16 planches. — Essai historique et descriptif sur l'église et l'abbaye de Saint-Jacques des Ecossais à Ratisbonne (Regensburg). Accompagné de 6 planches lithographiées . par Grille de Beuzelin. *Paris*, 1836. — Ensemble 4 ouvrages en 1 vol. in-folio, demi-rel. chagrin noir.

> On a relié à la suite 68 gravures, représentant les œuvres d'art achetées par l'Association artistique de Saxe (Sächsischer Kunstverein) dans les années 1832-1835, et 21 vues d'Italie, en partie gravées d'après Piranesi.

210. DESTAILLEUR (H.). Recueil d'estampes relatives à l'ornementation des appartements aux xviᵉ, xviiᵉ et xviiiᵉ siècles, publiées sous la direction et avec un texte explicatif par M. H. Destailleur, gravées en fac-simile par MM. R. Pfnor, Carresse et Riester, d'après les compositions de Du Cerceau, Lepautre, Bérain, D. Marot, Meissonnier, La Londe, etc., etc. *Paris, Rapilly*, 1863, in-fol., en feuilles, dans le cartonnage de publication.

> Tome I complet renfermant un texte explicatif et 72 planches.

211. DU CERCEAU. Œuvre de Jacques Androuet, dit Du Cerceau. 35 grandes arabesques. 62 petites arabesques. Séries complètes.

Paris, Héliogravure par Edouard Baldus, s. d., 2 recueils in-fol., en feuilles dans des cartons.

Reproductions fac-simile, tirées sur papier de Hollande.
Ens. 97 planches.

212. FLOQUET (Alph.). Compositions décoratives. *Paris, A. Cala-vas*, 1882, in-fol., en feuilles, dans le cartonnage de publication.

Recueil de 36 planches en phototypie.

213. GAUCHEREL (Léon). Exemples de décoration appliqués à l'architecture et à la peinture, depuis l'antiquité jusqu'à nos jours. Antiquité, époque romaine, époque gothique, renaissance, art moderne. *Paris, Bance*, 1857, in-4, dans le carton. de publication.

Première partie renfermant un frontispice et 120 planches gravées à l'eau-forte.

214. GUILLETAT (Alph.). La France. Louis XV. Choix d'ornemens du style Louis XV. Recueillis tant à l'intérieur qu'à l'extérieur des monumens, édifices et maisons, de ce pays, 1845. *Paris, Publié par Jeannin*, in-fol., demi-rel. basane.

13 planches lithographiques chiff. y compris le titre, contenant des ornements.
On a relié à la suite de l'ouvrage 7 gravures à l'eau-forte, savoir : *La feinte résistance* et *Le Serpent sous les fleurs*, 2 pièces d'après *J.-B. H···t*, gravées par *Patas* et par *Godefroy. L'Amour désarmé*, par le *Corrège*, gravé par *Johannot frères* ; *Cupidon, Vénus, Vénus sortant du bain, Laocoon,* 4 pièces dessinées par *Bourdon* et *Niquet*, gravées par *Quéverdo, Pillement* et *Niquet l'ainé et jeune*. Plus une lithographie d'après l'Hercule dit Farnèse.

215. GUILMARD (D.). Les Maîtres ornemanistes. *Paris, E. Plon et C*, 1880-1881, 2 vol. gr. in-8, dont 1 vol. de planches, demi-rel. chagrin vert, ébarbés.

180 planches.

216. KORSAK (Albert de). Dictionnaire de motifs décoratifs anciens et modernes classés par style. Détails et ensemble. *Paris, Eug. Bigot*, 1883-1886, 4 vol. in-4, en feuilles, dans les cartonnages de publication.

Recueil de 800 planches tirées en bistre.

217. LAFRERI (Antoine). Recueil de 16 planches chiff. 1-16 et signées, d'environ 0ᵐ,25 × 0ᵐ,17, représentant des panneaux de trophées d'armes. Sur la première pièce on lit : *Ant. Lafrerii formis, 1553*. En 1 vol. pet. in-fol., rel. mod. en vélin ancien.

Non cité par Guilmard et Jessen.
Petits raccommodages.

218. LIÉNARD. Spécimens de la décoration et de l'ornementation

au XIXe siècle. 125 planches divisées en 3 parties. *Liège, Ch. Claesen,* 1872. in-fol., en feuilles dans un carton.

Titre, frontispice, une table et 123 (sur 125) planches lithographiées, dessinées par Liénard.
Les planches B 18, a et B 19, a manquent.

219. LIÈVRE (Édouard). Les Arts décoratifs à toutes les époques. *Paris, Vve A. Morel,* 1870, 2 vol. in-fol., montés sur onglets, dos et coins chagrin noir, plats toile, ébarbés.

120 planches, la plupart en chromolithographie.

220. METZMACHER. Portefeuille historique de l'ornement. Recueil complet des meilleurs motifs dessinés et gravés d'après les anciens maîtres par Metzmacher. *Paris, A. Lévy,* 1881, in-fol., en feuilles dans le cartonnage de publication.

32 planches gravées sur acier et tirées sur papier de Chine ; la plupart des planches contiennent plusieurs motifs.

221. MITELLI (Agostino). Suite de 18 planches non chiffrées, gravées en taille-douce. Sur la première planche on lit : All. Illmo Sig^r Fran^{co} Bandini. Humilissimo servitore Giovan Batista Paganelli DD., in-4, vélin (*Rel. anc.*).

Ces planches représentent des cartouches, des montants d'ornements et des panneaux (genre Louis XIII). Taches sur plusieurs de ces planches et petit cachet sur la première planche.

222. MUSÉE DU LOUVRE. Modèles d'art décoratif, d'après les dessins originaux des maîtres anciens. Notice par M. Victor Champier. *Paris, A. Quantin,* 1882, in-fol., en feuilles dans le cartonnage de publication.

50 planches en héliogravure.

223. ORNEMENTS des anciens maîtres du XVe au XIXe siècle, d'après les compositions de Dieterlein, Vriesse, Du Cerceau, Daniel Marot, Salembier, Perretti, Meissonnier, Habermana, Janssen, Elie Nilson, etc., etc. *Paris, A. Lévy fils,* 1859, in-fol., en feuilles dans le cartonnage de publication.

111 planches gravées, tirées sur papier de Chine. Le titre indique seulement 100 planches.

224. ORNEMENTS des anciens maîtres du XVe au XIXe siècle, d'après les compositions de Dieterlein, Vriesse, Du Cerceau, Daniel Marot, Salembier, Perretti, Meissonnier, Habermann, Janssen, Elie Nilson, etc., etc. *Paris, A. Lévy fils,* 1859, in-fol., en feuilles dans le cartonnage de publication.

Complément du numéro précédent. 110 planches gravées par *Clerget, Varin, Riester,* etc., tirées sur Chine, elles sont numérotées 112 à 222 et se suivent exactement.

225. OWEN JONES. Grammaire de l'ornement, illustrée d'exemples pris de divers styles d'ornements. *Londres, Day and Son, s. d.*, in-4, cartonn., toile rouge, fers spéciaux, tr. dor. (*Cartonn. des éditeurs*).

112 chromolithographies hors texte et vignettes dans le texte, gravées sur bois.

226. PARIZEAU (Philippe-Louis). Recueil d'une partie de son œuvre, gravée par lui d'après ses propres dessins et d'après des dessins de L.-F. La Rue. 21 suites contenant 170 planches, auxquelles on a joint 4 suites (19 planches) de Desrais, Aubert Parent, Queverdo et Prudhon. — Ens. 25 suites avec 189 pièces en 1 vol. in-fol., cartonn., dos mar. noir à longs grains (*Cartonnage de l'Empire*).

1° *Ire, IIe et IIIe Suite de différentes compositions d'après les dessins de L.-F. La Rue, gravées par Ph.-L. Parizeau.* A Paris, chez Parizeau, 1770-1771. Suites cotées a, B et C, de 12 planches chacune.

2° *Ire, 4e, 5e, 6e et 8e suite de figures drapées. Ph.-L. Parizeau inv. et fecit.* A Paris, chez Parizeau (1762, 1778, 1770, 1781, 1781); la 1re et 4e suite de 12 planches chacune, la 5e de 6, la 6e de 7 et la 8e de 14 planches.

3° *Iconologie dessinée et gravée par Ph.-L. Parizeau. 1re, 2e et 3e suite*, 1775-1778. Chaque suite par 6 planches, avec 4 sujets par planche.

4° *Etudes de figures dessiné d'après nature, et gravé par Ph.-L. Parizeau.* A Paris, chez Lautheur (1782). Suite de 7 figures.

5° *13e Cahier de figure et Le 22e de l'œuvre.* A Paris, chez Parizeau. Ph.-L. Parizeau inv. Et Sculp. 1783. Suite de 6 pièces.

6° *Suite intitulée · Albinus.* A Paris, chez Parizeau (1780). Dessiné et gravé par Ph.-L. Parizeau, 6 pièces.

7° *7e Suite de différents Sujets.* A Paris, chez Parizeau. Ph.-L. Parizeau inv. Et Sculp. 1781. 10 planches sur 6 ff.

8° *4e, 6e, 7e, 8e, 9e et 10e Suite De Vases, trépiés, autels, tables, chandeliers, etc. Dans Le goût antique.* A Paris, chez Parizeau. L.-F. La Rue inv. Ph.-L. Parizeau. sculp. (1772-1775). 6 suites cotés D, f, g, h, i, k, chacune par 6 pièces.

9° *Cahier d'Arabesques Composés par C.-L. Desrais en 1789.* C.-L. Desrais Del. Le Roy Sculp. A Paris, chez Chereau. 4 pièces chiff. 1-4 (Guilmard, p. 263, n° 109, en a vu 6).

10° *Cahier d'Arabesques Composé et gravé par Aubert, 1788.* A Paris, chez J. Chereau. Aubert Parent Del. J. Chereau exc. 4 pièces cotées A-D et chiff. 1-4 (Guilmard, p. 266, n° 121).

11° *Deuxieme Cayer de Panneaux Frises et sujets Arabesques. Composés et gravés par Fr.-M. Queverdo.* F. M. Queverdo Del. et Sculp. 1788. 6 planches. Les deux dernières avec 3 sujets chacune (Guilmard, p. 232, n° 41).

12° *5 pièces chiffr. 1-5, signées :* Prudhon inv. Cavelier et Pierron del. & sc. Elles sont précédées d'un feuillet imprimé : Explication des planches, et elles représentent un écran, une table avec miroir (2 planches), le Berceau de S. M. le Roi de Rome (2 planches).

Cette dernière suite est reliée en tête du volume.

La suite de Queverdo est rognée dans le bas; la marque du cuivre y est atteinte. La dernière pièce de cette suite est légèrement tachée.

On a relié à la fin du volume 22 feuillets blancs.

227. PENET (L.-F.). Figures décoratives. Groupes d'enfants, par Penet. Série n° 2. *Paris, A. Calavas, s. d.*, in-4, en feuilles dans un carton.

26 eaux-fortes composées et gravées par *Penet*.

228. PICARD (Adolphe). L'Ornementation fleurie. *Paris, publié par A. Rozier, 1882.* 2 vol. in-fol., en feuilles dans les cartonnages de publication.

Série de 46 (sur 48) photographies montées sur bristol.

229. RACINET. L'Ornement polychrome. Cent planches en couleurs or et argent, contenant environ 2 000 motifs de tous les styles : art ancien et asiatique, moyen âge, renaissance, xvii° et xviii° siècle. Recueil historique et pratique publié sous la direction de M. A. Racinet, avec des notes explicatives et une introduction générale. — L'Ornement polychrome. Deuxième série. Cent vingt planches en couleurs or et argent..... *Paris, Firmin-Didot et Cie, s. d.*, 2 vol. gr. in-4, montés sur onglets, demi-rel. chagrin noir, tête dor., ébarbés.

Exemplaire bien complet renfermant 220 planches.

230. RACINET. L'Ornement polychrome. *Paris, Firmin-Didot frères, s. d.,* 2 vol. in-4. dos et coins mar. vert, plats toile dont un non rogné, et l'autre en feuilles dans les cartonnages de publication.

La seconde série ne renferme que 119 planches ; la planche 96 (La Musette) manque. Ce volume est en feuilles.

231. RECUEIL des dessins d'ornements d'architecture de la manufacture de J. J^{ph} Heiligenthal à Strasbourg, successeur de Mr Beunat, contenant tout ce qui a rapport à la décoration des appartements, tels que panneaux, dessus de portes, dessus de glaces, frises, pilastres, montants, rosaces, entablements, moulures, etc. *S. l. n. d. (Strasbourg, 1832),* gr. in-4, demi-rel. basane brune, tr. marb.

Recueil de 113 planches chiff., plus un frontispice pour la IIe partie, placé après la planche 86 ; le tout gravé sur cuivre. Il est précédé du *Tarif* (10 ff.) imprimé chez F.-G. Levrault à Strasbourg.

On a relié à la fin du volume un recueil semblable de la Manufacture d'ornemens en terre cuite et biscuit de porcelaine de Fouque, Arnoux et Cie à Toulouse. Il se compose de 2 ff. lithographiés, contenant le tarif et 11 planches chiff., lithographiées.

232. RECUEIL d'ornements d'après les maîtres les plus célèbres des xv°, xvi°, xvii° et xviii° siècles. *Paris, héliogravure par Ed. Baldus,* 1866, in-fol., en feuilles, dans un carton.

100 reproductions en héliogravure : la plupart des planches ne sont pas numérotées.

233. RÉUNION de 31 estampes, gravées par Énée Vico, Mathieu
Piccioni et J. B. Mercati, représentant des vases et bas-reliefs romains. En 1 vol. in-fol., vélin (*Rel. anc.*).

> 1° 12 pièces chiff. 1-iv, vi-xiii, représentant des vases ornés, par *Énée
> Vico* (Nagler, *Monogr.* 1, nº 509, (8) — Bartsch, 420-433). Deuxième
> tirage (xviiº siècle), numéroté.
> On a joint 7 pièces de la même suite en premier tirage, dont des
> doubles des planches IV et XII.
> 2° 3 pièces chiff. 1-3, non signées. Elles représentent un vase, un
> chandelier et un dessus de table. Estampes italiennes dans le genre de
> Vico.
> 3° 12 pièces (sur 21) chiff., représentant les bas-reliefs de l'arc de
> Trajan ; elles sont gravées par *Mathieu Piccioni*. Les numéros sont au-
> tres que ceux rapportés par Bartsch, XXI, pp. 159-163, et 2 pièces
> seulement portent la légende.
> 4° 4 pièces, gravées par *Jean-Baptiste Mercati*, représentant les bas-
> reliefs de quatre médaillons de l'arc de Constantin. Bartsch, XX, p. 147,
> les cite, sans les avoir vus.
> Mouillures.
> Déchirure dans la marge d'une planche.
> Les pièces du premier tirage de la suite de Vico sont mouillées, dou-
> blées et plus ou moins rognées ; 2 sont abimées en tête et une autre a
> un coin arraché.

234. RÉUNION de 162 planches d'ornement, dont 126 de Jean Lepautre, 18 de Jean Marot, 12 de A. Loire, 6 de J. Cotelle, publiées
chez P. Mariette, N. Langlois, Le Blond, F. Poilly, Danisy et autres. Pièces montées en plein, en 1 vol. pet. in-fol. oblong, dos et
coins cuir de Russie.

> Belles épreuves du tirage original des gravures de Le Pautre. Elles
> représentent des cheminées et lambris, des panneaux, montants, frises,
> orfèvrerie d'église, vases, cartouches et mausolées, sépultures et épita-
> phes, trophées d'armes, meubles. La gravure sur la feuille 125 donne
> l'adresse gravée de Jean Le Pautre.
> Voici les suites des autres artistes :
> *Nouveaux desseins d'Alcoves inventés et gravés par J. Marot.* A Paris,
> chez Pierre Mariette, 8 pièces.
> *Tombeaux ou mausolées, ...par Jean Marot.* Ibid., id., 10 pièces.
> *Desseins de brasiers, dont les ornements peuvent servir aux cuvettes, ta-
> bles, etc. Inventé et gravez par A. Loir.* Ibid., id., 6 pièces.
> *Nouveaux Dessins de gueridons dont les pieds sont propres pour des
> croix, chandeliers, chenets, etc. ...par A. Loir.* A Paris, chez M. Langlois,
> 6 pièces.
> *Nouveau livre de chenest et autre ouvrage dorfeverie* (sic) *inventez et
> gravé par J. Cotelle.* Paris, De Poilly, 6 pièces.
> Toutes les planches sont rognées à la marque du cuivre, au filet ou
> n'ont que de très petites marges.

235. VIGNOLE (Jacques Barozzio de). Livre nouveau ou regles des
cinq ordres d'architecture, par Jacques Barozzio de Vignole. Nou-
uellement revû, corrigé et augmenté par Monsieur B*** (Blondel)
Architecte du Roy..... enrichi de cartels, culs-de-lampes, paysa-

ges..... d'après Mrs Blondel, Cochin et Babel..... en 1767..... *à Pa-ris, chés Petit.* In-folio, broché.

> Jessen, n° 1231. — Non cité par Guilmard.
> L'exemplaire contient 106 planches dont 104 chiff. 1-83, 1-4, 91-106, 109 et 2 planches non chiff. après pl. 83.
> Les 30 premières planches, traitant des cinq ordres, sont animées de petites figures : scènes de genre, paysages, etc. Les autres, à partir de la pl. 31 (qui renferme un nouveau titre : *Recueil des plus beaux édifices anciens et modernes,* etc.) offrent de belles vues d'églises (N. D. de Paris, cathédrale de Reims, N. D. de Rouen, Sorbonne, Saint-Eustache, etc.), de la façade du Louvre, d'autels, cheminées, portes, chaires, meubles, grilles, etc., etc., gravées d'après *Camus, Caquet, Cuvillies, Huquier, Mansard, Meissonnier, Oppenord, Panini, Servandoni* et *Chr. Wren.*
> Les planches sont en bon tirage.
> On a relié après la planche 43 le dessin au lavis d'un chapiteau.
> Petite tache sur le titre. Légères mouillures à 4 planches, à la fin du volume.
> Bon exemplaire malgré les petits défauts annoncés.

236. VOUET (Simon). |Livre de diverses grotesques peintes dans le cabinet et bains de la Reyne Régente, au Palais Royal par Simon Vouet... et gravées par Michel Dorigny, 1647. *A Paris, aux Galleries du Louvre.* In-fol., cartonn.

> Guilmard, p. 40, n° 20.
> Suite de 14 (sur 15) planches chiffrées, y compris la dédicace.
> Elles représentent des panneaux enrichis d'ornements et de figures.
> La planche 1 (titre) manque.

8. — RECUEILS DE VUES ET DE MONUMENTS DE LA FRANCE ET DE L'ÉTRANGER

A. — GÉNÉRALITÉS.

237. BLAEU (Guill. et Jean). Le Théâtre du monde ou nouvel atlas, contenant les chartes et descriptions de tous les pays de la terre. *Amsterdami, apud Guil. et Johan. Blaeu,* 1635, 2 vol. in-fol. vélin blanc à recouv., tr. dor. (*Rel. anc.*).

> Nombreux plans et cartes, gravés et coloriés.
> Mouillures et quelques feuillets réparés.

238. MÜNSTER (Seb.). La Cosmographie universelle de tout le monde. Auteur en partie Munster, mais beaucoup plus augmentée, ornée et enrichie, par François de Belle-Forest. *Paris, chez Michel Sonnius,* 1575, 2 tomes en 3 vol. in-fol., réglés, figures, veau fauve, deux encad. de fil., ornement au milieu et aux angles, dos orné, tr. dor. (*Rel. de l'époque*).

> La partie concernant la France a été considérablement augmentée dans cette édition par François de Belle-Forest.

L'ouvrage contient 15 planches et cartes hors texte et un grand nombre de cartes, vues et figures dans le texte.

La plupart de ces figures sont copiées, en dimensions réduites, sur les figures de l'édition allemande. Les plans de Beauvais, de Mascon et de Semur sont signés des dessinateurs : *Raymondus Roncurellus faciebat* (ou *exudebat*) *anno 1574 et Philiberti Espiardi diligentia.* Le plan de Colmar est signé **ILM**, monogramme non décrit par Nagler.

Piqûres de vers en quelques endroits. Quelques-unes des cartes hors texte portent des légères cassures.

239. RECUEIL de 271 plans et vues d'Europe gravés au commencement et à la fin du xviiᵉ siècle. En 1 vol. gr. in-folio, vélin, tr. roug. (*Rel. anc.*).

Une partie des planches est publiée chez Frederick de Wit.

Il y a un grand nombre de vues générales et quelques-unes représentant des édifices, savoir : Cologne, Francfort s. M., Gratz (gravée par Wenzel Hollar), Heidelberg (par le même) le château de Heidelberg en 1620, Leipzig, le palais épiscopal de Liège, Naumburg an der Saale, Prague, Strasbourg, Vienne, Wismar, Rome, Venise, Paris, Londres, Madrid, Lisbonne, Seville, Copenhague, Stockholm, Cracovie, Dantzig, Amsterdam, 10 vues d'Amsterdam, dont l'Hôtel de Ville et l'intérieur de la synagogue des juifs portugais à Amsterdam (gravé par Romain de Hooghe), etc., etc.

Les armoiries ont été sur plusieurs planches noircies à l'encre.

On a relié à la suite de ce recueil 54 cartes en couleurs de la fin du xviiᵉ siècle et du commencement du xviiiᵉ siècle publiées chez H. Jaillot et autres.

B. — FRANCE

240. COTMAN (John). Les Antiquités monumentales de la Normandie dessinées et gravées par John Cotman, avec des notes historiques et descriptives par Paul Louisy, précédées d'une introduction par M. de Beaurepaire. *Paris, A. Lévy*, 1881, in-fol., en feuilles dans un carton.

Bel ouvrage orné de 101 planches gravées à l'eau-forte.

241. COURAJOD (Louis). Le Monasticum gallicanum. *Paris, Liepmannssohn et Dufour*, 1869, in-fol., en feuilles, dans un carton.

Texte et 169 (sur 170) planches, dont une carte.
La planche 164 manque.

242. DESCRIPTION GÉNÉRALE et particulière de la France (par B. de La Borde, Béguillet, Guettard, etc.). *A Paris, de l'imp. de Ph. D. Pierres*, 1782-1786, 5 vol. in-fol., veau marb., tr. jasp. (*Rel. anc.*).

Nous possédons : Département du Rhône ; gouvernement du Dauphiné, texte, 43 planches de vues et 20 planches de minéraux, 2 vol. —

Province du Roussillon, texte seul en 1 vol. — Gouvernement de l'isle de France, 58 planches. — Champagne, 12 planches. — Normandie, Lyonnais, 12 pl. — Franche-Comté, 22 planches. — Bourgogne, 2 planches. — Corse, 9 planches.

Aucune de ces parties n'est complète ; les planches des diverses provinces sont réparties entre les divers volumes, sans classement. Les volumes sont tomés 3, 4, 5, 6 et 8.

243. GERMAIN (Dom Michel). Le Monasticon Gallicanum. Collection de 168 planches de vues topographiques des monastères bénédictins de la Congrégation de Saint-Maur, avec deux cartes des établissements de l'ordre de Saint-Benoit ; reproduit par les soins de M. Peigné-Delacourt, et précédé d'une préface par M. Léopold Delisle. *Paris, Fechoz et Letouzey*, 1882, in-4, cartonn. toile, fers spéciaux des éditeurs

244. HAVRE D'AUTREFOIS (Le). Reproductions d'anciens tableaux, dessins, gravures et antiquités se rattachant à l'histoire de cette ville. 65 grandes planches, 71 gravures et fac-simile d'autographes dans le texte. Eaux-fortes par J. Adeline, A. Boulard, Brunet-Debaines, L. Flameng, etc., etc. Texte par Charles Rœssler. *Le Havre*, 1883, in-4, en feuilles, dans un carton.

245. LA VALLÉE (J. de) et BRION. Voyage dans les départements de la France, par une société d'artistes et gens de lettres. *Paris,* 1792-an IV (1796), 9 vol. in-8, dos et coins veau marb., non rognés (*Rel. anc.*).

> Cet exemplaire renferme : l'aperçu de la France et la description des 53 départements suivants : Paris, Seine-et-Oise, Oise, Seine-Inférieure, Somme, Pas-de-Calais, Nord, Aisne, Ardennes, Meuse, Moselle, Meurthe, Vosges, Bas-Rhin, Haut-Rhin, Haute-Saône, Doubs, Jura, Mont-Blanc (Savoie), Haute-Marne, Saône-et-Loire, Côte-d'Or, Marne, Aube, Yonne, Seine-et-Marne, Loiret, Loir-et-Cher, Eure-et-Loir, Eure, Calvados, Manche, Orne, Sarthe, Mayenne, Ille-et-Vilaine, Côtes-du-Nord, Finistère, Morbihan, Loire-Inférieure, Maine-et-Loire, Vendée, Deux-Sèvres, Vienne, Indre-et-Loire, Indre, Cher, Nièvre, Allier, Loire, Rhône, Puy-de-Dôme et Cantal.
>
> La description de chaque département est ornée d'une carte et de vues gravées à l'aquatinte.

246. MICHEL (Ad.). L'Ancienne Auvergne et le Velay. Histoire, archéologie, mœurs, topographie, par Ad. Michel (Doniol, H. Durif, Mandet, etc.) et une société d'artistes. *Moulins, Imp. de P.-A. Desrosiers*, 1844-1847, 4 vol. in-fol., dont 3 de texte et un de planches, demi-rel. chagrin vert, plats toile, tr. dor.

> Bel ouvrage. — Le 4ᵉ volume, qui forme l'atlas, renferme 144 planches la plupart lithographiées, dont 6 en couleur.

247. MORELLET, BARAT et BUSSIÈRE. Le Nivernois. Album historique et pittoresque. *Nevers, E. Bussière*, 1840, 2 tomes en

1 vol. et album de planches. Ens. 2 vol. in-4, demi-rel. chagrin
vert foncé, tr. jasp.

L'Album renferme une grande vue de Nevers et 119 lithographies
représentant des vues de sites et monuments, portraits, médailles,
etc., etc.

248. **MOZIN** (Ch.). Trouville et ses environs. *Paris, chez Goupil et
Vibert, s. d.*, in-4, dos et coins chagrin grenat, tr. jasp.

Recueil de 24 lithographies à deux teintes.

249. **NICE ET SAVOIE**. Sites pittoresques, monuments, description
et histoire des départements de la Savoie, de la Haute-Savoie et
des Alpes-Maritimes (ancienne province de Nice), réunis à la
France en 1860. Dessins d'après nature par Félix Benoist, lithographiés à plusieurs teintes (genre aquarelle) par les premiers artistes de Paris. Texte par Joseph Dessaix et par Xavier Eyma,
précédé d'une introduction par A. de Jussieu. *Paris, H. Charpentier*, 1864, 3 tomes en 1 vol. in-fol., demi-rel. bas grise, ébarbé.

Bel ouvrage.
Cet exemplaire renferme 2 frontispices, 2 cartes et 84 lithographies
tirées à plusieurs teintes.
Il manque : le frontispice, la carte et la table de la seconde partie ; et
à la troisième, la planche représentant une vue de Sospel.

250. **SILVESTRE** (Israel). Diverses veues faictes par Irael Silvestre.
A Paris, chez I. Vander Brüggen. Pet. in-4 oblong, vélin, tr. jasp.
(*Rel. anc.*).

Recueil de 29 estampes, y compris celle contenant le titre.
Vues de Villeroy, de Moulins, Valery, Lusigny, Tournus, Reims, Ansy
le Franc, Tanlay (8 pl.), des environs de Nancy, de la Champagne, etc.
On a relié à la fin 12 autres planches précédées d'un titre *Divers
paisages, mis en lumière par Israel*, 3 paysages par Callot, 2 vues par
Silvestre, toutes rognées au filet et la plupart de conservation médiocre ; plus une planche par Silvestre avec la vue de Rome, qui est le frontispice d'un recueil de vues d'Italie.

251. **TASSIN**. Les plans et profils de toutes les principales villes et
lieux considérables de France. Ensemble les cartes générales de
chacune province, les particulières de chaque gouvernement
d'icelles... *A Paris, chez Melchior Tavernier*, 1638, 2 vol. petit
in-4, oblong, vélin (*Rel. anc.*).

450 plans, vues de villes et cartes des provinces de France gravés en
taille-douce.

252. **TAYLOR** (J.), **NODIER** (Ch.) et **CAILLEUX** (Alph. de).
Voyages pittoresques et romantiques dans l'ancienne France.
Franche-Comté. *A Paris, de l'Imp. de J. Didot l'aîné*, 1825, in-fol.,
demi-rel. chagrin rouge, tr. jasp.

Ouvrage orné de nombreuses lithographies hors texte, la plupart tirées
sur Chine, et de vignettes lithographiées dans le texte.
La planche 136 manque.

253. TAYLOR (J.), NODIER (Ch.) et CAILLEUX (Alph. de).
Voyages pittoresques et romantiques dans l'ancienne France. Ancienne Normandie. *A Paris, de l'imp. de P. Didot l'aîné,* 1820-1825,
2 vol. in-fol., dos et coins mar. grenat, ébarbés.

> Ouvrage orné de nombreuses lithographies hors texte, la plupart
> tirées sur Chine, et de vignettes lithographiées dans le texte.
> La planche 232 manque.

254. TAYLOR (J.), NODIER (Ch.) et CAILLEUX (Alph. de). Voyages pittoresques et romantiques dans l'ancienne France. Picardie.
A Paris, de l'Imp. de Firmin Didot frères, 1835-1845, 3 vol. in-fol.,
dos et coins mar. rouge, ébarbés.

> Ouvrage orné de nombreuses lithographies hors texte, la plupart
> tirées sur Chine, texte encadré de sujets divers et ornements lithogra-
> phiés.

255. TAYLOR (J.), NODIER (Ch.) et CAILLEUX (Alph. de). Voyages pittoresques et romantiques dans l'ancienne France. Languedoc. *A Paris, de l'Imp. de Firmin Didot frères,* 1833-1837, 4 parties en 3 vol. in-fol., dos et coins mar. vert, tr. dor.

> Ouvrage orné de nombreuses lithographies hors texte, la plupart
> tirées sur Chine : Le texte est orné d'encadrements lithographiés.

256. VERNEILH (Jules de) et GAUCHEREL (Léon). Le vieux Périgueux. Album de 20 gravures à l'eau-forte, avec un texte par
M. Jules de Verneilh. *Paris et Bordeaux,* 1867, in-fol., en feuilles
dans un carton.

> 20 eaux-fortes tirées sur Chine.

257. ZEILLER (Martin). Topographia Galliae. *Francofurti, cura &
impendio Caspari Meriani,* 1655-1661, 13 parties en 9 tomes, reliés
en 4 volumes, veau marb., tr. roug. (*Rel. anc.*).

> Frontispice et nombreuses planches hors texte, gravées par *Mathieu
> Merian,* représentant les plans et vues des villes et châteaux de France.
> Les planches 87, 107 et 108 du tome premier manquent.
> Les planches *Arcueil* (tome Ier) et *Roanne* (tome V) ne sont pas in-
> diquées dans les tables.
> Mouillures au tome premier. Quelques planches légèrement abîmées
> aux plis.

C. — ITALIE.

A. — Généralités.

258. BLAEU (Joan.). Theatrum civitatum et admirandorum Italiae,
ad ævi veteris et praesentis temporis faciem expressum à Joanne

Blaeu. *Amstelaedami, typis Joannis Blaeu,* 1663, 2 vol. in-fol., vélin blanc à recouv., tr. dor. (*Rel. anc.*).

Nombreuses planches gravées et coloriées de cartes, plans, vues de monuments, etc.
Mouillures et taches de moisissure.

259. BLAEU (Joan). Novum Italiae theatrum, sive accurata descriptio ipsius urbium, palatiorum, sacrarum ædium, etc. *Hagae Comitum, sumpt. et cura Rutgeri Christophori Alberts,* 1724, 4 vol. in-fol., veau brun, dos orné, tr. rouges (*Rel. anc.*).

Cet ouvrage renferme 4 frontispices, 3 cartes et 279 planches gravées en taille-douce, de vues, monuments, plans, etc.

260. BOURGEOIS (C.). [Recueil des vues d'Italie], dessinées par C. Bourgeois et gravées par lui-même et par Guyot, Misback, Lameau, Devilliers j^{ne}, Perdoux, Amelot et autres (En bas de la première planche :) *Déposé à la Bibliothèque Nationale le XI Nivose an XII (1804).* En 1 vol. gr. in-fol., cartonn., non rogné (*Cart. de l'époque, fatigué*).

96 grandes planches chiffrées 1-96, la plupart avec deux vues par planche.
Les vues de Rome sont les plus nombreuses dans ce recueil.
Déchirure dans la pl. 40. Un coin de la marge de la pl. 1 est arraché.

261. FAMIN (A.) et GRANDJEAN (A.). Architecture toscane, ou palais, maisons, et autres édifices de la Toscane, mesurés et dessinés par A. Famin et A. Grandjean. *A Paris, chez les auteurs,* 1806, in-fol., dos et coins mar. rouge, tr. jasp. (*Rel. de l'époque*).

73 planches gravées à l'eau-forte au trait.

262. GOLDICUTT (John). Antiquities of Sicily. *London, published by John Murray,* 1818, in-fol., dos et coins mar. rouge, tr. jasp. (*Rel. de l'époque*).

Texte explicatif et 41 planches gravées à l'eau-forte au trait.
Une planche a de petites taches d'encre.

263. HITTORFF (J.-J.) et ZANTH (L.). Architecture moderne de la Sicile, ou recueil des plus beaux monumens religieux et des édifices publics et particuliers les plus remarquables de la Sicile, mesurés et dessinés par J.-J. Hittorff et L. Zanth. *Paris, Imp. Paul Renouard,* 1835, gr. in-fol., dos et coins mar. rouge à longs grains, non rogné.

Texte et 75 planches gravées en taille-douce.

264. HONDIUS (J.). Nova et accurata Italiae hodiernæ descriptio in qua omnium ejus regionum, urbium, pagorum, dominiorum, castellorum, montium, fluviorum, fontium, lacuum, et portuum, historia exhibetur, geographicis tabulis et urbium praecipuarum

iconibus illustrata à Judoco Hondio ; addita est Siciliæ, Sardiniæ, Corsicæ, et itinerariorum per Italiam brevis delineatio. *Lugduni Batavorum apud Bonav. et Abr. Elsevir*, 1627, in-4, oblong, vélin (*Rel. anc.*).

> Texte imprimé sur 2 colonnes et 98 planches gravées en taille-douce de cartes et vues de villes.
> Titre doublé et mouillures.

265. HUILLARD-BRÉHOLLES (A.) Recherches sur les monuments et l'histoire des Normands et de la maison de Souabe dans l'Italie méridionale, publiées par les soins de M. le duc de Luynes. Texte par Huillard-Bréholles. Dessins par Victor Baltard. *Paris, Imp. de C. L. F. Panckoucke*, 1844, in-fol., mar. rouge, ébarbé.

> 172 pp. de texte et 35 planches gravées sur acier.

266. ITALIE (L.) illustrée en 135 figures en tailles-douces, dessinées et gravées par les plus fameux graveurs des Païs-Bas, avec les explications en italien, en françois et en latin. *A Leide, chez Haak*, 1757, 2 vol. in-fol., veau fauve, dos orné, tr. marb. (*Rel. anc.*).

> Cet ouvrage renferme 20 vues des principales villes d'Italie et 115 vues de palais, bâtiments célèbres, places ou fêtes célébrées à Venise.

267. ITALIEN. Eine Wanderung von den Alpen bis zum Ætna. In Schilderungen von Karl Stieler, Eduard Paulus, Woldemar Kaden, mit Bildern von G. Bauernfeind, Herman Bohn, Arthur Calame, L. Dill, etc., etc. *Stuttgart, Verlag von I. Engelhorn*, 1876, in-4, cartonn. toile bleue, fers spéciaux, tr. dor. (*Rel. de l'éditeur*).

> Ouvrage orné de nombreuses gravures sur bois hors texte et dans le texte.

268. KNIGHT (Henry Gally). Saracenic and norman remains, to illustrate the Normans in Sicily. *London, published by J. Murray, s. d.*, in-fol., dos et coins mar. grenat, plats toile, ébarbé.

> Texte explicatif et 30 planches y compris le titre dont 24 lithographies à deux teintes, 3 lithog. coloriées et 3 planches gravées.

269. LO FASO PIETRASANTA (Domenico), duca di Serradifalco. Le Antichita della Sicilia. Palermo, *Tipographia del Giornale letterario* (et *presso la Reale Stamperia*), 1834-1842, 5 vol. in-fol., figures, cartonnages de l'éditeur.

> L'ouvrage contient 1 portrait et 183 planches hors texte, gravées en taille-douce ou lithographiées.
> Quelques feuillets de texte et planches du tome IV sont un peu abîmés à la marge du haut.

270. OSTEN (Frédéric). Les Monuments de la Lombardie depuis le 7e siècle jusqu'au 14e, dessinés et expliqués historiquement par Fré-

déric Osten. *Darmstadt, C.-W. Leske, s. d.*, gr. in-fol., demi-rel. toile bleue.

> 48 planches, gravées sur acier ou lithographiées, précédées d'un titre imprimé et de quelques feuillets de texte.
> On a collé sur le verso des planches 36 grandes photographies, représentant les mêmes monuments, et quelques gravures.

271. THÉATRE (Nouveau) du Piémont et de la Savoye, ou description exacte de leurs villes, palais, églises et principaux édifices, etc. *A La Haye, chez Rutgert Christophle Alberts*, 1725, 4 parties en 2 vol. in-fol., veau marb., tr. rouges (*Rel. anc.*).

> Ouvrage orné de 4 frontispices, 3 cartes, 1 plan, 1 planche d'armoiries, 1 tableau généalogique gravé, 4 portraits et de 131 planches gravées en taille-douce.
> Reliures fatiguées et vernies.

B. — Rome ancienne et moderne.

272. CANINA (L.). La prima parte della via Appia, dalla Porta Capena a Boville, descritta e dimostrata con i monumenti superstiti dal commendatore L. Canina. *Roma, Bertinelli*, 1853, 2 vol. in-4, cartonnés.

> Ouvrage orné de 52 planches gravées en taille-douce.

273. COLLECTION de peintures antiques qui ornoient les palais, thermes, mausolées, chambres sépulcrales, des empereurs Tite, Trajan, Adrien et Constantin, et autres édifices tant à Rome qu'aux environs jusqu'auprès de Naples ; découvertes et dessinées en differens tems, gravées en 33 planches dans le gout du dessein rehaussé, avec leur description historique. *A Rome, chez Bouchard et Gravier*, 1781, in-fol. cartonné.

> 31 (sur 33) planches gravées et tirées en bistre. Les planches 31 et 32 manquent.

274. CRULLI DE MARCUCCI (Giacomo). Grandezze della citta di Roma, antiche & moderne, come al presente si ritrovano, adornate con bellissime figure di rame, disegnate et intagliate da Iacomo Crulli de Marcucci et dallistesso dato in luce l'añ. 1625. *In Roma appresso Giacomo Mascardi*. In-4 oblong, veau jasp. (*Rel. anc.*).

> Tirage à part du frontispice et des 64 tailles-douces de la première édition de cet ouvrage, représentant les monuments de Rome.
> Le frontispice est suivi d'un curieux portrait du « *Sr Giovanni Alto interprete della natione Allemaña Suizero de Lucerna in guardia di N.º S.[re]* » c'est-à-dire d'un « Cicerone » pour les Allemands visitant la ville de Rome.
> A la suite de ce recueil se trouvent 19 plans de villes d'Italie.
> On a relié en tête du volume 23 estampes non signées tirages à part représentant des devises religieuses ; à la fin, trois vues de Rome et le frontispice du *Liure de diverses perspectives et paysages*, gravés par Silvestre.

275. D'OVERBEKE (Bonaventure). Les Restes de l'ancienne Rome, recherchez avec soin, mesurez, dessinez sur les lieux et gravez par feu Bonaventure D'Overbeke, sous les Pontificats d'Innocent XI, d'Alexandre VIII et d'Innocent XII. *A Amsterdam, de l'Imp. de Jean Crellius*, 1709, 3 vol. gr. in-fol. cartonnés, non rognés.

> Ouvrage estimé pour l'exactitude des dessins (Brunet); il est orné de 147 (sur 150) planches gravées en taille-douce.
> Les planches 27, 35 et 37 du tome III manquent.
> Cassure au titre du 1er vol. et taches à quelques feuillets du tome III.

276. FONTANA (Dom.). Della transportatione dell' obelisco vaticano, e delle fabriche di nostro signore papa Sisto V. *In Roma, appresso Domenico Basa*, 1590, in-fol., demi-rel. bas. rouge, tr. marb. (*Rel. mod.*).

> Ouvrage orné de 39 planches gravées en taille-douce.
> Le titre manque; il a été remplacé par un titre manuscrit; le frontispice gravé est raccommodé.
> On a ajouté à cet exemplaire une notice manuscrite sur D. Fontana.

277. LAURI (Jacques). Palazzi diversi nel' alma città di Roma, et altre. (*Roma*). *Ad instanza di Giombattista de Rossi in Piazza Navona*. 1655. Pet. in-fol. oblong, cartonn., tr. roug.

> La planche *Palatium Millinorum* contient une dédicace. qui est signée *Jacobus Laurus*.
> Les sept dernières planches sont mouillées.

278. LETAROUILLY (Paul). Le Vatican et la basilique de Saint-Pierre de Rome. Monographie mise en ordre et complétée par M. Alphonse Simil. *Paris, Vve A. Morel et Cie*, 1882, 3 vol. gr. in-fol., montés sur onglets, demi-rel. mar. rouge, tête dor., ébarbés,

> Important ouvrage renfermant 264 planches gravées sur acier ou en couleurs.

279. MEYER (Cornelio). L'arte di restituire a Roma la tralasciata navigatione del suo Tevere. Divisa in tre parti. *In Roma, nella stamperia del Lazzari Varese*. 1685. In-fol., figures, vélin (*Rel. anc.*).

> Ouvrage orné d'un grand nombre de figures, très bien gravées en taille-douce. La dernière partie, qui traite des obélisques qu'on voit sur les places de Rome, offre de belles vues de places et monuments.
> Un chapitre traite de la manière de sécher les marais paludiens.

280. MONUMENTS DE ROME. Réunion de 19 photographies montées sur bristol, en un album gr. in.fol., demi-rel. chagrin noir, plats toile.

281. NUOVA RACCOLTA delle piu belle vedute di Roma dissegnate, e intagliate da celebri autori. *In Roma*, 1761, in-4, mar. rouge à

longs grains, comp. de fil. et dent., dos orné, doublé et gardes de tabis bleu, tr. dor. (*Rel. anc.*).

Recueil de 48 vues diverses de Rome, gravées par *Montagu*, précédées d'un titre imprimé et mis dans une reliure aux armes de NAPOLÉON Ier, comme roi d'Italie.
La pièce du dos de la reliure est moderne.

282. PERCIER (Charles) et FONTAINE (P.-F.-L.). Palais, maisons, et autres édifices modernes, dessinés à Rome ; publiés à Paris par Ch. Percier et P.-F.-L. Fontaine en 1798. *A Paris, chez les auteurs et P. Didot, l'aîné, s. d.*, in-fol. cartonné, non rogné.

100 planches gravées en taille-douce.

283. PERCIER (Ch.), FONTAINE et BERNIER. Palais, maisons et autres édifices modernes, dessinés à Rome ; publiés à Paris, l'an 6 de la République française (1798). *A Paris, chez Ducamp, s. d.*, in-fol., demi-rel. mar. rouge, pet. dent. sur les plats, dos orné, tr. jasp. (*Rel. de l'époque*).

100 planches gravées en taille-douce.

284. PERCIER et FONTAINE. Choix des plus célèbres maisons de plaisance de Rome et de ses environs mesurées par Percier et Fontaine. *Paris, Imp. de Jules Didot aîné*, 1824. gr. in-fol., demi-rel. toile verte.

Ouvrage estimé, orné de 77 planches gravées à l'eau-forte
Exemplaire imprimé sur GRAND PAPIER.

285. PIRANESI (Giambattista). Vedute di Roma. *S. l. (Roma), s. d.*, 2 vol. très gr. in-fol., dos et coins mar. rouge (*Rel. anc.*).

Cet ouvrage, l'un des plus beaux des frères Piranese, renferme 137 planches gravées à l'eau-forte, de vues de Rome.

286. PIRANESI (Giambattista). Le Antichita romane. *In Roma, nella stamperia di Angelo Rotilj*, 1756, in-fol., parchemin vert, tr. rouges (*Rel. anc.*).

Exemplaire renfermant 1 portrait, et 217 planches ; le frontispice du premier volume porte une dédicace à milord Charlemont.
Brunet décrit cet ouvrage sans texte avec 224 pl.
Notre exemplaire renferme au tome I: 2 ff. de préface, 40 pp. de texte imprimé et 3 pp. pour l'index des planches ; il nous parait complet avec les 217 planches.

287. PIRANESI (Giambattista). Vasi, Candelabri, cippi, sarcofagi, tripodi, lucerne ed ornamenti antichi. *Roma*, 1778, 2 vol. in-fol., cartonnés, non rognés.

Bel exemplaire de cet ouvrage recherché renfermant 114 planches dessinées et gravées par *Piranese*.

288. RACCOLTA (Nuova) della principali vedute antiche e moderne

dell' alma città di Roma e sue vicinanze incise a bullino da Pietro et Achille Parboni, Pietro Ruga et Gaet° Cottafavi. *Roma presso Giacomo Antonelli. S. d.* (vers 1830). In-fol. oblong, broché (*Couv. illustr.*).

Recueil de 50 vues de Rome et de ses environs, gravées en taille-douce.
La couverture sert de titre.
Deux planches portent de fortes cassures.

289. RECUEIL de différentes suites de gravures, représentant des vues et monuments de Rome publiées ou réimprimées par Giovanni Giacomo Rossi à Rome vers 1665. Ens. 344 planches en 1 vol. in-fol. oblong, dos et coins basane olive, dos orné, ébarbé (*Rel. anc.*).

1° *Il nuovo teatro delle fabriche, et edificii, in prospettiva di Roma moderna, sotto il felice pontificato di N. S. Papa Alessandro VII.* Date in luce da Gio. Iacomo Rossi alla Pace 1665. Libro primo, secondo e terzo. 86 planches non chiff. y compris les 3 titres et 3 dédicaces, dessinées et gravées par *Giov. Batt. Falda.*

On joint 1 grande planche, par *G.-B. Falda* contenant plusieurs vues et 1 portrait de Clément X par *A. Clouet* (doublée et abîmée sur un coin).

2° *Palazi di Roma de piu celebri architetti disegnati da Pietro Ferrerio* (Tome premier). 43 planches non chiff. y compris le titre et 1 grande vue du capitole en double format.

3° 9 planches, dont 1 en double format représentant les villas de Rome. 2 sont gravées par *M. Greuter* et *S. Corduba.*

4° *Nuova racolta di fontane che si vedano nel alma citta di Roma Tivoli e Frascati.* 44 planches sur 26 ff. gravées par *Louis Rouhier, Giov. Maggi, Franc. Corduba, Dominique Barrière.*

5° 2 grandes pièces in-folio, gravées par *Louis Rouhier,* représentant les obélisques de la place Navona.

6° *Nova racolta degl' obelischi et colonne antiche, dell' alma citta di Roma etc.* Suite de 18 planches tirées sur 9 ff. dont 2 signées par *Rouhier* et *Giov. Maggi.*

7° *Vestigi delle antichita di Roma Tivoli Pozzuolo et altri luochi.* Stampati in Praga da Aegidio Sadeler 1606. Si stampano adesso in Roma da Giov. Iacomo de Rossi... 1660. Suite de 50 planches chiff., y compris la dédicace, précédée d'un titre gravé.

8° *Antiquæ Statuæ Urbis Romae liber primus.* Philippus Thomassin° sculpsit excuditq; Romae. Suite de 50 petites planches chiff. tirées sur 17 ff. Plus 2 gravures (Laocoon, etc.) sur 1 f.

9° Ex gemmis et cameis antiquorum aliquot monumenta ab Aenea Vico Parmen incis. Suite de 32 (sur 34) planches chiff. 1-7, 10-34, tirées sur 16 ff., gravées par *Enea Vico* (Bartsch, n°s 100-133).

10° 4 planches gr. in-folio, représentant les plans de Rome antique et moderne, les sept basiliques, le tombeau de Urbain VIII (œuvre de Bernini).

11° Nova pianta del Conclave fatta in sede vacante di papa Clemente IX.... 1669. 1 pièce représentant le plan et les cérémonies du conclave.

Mouillures à 14 planches.
Déchirures raccommodées aux planches pliées.

290. RECUEIL de 91 estampes, représentant les ruines de Rome antique. Pièces signées d'une marque, contenant les deux monogrammes ALO GLO. En 1 vol. in-fol. oblong, demi-rel. vélin.

> Nagler ne cite pas cette marque. Mais il signale, tome I, n° 872, un monogramme contenant les lettres AGLO, appartenant à Aloisio Giovanni, qui travaillait vers 1600 à Rome et gravait une série de 120 vues de Rome antique, intitulée : *Di Roma antica disegnata da Alv. Giovanni da Civita Castellana.*
>
> Les vues de notre recueil sont animées de scènes représentant les supplices des saints et martyrs des premiers siècles du christianisme. Elles étaient chiffrées, mais on a gratté les numéros gravés pour les remplacer par un numérotage écrit à l'encre, anciennement.
>
> Les premières planches ont des coins arrachés ou abîmés. La plupart des planches sont plus ou moins mouillées.

291. RÉUNION de différentes suites d'estampes représentant des vues de Rome, publiées pour la première fois à Rome par Matteo Gregorio Rossi, dans la deuxième moitié du xviie siècle. Nouveau tirage avec l'adresse *In Roma presso Carlo Losi l'anno 1773.* En 1 vol. in-fol. oblong, dos et coins chagrin rouge, dos orné (*Rel. mod.*).

> 1° Il primo, secondo e terzo libro del nuovo splendore di Roma moderna, etc.
>
> Recueil incomplet contenant 37 planches chiff. 1-37, 34 planches chiff. 1-24, 27-36, et 17 planches chiff. 3-4, 6-7, 9-15, 17, 19, 21-24.
>
> Les planches des premier et second livres sont gravées sur les dessins de *G.-B. Falda*, celles du troisième livre d'après les dessins de *Giuseppe Tiburtio Vergelli*.
>
> 2° Le Fontane publiche delle piazze di Roma moderna disegnate da Giuseppe Tiburtio Vergelli intagliate da Pietro Paolo Girelli.
>
> Titre et 26 planches chiff. 1-4, 6-15, 17-28.
>
> 3° I Vestigi dell' antichità di Roma raccolti et ritratti in perspettiva con ogni diligentia da Stefano Du Perac Parisino. 36 planches chiff. 1-11, 13-20, 22-29, 31-36, 38-40, y compris le titre.
>
> 4° Palazzi diversi nel' alma città di Roma. 42 planches non chiff. ni signées.
>
> Les anciennes adresses et dédicaces ont été effacées dans toutes les suites. Les planches ne sont pas reliées dans l'ordre des numéros.
>
> 5 planches sont tachées et raccommodées dans les marges.

292. RÉUNION de différentes suites d'estampes représentant des vues de Rome, publiées au xviie siècle à Rome chez Matteo Gregorio Rossi. En 1 vol. in-fol. oblong, dérelié.

> 1° Il primo [secondo e terzo] libro del nuovo splendore di Roma moderna etc., 1686-1688.
>
> Recueil assez incomplet. Nous avons : Ier livre : pl. 9-13, 15-37 ; IIe livre : pl. 1-4, 6-25 ; IIIe livre : pl. 1-20, 22-29, 31-40.
>
> Les estampes du IIe livre sont copiées d'après celles de *G.-B. Falda* ; celles du troisième livre sont gravées d'après les dessins de *Giuseppe Tiburtio Vergelli*.
>
> 2° Le Fontane publiche delle piazze di Roma moderna disegnate da Giuseppe Tiburtio Vergelli intagliate da Pietro Paolo Girelli e date in

luce da Matteo Gregorio Rossi..... 1690. Planches 1-31 (y compris le titre).

3o I Vestigi dell' antichità di Roma raccolti et ritratti da Stefano Du Perac. *In Roma appresso Matteo Grego. Rossi* 1680. Planches 1-37 (y compris le titre).

Quelques planches mouillées ou tachées. D'autres sont légèrement déchirées.

293. RÉUNION d'estampes provenant des 4 tomes du recueil intitulé : Le Fontane di Roma, delineate da Falda e da Fr. Venturini, Roma, G. Jac. Rossi, 1691. 71 (sur 107) planches en 1 vol. in-fol. oblong, dos et coins bas. brune, tr. roug. (*Rel. anc.*).

Les planches sont reliées sans aucun ordre.
Quelques légères mouillures.

294. RÉUNION de 41 lithographies par Bourgeois, Thiénon et autres, dont la plupart représentent des vues de Rome et de ses environs, de Naples, de France, etc. *Paris, lithogr. de C. de Lasteyrie, vers 1818.* En 1 vol. pet. in-fol. oblong, demi-rel. chagrin bleu.

On a relié dans le volume 2 eaux-fortes gravées par Bourgeois représentant des bastides de Toulon.
Plusieurs planches sont mouillées ou tachées.

295. ROME DANS SA GRANDEUR. Vues, monuments anciens et modernes, description, histoire, institutions. Edifices religieux et profanes, hiérarchie catholique. cérémonies, beaux-arts, mœurs et usages, etc. Dessins d'après nature par Philippe Benoist et Félix Benoist, lithographies et vignettes par les premiers artistes de Paris. Texte par MM. F. de Champagny, Ed. Lafond, H. de Maguelonne, A.-F. Rio, etc. *Paris, H. Charpentier*, 1870, 3 vol. in-fol., demi-rel. toile grenat.

Ouvrage orné de 100 planches lithographiées à deux teintes.
Quelques planches sont détachées de la reliure.

296. ROSSI (Giacomo de). Disegni di vari altari e cappelle nelle chiese di Roma con le loro facciate, fianchi, piante e misure de piu celebri architetti. *In Roma, Rossi, s. d.* (1713), in-fol., veau marb., dos orné, tr. rouges (*Rel. anc.*).

Recueil de 50 planches gravées, dont le titre.

297. SUYS (F.-T.) et HAUDEBOURT (L.-P.). Palais Massimi à Rome, dessiné et publié par F.-T. Suys et L.-P. Haudebourt. *Paris, 1818,* gr. in-fol., demi-rel. bas verte, tr. jasp.

43 planches gravées au trait par *Giraud, Normand. Thierry*, etc.
Mouillures.

298. TEATRO (Novo) delle fabriche et edificj fatte fare in Roma e fuori di Roma dalla Santità di Nostro Signore Papa Clemente XII disegnate ed intagliate in prospettiva con direzione e cura di Gio.

Domenico Campiglia. Libro quinto. *Roma, Calcographia della Camera apostolica*, 1739. Pet. in-fol. oblong, cartonn.

> 29 planches chiff., y compris le titre et la dédicace, dessinées et gravées par *G. Vasi, de Liégé, Bern. Serilli, de Legeay, Du Flos.*

299. TOSI et BECCHIO. Autels, tabernacles et monuments sépulcraux des 14 et 15ᵉ siècles existant à Rome. Texte italien, anglais et français par Mᵐᵉ Spry Bartlet. *Lagny, Imp. de Giroux et Vialat*, 1843, in-fol., demi-rel. veau vert.

> Ouvrage orné de 52 planches gravées en taille-douce au trait.

300. VASI (Giuseppe). Delle magnificenze antiche, e moderne di Roma.... *In Roma* 1773, 2 vol. in-fol. oblong, demi-rel. bas. fauve, tr. rouges (*Rel. anc.*).

> Recueil de 200 planches gravées en taille-douce représentant les plus beaux monuments anciens et modernes de Rome.

301. VASI (Giuseppe). Raccolta delle piu belle vedute antiche, et moderne di Roma disegnate ed incise secondo lo stato presente dal cavalier Giuseppe Vasi. *In Roma*, 1786, 2 vol. in-fol., demi-rel. veau fauve, tr. marb. (*Rel. anc.*).

> Un frontispice et 200 planches gravées à l'eau-forte par *G. Vasi.*
> On a relié avec cet exemplaire une série de 52 planches gravées par *Vasi*, représentant diverses vues des environs de Rome, dont 4 plans.
> Bel exemplaire.

302. WEY (Francis). Rome. Description et souvenirs. Ouvrage contenant 358 gravures sur bois dessinées par nos plus célèbres artistes et un plan. Troisième édition revue et corrigée, augmentée d'un voyage à Rome en 1874 et suivie d'un index général alphabétique. *Paris, Hachette et Cⁱᵉ*, 1875, in-4, demi-rel. chagrin grenat, tr. jasp.

> Piqûres dans le papier.

303. ZABAGLIA (Nic.). Castelli, e ponti di Maestro Niccola Zabaglia, con alcune ingegnose pratiche, e con la descrizione del trasporto dell' obelisco Vaticano, e di altri del Domenico Fontana. *In Roma, nella stamperia di Niccolo e Marco Pagliarini*, 1743, in-fol., demi-rel. veau fauve, tr. jasp. (*Rel. mod.*).

> Ouvrage orné d'un portrait de Zabaglia, par *Ghezzi*, gravé par *Rossi*, et de 54 planches gravées par *Sorello, Vasi, Duflos, Mazzoni*, etc.
> On y a ajouté le titre en latin et 6 grandes planches sur le même sujet, mais ne faisant pas partie de l'ouvrage.
> Fortes mouillures.

C. — Autres villes d'Italie.

304. CAMPO (Antonio). Cremona fidelissima citta et nobilissima co-

lonia de Romani rappresentata in disegno col suo contato et illustrata d'una breve historia delle cose piu notabili appartenenti ad essa ; et dei ritratti naturali de duchi et duchesse di Milano. *In Milano in casa di Gio. Battista Bidelli*, 1645, in-4, parchemin (*Rel. anc.*).

> Frontispice gravé par *Blanc*, 9 portraits dans le texte et 8 planches hors texte ; carte et plans.
> Dans le même volume : Campo (Ant.). Historia delle vite de duchi et duchesse di Milano. *In Milano, Ghisolfi.*, 1642, 32 pp., 25 portraits en médaillon, gravés sur cuivre.

---

305. PIERACCINI (Fr.). La Piazza dei Granduca di Firenze co' suoi monumenti disegnati da Francesco Pieraccini incisi da Gio Paolo Lasinio e dichiarati da Melchior Misserini. *Firenze presso Luigi Bardi 1830.* In-fol., figures, broché (*Couvert.*).

> 1 titre gravé, 28 pp. de texte, 1 f. de table et 21 planches chiff. gravées sur cuivre.
> Les planches I-III, gravées à la manière du lavis par *Paolo Fumagalli*, d'après les dessins de *F. Moritz*, offrent des vues de la Place du Grand Duc, des Offices et de la Loggia dei Lanzi.

---

306. GAUTHIER (P.). Les plus beaux édifices de la ville de Gênes et de ses environs. *A Paris, chez l'auteur*, 1818-1832, 2 vol. in-fol., demi-rel. mar. rouge à longs grains, tr. jasp. (*Rel. de l'époque*).

> Cet ouvrage renferme 177 planches gravées au trait en taille-douce.
> Différence dans les reliures.

307. GIOLFI. Recueil de 24 gravures, représentant des vues de Gênes et de ses environs. *S. d.* (vers 1750). Gr. in-fol. oblong, pliées et montées sur onglets en 1 vol. in-fol., demi-rel. chagrin rouge.

> Planches de *Giolfi*, dessinées par *Torricelli, Giolfi* et *Giuseppe Riviera*, gravées par *Giov. Lor. Guidotti* et *Chiesa Tessera*.
> La première planche est un plan de Gênes.
> Les 8 dernières planches sont remargées d'un côté.

---

308. GRANDS ÉDIFICES DE PISE (Les). Dôme, baptistère, camposanto, tour penchée. Gravures tirées avec les cuivres originaux du « Theatrum Basilicae Pisanae », de Martini. Texte extrait de Martini et notes par G. Lejeal. *Paris, A. Lévy,* 1878, in-fol., demi-rel. chagrin grenat.

> 38 planches gravées sur cuivre.

3o9. MORRONA (Alessandro da). Pisa illustrata nelle arti del disegno da Alessandro da Morrona. *Livorno, presso Giovanni Mare-
nigh,* 1812, 3 vol. in-8, demi-rel. chagrin violet (*Rel. mod.*).

> Seconde édition ornée d'un portrait par *Aliprandi,* et de 32 grandes
> planches pliées à plusieurs sujets par planche.
> Exemplaire NON ROGNÉ.

3io. ROHAULT DE FLEURY (Georges). Les monuments de Pise
au moyen-âge. *Paris, A. Morel,* 1866, 1 vol. in-8 de texte et atlas
in-fol., dos et coins mar. noir, tête dor., ébarbés.

> L'atlas renferme 66 planches gravées en taille-douce.
> Les planches ont des mouillures.

3ii. BASILICA (L'augusta ducale) dell' evangelista San Marco nell'
inclita dominante di Venezia colle notizie del suo innalzamento,
sua architettura, musaici, reliquie e preziosità che in essa si contengono ; arrichite di alcune annotazioni e adornate di varie tavole
in rame dissegnate da celebre architetto, ed incise da perito arte-
fice. *In Venezia, 1761. Presso Antonio Zatta,* gr. in-folio, cartonn.,
non rogné.

> Ce bel ouvrage se compose d'un frontispice, d'un titre gravé par *Ma-
> gnini,* d'une planche, contenant le portrait de Marco Foscarini entouré
> d'un riche encadrement dessiné et gravé par *Magnini,* 1 feuille de pré-
> face, 64 pages de texte, avec figures, vignettes, culs-de-lampe, lettres
> initiales gravées sur cuivre, et 11 grandes planches hors texte, dont
> quelques-unes et plusieurs parties réunies.

3i2. CORONELLI (Le Père). Vedute di Venezia. *S. l. n. d. (Venise,*
vers 1700). In-4 oblong, demi-rel. basane fauve, tr. jasp. (*Rel.
anc.*).

> Recueil de 185 planches, gravées sur cuivre, y compris différents
> frontispices. Elles représentent des vues de Venise.
> Une planche est abîmée et doublée ; quelques autres sont raccommo-
> dées sur les marges.

3i3. GATTERI (Giuseppe). Storia Veneta espressa in 15o tavole inventate e disegnate da Giuseppe Gatteri sulla scorta delle cronache
e delle storie e secondo i vari costumi del tempo incise da Antonio
Viviani e dai migliori artisti veneziani ed illustrate da Francesco
Zanotto. *Venezia, G. Grimaldo,* 1864, 2 vol. in-fol. oblong, dos et
coins parchemin blanc, tr. jasp.

> Seconde édition renfermant 1 frontispice et 15o planches gravées à
> l'eau-forte, avec texte descriptif.
> Quelques feuillets réparés.

3i4. GATTERI (Giuseppe). Storia Veneta espressa in 15o tavole.....

Venezia, G. Grimaldo, 1867, 2 vol. in-fol. oblong, dos et coins parchemin blanc, tr. jasp.

> Même ouvrage.
> Troisième édition renfermant 1 frontispice et 147 (sur 150) planches gravées à l'eau-forte, avec texte explicatif.
> Les planches 42, 43 et 44 manquent. La planche 65 qui manquait a été remplacée par un calque et le texte de la planche 150 est une copie manuscrite.

315. GRAN TEATRO (Il) di Venezia ovvero raccolta delle principali vedute e pitture che in essa si contengono diviso in due tomi. *S. l. n. d. (Venezia, per Domenico Louisa in Rialto)*, 2 vol. gr. in-fol., veau marb., dos orné, tr. rouges (*Rel. anc.*).

> Beau recueil de 122 grandes planches gravées par *Zucchi, Vasconi,* etc.
> Le premier volume renferme 65 planches de vues de Venise et le second, 57 reproductions de tableaux.

D. — ALLEMAGNE. — BELGIQUE. — ESPAGNE. — GRANDE-BRETAGNE. — SUÈDE ET SUISSE.

316. DIÉSEL (Mathieu) [Jardins et bâtiments de plaisance]. *S. l., Wolff, s. d.*, pet. in-fol., demi-rel. bas. verte.

> Suite de 42 planches gravées par *Aug. Corvinus* ; elles représentent les palais et jardins de l'électeur de Munich, de Fürstenried, de Nymphenbourg, etc., etc.

317. WERDENHAGEN (Johannes Angelius a). De rebus publicis Hanseaticis tractatus, cum urbium earum iconismis, descriptionibus, tabulis geographicis, et nauticis nec non inductione generali Rom. Imper. germ. noviter auctus et revisus. *Francofurti, apud Mattheum Merianum, s. d.* (1641). In-fol., figures, vélin à recouvrements (*Rel. anc., un peu fatiguée*).

> Exemplaire complet, collationné d'après la table, contenant environ 200 cartes et vues des villes hanséatiques et de toutes les villes et ports d'Allemagne et de l'étranger ayant des relations avec ces villes, ainsi que des portraits de princes et d'hommes d'état.

318. BLAEU (Johan.). Novum ac magnum Theatrum urbium Belgicae foederatae, ad praesentis temporis faciem expressum a Johanne Blaeu. *Amstelodami, s. d.* (1649), 2 vol. in-fol., vélin blanc à recouvr., tr. rouges (*Rel. anc.*).

> Nombreuses planches gravées : cartes, plans, vues de monuments, etc.

319. MONUMENTS D'ARCHITECTURE ET DE SCULPTURE EN BELGIQUE, publiés par Charles Muquardt. Anvers, Liège, Namur, le Hainaut, le Brabant et les Flandres. Monuments d'archi-

tecture et de sculpture dessinés d'après nature et lithographiés en plusieurs teintes par F. Stroobant ; accompagnés de notices historiques et archéologiques par F. Stappaerts. *Bruxelles, Gand et Paris, s. d.,* 2 vol. in-fol., demi-rel. chagrin noir, plats toile, fers spéciaux, tr. dor. (*Rel. de l'éditeur*).

> 60 lithographies à plusieurs teintes.

320. MONUMENTS DE LA HOLLANDE. *Amsterdam, Petrus Schenk, s. d.,* in-4 oblong, demi-rel. bas. fauve, tr. jasp. (*Rel. anc.*).

> Dédicace, table et 100 planches de vues et monuments, gravés en taille-douce, avec légendes en hollandais.

321. BEAULIEU (de). Les plans et profils des principales villes et lieux considérables de la principauté de Catalogne avec la carte générale et les particulières de chaque gouvernement. *A Paris, par le chevalier de Beaulieu, s. d.,* pet. in-4 oblong, veau brun, tr. jasp. (*Rel. anc.*).

> 116 planches gravées en taille-douce, chiffrées 1 à 116, représentant des plans, cartes et vues de villes.

322. ESPAÑA ARTISTICA y monumental Vistas y descripcion de los sitios y monumentos mas notables de España ; obra dirigida y ejecutada por Don Genaro Perez de Villa-Amil. Texto redactado por Don Patricio de la Escosura..... *Paris, Cajani,* 1864, 3 vol. gr. in-fol., demi-rel. chagrin rouge, plats toile, armes d'Espagne sur le premier plat de chaque volume, tr. jasp.

> Texte en espagnol et en français.
> Ouvrage orné de 144 planches lithographiées à deux teintes.

323. ANGLETERRE (L'), l'Irlande et l'Ecosse ; voyage pittoresque orné de vignettes anglaises. *Paris, Louis Janet, s. d.,* in-8, veau fauve, encadrement à froid, plaque dorée au milieu, dos orné, tr. dor., étui (*Rel. de l'époque*).

> Orné de 12 vues gravées sur acier. Reliure de la plus grande fraicheur.

324. LONDON AND ITS ENVIRONS described : containing an account of whatever is most remarkable for grandeur, elegance, curiosity or use, in the city and in the country twenty miles round it. *London, printed for R. and J. Dodsley,* 1761, 6 vol. in-8, veau fauve, tr. jaunes (*Rel. anc.*).

> 1 carte, 2 plans et 74 planches de vues et monuments, gravés par *E. Rooker, Elliot, B. Green,* etc., d'après *S. Wale.*

325. TOUR (A picturesque) of the english lakes, containing a description of the most romantic scenery of Cumberland, Westmoreland, and Lancashire, with accounts of antient and modern manners and customs, and elucidations of the history and antiquities

of that part of the country. Illustrated with forty-eight coloured views, drawn by Messrs. T.-H. Fielding, and J. Walton, during a two years' residence among the lakes. *London, printed for R. Ackermann*, 1821, gr. in-4, figures, dos et coins mar. rouge à longs grains, tête dor., ébarbé (*Rel. de l'époque*).

> Ouvrage sur les lacs de Cumberland, Westmoreland and Lancashire, contenant une vignette sur le titre et 48 fort belles planches hors texte, gravées en taille-douce et finement coloriées.

326. PUFENDORF (Samuel de). De rebus a Carolo Gustavo Sueciae rege gestis commentariorum libri septem elegantissimis tabulis aeneis exornati. Cum triplice indice. *Norimbergae sumptibus Christophori Riegelii. Literis Knorzianis*, 1696, in-fol., figures, basane brune, tr. roug. (*Rel. anc.*).

> Exemplaire bien complet, conforme à la table.
> Il contient 1 frontispice, les beaux portraits de Charles XI et Pufendorf, gravés par *S. Blesendorff*, 10 autres portraits chiff. et 114 planches hors texte, chiff. 1-112 et A-B. Elles représentent des plans, vues et cérémonies.
> Légère mouillure à la marge de quelques planches.

327. SAZERAC (H.) et ENGELMANN (O.). Lettres sur la Suisse, accompagnées de vues dessinées d'après nature et lithographiées par M. Villeneuve. *Paris, Engelmann*, 1823-1832, 5 vol. in-fol. cartonnés.

> 112 lithographies hors texte et vignettes lithographiées dans le texte.

328. ZURLAUBEN (Beat-Fidel-Antoine de La Tour-Châtillon de). Tableaux topographiques, pittoresques, physiques, historiques, moraux, politiques, littéraires de la Suisse (publiés par P. de Laborde, avec table analytique par Quétant). *A Paris, de l'Imp. de Clousier*, 1780-1786, 4 vol. in-fol., dont 2 de texte et 2 de planches, dos et coins mar. noir, tr. rouges.

> Exemplaire bien complet des 278 planches, gravées par *Née, Masquelier, Dequevauvillier, Duparc, Fessard* et autres.
> A partir de la planche 19, toutes les autres sont en épreuves AVANT la lettre, mais avec légende manuscrite à l'encre.
> Les premiers feuillets du second volume de texte sont atteints de moisissure.

329. ZURLAUBEN (de). Tableaux topographiques, pittoresques, historiques, moraux, politiques, littéraires de la Suisse... *A Paris, de l'Imp. de Clousier*, 1780-1786, 4 vol. in-fol., dont 2 de texte et 2 de planches, veau marb., comp. de fil., tr. jasp. (*Rel. anc.*).

> Même ouvrage.
> Exemplaire auquel il manque : le frontispice, la carte de la Suisse, le titre gravé du 2e vol. de planches, les planches 26, 37, 49, 113 et 115, et la table analytique par Quétant.
> Les reliures sont vernies et fortement restaurées.

9. — ARCHÉOLOGIE.

33o. ANTICHITA DI ERCOLANO (Le) espose con qualche spiega-
zione (da Ottav.-Ant.-Bajardi). *Napoli, nella regia Stamperia,* 1757-
1771, 8 vol. in-fol., demi-rel. veau marb., tr. jasp. (*Rel. anc.*).

> Cet exemplaire est ainsi composé : PEINTURE, 5 vol. contenant une
> carte, 5 portraits et 323 (sur 324) planches (la pl. 44 du tome II man-
> que). — BRONZES, 2 vol., dont un pour les bustes, contenant 1 por-
> trait et 178 planches. Tome IX ayant pour titre : *Catalogo degli antichi*
> *monumenti dissotterrati dalla discoperta citta di Ercolano,* par Ant.
> Bajardi.
> Le tome VIII : Lampes et candélabres, manque.
> Mouillures.

331. AUBERT (Edouard). Trésor de l'abbaye de Saint-Maurice
d'Agaune, décrit et dessiné par Edouard Aubert. *Paris, V*ᵛᵉ *A.*
*Morel et C*ⁱᵉ, 1872, 2 vol. in-4, dont 1 de planches, demi-rel. chagrin grenat.

> 45 planches gravées sur acier et en chromolithographie.

332. BATISSIER (L.). Histoire de l'art monumental dans l'antiquité
et au moyen âge, suivie d'un traité de la peinture sur verre.
Deuxième édition entièrement refondue par l'auteur. *Paris, Furne*
*& C*ⁱᵉ, 1860, in-8, demi-rel. bas. rouge, tr. jasp.

> Nombreuses figures dans le texte gravées sur bois.

333. BELLORI. Picturae antiquae cryptarum romanarum : et sepul-
cri Nasonum delineatae, et expressae ad archetypa a Petro Sancti
Bartholi et Francisco ejus filio descriptae vero et illustratae a Johanne Petro Bellorio et Michaele Angelo Causseo opus latine reddi-
tum, proditque absolutius et exactius cum appendice nunquam
edita. *Romae, apud Lazarinos,* 1796, in-fol. broché.

> Ouvrage orné de 94 planches gravées par *Pazzi, Morghen. Vasi,* etc.,
> numérotées 1-24, 1-35, 1-16, 1-19.

334. BOUGOT (A.). Philostrate l'ancien. Une galerie antique de 64
tableaux. Introduction, traduction et commentaire. *Paris, Re-*
nouard, 1881, gr. in-8, broché.

> Reproductions hors texte et dans le texte gravées sur bois.

335. CAHIER (Ch.) et MARTIN (Arth.). Suite aux mélanges d'archéologie, rédigés ou recueillis par les auteurs des vitraux de Bourges (les PP. Ch. Cahier et Arth. Martin), publiés par le survivant.
Paris, A. Morel, 1868, 2 vol. in-4, en feuilles.

> Première série : Carrelages et tissus. — Texte et 250 lithographies
> tirées en bistre.

336. CAHIER (L. P. Ch.). Nouveaux mélanges d'archéologie, d'histoire et de littérature sur le moyen âge, par les auteurs de la Monographie des vitraux de Bourges (Ch. Cahier et feu Arth. Martin, de la Cie de Jésus). *Paris, Firmin Didot et Cie*, 1874-1877, 4 vol. in-4, demi-rel. chagrin vert, ébarbés.

> Nombreuses planches hors texte et figures dans le texte, gravées sur bois.

337. CAUMONT (de). Cours d'antiquités monumentales professé à Caen par M. de Caumont. Histoire de l'art dans l'ouest de la France, depuis les temps les plus reculés jusqu'au xviie siècle. *Paris, chez Lange et Caen, Chalopin*, 1830-1841, 6 vol. in-8 et 6 atlas in-4 oblong, brochés.

> Cet ouvrage se compose de six parties, savoir : 1re partie : Ere celtique, 1 vol. — 2e et 3e parties : Ere gallo-romaine. 2 vol. — 4e partie : Moyen âge ; architecture religieuse, 1 vol. — 5e partie : Moyen âge ; architectures militaire et civile, 1 vol. — 6e partie : Moyen âge : Fonts baptismaux, autels, tombeaux, etc., 1 vol.
> Les atlas renferment ensemble 120 planches lithographiées.
> Trou de clou au 6e atlas, atteignant 4 planches.
> Le premier atlas n'a pas de titre.

338. CAYLUS (Comte de). Recueil d'antiquités égyptiennes, étrusques, grecques et romaines. *A Paris, chez Desaint et Saillant*, 1752-1767, 7 vol. in-4, veau marb., tr. marb. (*Rel. anc.*).

> Ouvrage orné de 7 frontispices et 826 planches gravées sur cuivre.
> Le 7e volume est un supplément posthume, publié par M. de Bombarde, d'après les manuscrits du comte de Caylus.

339. DESVERGERS (Noël). L'Etrurie et les Etrusques, ou dix ans de fouilles dans les maremmes toscanes. *Paris, Firmin Didot frères*, 1862-1864, 2 vol. in-8 et atlas in-fol. cartonnés, ébarbés.

> L'atlas renferme un appendice épigraphique, un texte explicatif, une carte et 40 planches en noir et en couleurs.

340. DEVILLE (Achille). Histoire de l'art de la verrerie dans l'antiquité. *Paris, Vve A. Morel*, 1871, in-4, monté sur onglets, dos et coins mar. bleu, tête dor., ébarbé.

> 112 planches en lithographie, la plupart en couleurs.

341. DIDRON. Iconographie chrétienne. Histoire de Dieu. *Paris, Imp. royale*, 1843, in-4, demi-rel. bas. verte, tr. jasp.

> Ouvrage orné de 150 figures dans le texte, gravées sur bois.

342. DIDRON. Annales archéologiques, par Didron aîné (avec la collaboration des principaux archéologues, architectes, dessinateurs et graveurs français et étrangers). *Paris, Victor Didron*, 1844-1869, 26 vol. in-4, demi-rel. chagrin La Vall., non rognés.

> Nombreuses illustrations.

343. GAUSSEN (A.). Portefeuille archéologique de la Champagne.
Bar-sur-Aube, Mme Jardeaux-Ray, 1861, 1 vol. in-4 de texte et un
atlas in-fol., dos et coins chagrin La Vall., non rogné.

> L'atlas renferme seulement 11 planches lithographiées et coloriées ;
> elles sont numérotées 1 (2 fois) 2, 3, 4, 8 (2 fois) 11, 12, 15, 17.

344. LANGLÈS (L.). Monuments anciens et modernes de l'Hindous-
tan décrits sous le double rapport archéologique et pittoresque,
et précédés d'une notice géographique, d'une notice historique et
d'un discours sur la religion, la législation et les mœurs des Hin-
dous, par L. Langlès..... *A Paris, de l'Imp. de P. Didot*, 1821, 2
vol. in-fol., demi-chag. brun, dos orné, tr. jasp,

> Ouvrage orné de 144 planches gravées sur acier par *Lorieux, Dormier,
> Daudet*, etc. d'après *Forbes, Daniell, Home*, etc., dont 10 figures coloriées
> et 3 cartes géographiques par M. Barbié du Bocage.
> Toutes ces planches sont tirées sur papier de Chine.
> Mouillures.

345. MARÉCHAL (Sylvain). Antiquités d'Herculanum, gravé par
F.-A. David, avec leurs explications par P. Sylvain M. (Maréchal).
A Paris, chez David, 1781, 11 vol.. 982 planches gravées. — HAN-
CARVILLE (Hugues, dit d'). Antiquités étrusques grecques et romaines, gravées par F.-A. David, avec leurs explications par d'Hancar-
ville. *A Paris, chez l'auteur*, 1785, 7 vol., 360 (sur 361) planches
gravées, noires et coloriées. La planche 29 manque. Ens. 18 vol.
in-8, veau porph , fil., dos orné, dent. int., tr. dor. (*Rel. anc.*).

> Le texte de chaque ouvrage a été relié à part des planches.

346. MARTIGNY (l'abbé). Dictionnaire des antiquités chrétiennes
contenant le résumé de tout ce qu'il est essentiel de connaître sur
les origines chrétiennes jasqu'au moyen âge exclusivement. *Paris,
Hachette et Cie*, 1865, in-8, broché.

> Ouvrage orné de 270 gravures sur bois.

347. MOLINET (Le R. P. Claude du). Le Cabinet de la bibliothèque
de Sainte-Geneviève, contenant les antiquités de la religion des
chrétiens, des Egyptiens et des Romains ; des tombeaux, des poids
et des médailles..... *A Paris, chez Ant. Dezallier*, 1692, 2 parties
en 1 vol. in-fol., demi-rel. bas. brune (*Rel. mod.*).

> Ouvrage orné de 2 frontispices, 1 portrait et 44 (sur 45) planches
> gravées en taille-douce.
> La planche 7 manque.
> Mouillures.

348. MONTFAUCON (Bernard de). L'Antiquité expliquée et représentée en figures. *A Paris, chez Delaulne*, 1719, 5 tomes en 10 vol.
— Supplément au livre de l'antiquité expliquée. *Paris, chez Giffart*,

1757, 5 vol. — Ens. 15 vol. in-fol., veau marb. fil., dos orné, tr. marb. (*Rel. anc.*).

> Le *Supplément* est de la réimpression.
> Les planches 195 du tome Ier, 70 et 82 du tome II manquent, et 3 sont remarginées.

349. MUSEO CAMPANA. Antiche opere in plastica discoperte, raccolte, e dichiarate dal machese G. Pietro Campana. *Roma*, 1851, 2 vol. in-fol., dos et coins parchemin blanc, tr. jasp.

> Ouvrage renfermant 114 pages de texte et 120 planches lithographiées sur fond teinté.

350. PASSERIUS (Joh.-Bapt.) Picturae Etruscorum in vasculis nunc primum in unum collectae explicationibus, et dissertationibus inlustratae (sic). *Romae, ex typographio Johannis Zempel*, 1767-1775, 3 vol. in-fol., veau marb., fil., tr. jasp. (*Rel. anc.*).

> Exemplaire bien complet des 300 planches en noir.

351. PENROSE (Francis Cranmer). An investigation of the principles of Athenian architecture, or the results of a recent survey conducted chiefly with reference to the optical refinements exhibited in the construction of the ancient buildings at Athens. *London, Longman and Cⁱᵉ*, 1851, in-fol., demi-rel. toile verte.

> Ouvrage orné d'un frontispice, de 41 planches gravées au trait ou lithographiées et coloriées et de vignettes dans le texte gravées sur bois.

352. PONCELIN DE LA ROCHE-TILHAC. Chefs-d'œuvre de l'antiquité sur les beaux-arts, monuments précieux de la religion des Grecs et des Romains, de leurs sciences, de leurs loix, de leurs usages, de leurs mœurs, de leurs superstitions et de leurs folies, tirés des principaux cabinets de l'Europe, gravés en taille-douce par Bernard Picart. *A Paris, chez l'auteur et chez Lamy*, 1784, 2 vol. in-fol., veau marb., dos orné, tr. rouges. (*Rel. anc.*).

> Les 81 planches qui ornent cet ouvrage sont celles des *Pierres gravées de Stosch*, mais avec un nouveau texte.
> Exemplaire imprimé sur GRAND PAPIER.
> Mouillures.

353. RAOUL-ROCHETTE. Monumens inédits d'antiquité figurée, grecque, étrusque et romaine. Première partie : Cycle héroïque. *Paris, Imp. royale*, 1823, gr. in-fol., demi-rel. mar. vert, tête dor., non rogné.

> Première partie, seule publiée, renfermant 95 planches en lithographie.

354. RAYET (Olivier). Monuments de l'art antique, publiés sous la direction de M. Olivier Rayet. *Paris, A. Quantin*, 1884, 2 vol. in-fol., cartonn. toile grise, fers spéciaux, non rognés (*Cartonn. de l'éditeur*).

> Ouvrage orné de nombreuses héliogravures hors texte.

355. ROHAULT DE FLEURY (Ch.). Mémoire sur les instruments de la passion de N. S. J. C. *Paris, L. Lesort*, 1870, in-4, dos et coins mar. brun, tête dor., non rogné.

Nombreuses planches hors texte gravées à l'eau-forte.

356. ROHAULT DE FLEURY (Ch.). L'Evangile, études iconographiques et archéologiques. *Tours, Alfred Mame et fils*, 1874, 2 vol. in-4, cartonn. toile rouge, fers spéciaux, ébarbés (*Cartonn. des éditeurs*).

Nombreuses planches hors texte gravées sur cuivre.

357. ROLLER (Théophile). Les Catacombes de Rome. Histoire de l'art et des croyances religieuses pendant les premiers siècles du christianisme. *Paris, V*^{ve} *A. Morel et C*^{ie}, s. d., 2 vol. gr. in-4, demi-rel. chagrin vert, non rognés.

100 planches hors texte en héliogravure.

358. STUART (J.) et REVETT (N.). Les Antiquités d'Athènes, mesurées et dessinées par J. Stuart et N. Revett, peintres et architectes. Ouvrage traduit de l'anglais par L. F. F., et publié par C.-P. Landon. *A Paris, de l'Imp. de Firmin Didot*, 1808-1822, 4 vol. in-fol., cartonnés, non rognés.

Ouvrage orné de 191 planches gravées au trait en taille-douce. Mouillures. Forte tache à 3 planches du tome IV.

359. VUES DES RUINES de Pompei, d'après l'ouvrage publié à Londres en 1819 par sir William Gell et J.-P. Gandy, architecte, sous le titre de Pompeiana. *Paris, de l'Imp. de Firmin Didot*, 1827, in-4, demi-rel. chagrin rouge.

125 lithographies dont plusieurs coloriées.

360. WINCKELMANN (Joh.). Monumenti antichi inediti spiegati ed illustrati da Giovanni Winckelmann. Seconda edizione. Aggiuntovi alcune erudite addizioni nel fine dell' opera. *Roma dai torchj di Carlo Mordacchini*, 1821, 2 tomes (4 parties et un supplément) reliés en 3 vol. in-fol., figures, cartonn., non rognés (*Rel. anc.*).

L'ouvrage principal contient 209 planches gravées sur cuivre.
Le supplément se compose de sept dissertations, écrites par le P. Stefano Raffei, et contient plusieurs planches hors texte.

361. WOOD (Rob.), BORRA et DAWKINS. Les Ruines de Palmyre, autrement dite Tedmor, au désert. *A Londres, chez A. Millar*, 1753, in-fol. mar. rouge, fil., dos orné, dent. int., tr. dor. (*Rel. anc.*).

57 planches gravées par *Fourdrinier, Miller, Major*, etc.
La première planche (en 3 feuilles) qui représente une vue générale des ruines de Palmyre est intacte et non pliée.

362. WOOD (Rob.), BORRA et DAWKINS. The Ruins of Palmyra, otherwise Tedmor, in the desert. *London, printed in the year* 1753, in-fol. veau jasp., fil. (*Rel. anc.*).

> 57 planches gravées en taille douce. La première, qui représente une vue générale des ruines de Palmyre, a des cassures.
> Mouillures et taches de rousseur.

363. WOOD (Rob.) et DAWKINS. Les Ruines de Balbec, autrement dite Héliopolis dans la Coelosyrie. *A Londres*, 1757, in-fol., mar. rouge, fil., dos orné, dent. int., tr. dor. (*Rel. anc.*).

> 46 planches gravées par *Fourdrinier, T. Major*, etc.
> Bel exemplaire.

10. — GRAVURE.

364. BASAN (H.-L.). Dictionnaire des graveurs anciens et modernes depuis l'origine de la gravure... Seconde édition précédée d'une notice historique sur l'art de la gravure par P.-P. Choffard... *A Paris, chez J. Blaise*, 1809, 2 vol. in-8, mar. rouge à longs grains, dent. sur les plats, dos orné, tr. dor. (*Rel. anc.*).

> Cet exemplaire renferme 60 figures et portraits.
> Remboîtage.

365. LETURCQ (J.-F.). Notice sur Jacques Guay, graveur sur pierres fines du roi Louis XV. Documents inédits émanant de Guy et notes sur les œuvres de gravure en taille-douce et en pierres fines de la marquise de Pompadour. *Paris, libraire de J. Baur*, 1873, gr. in-8, figures, broché.

> 11 planches hors texte en photogravure.

A. — RECUEILS DE GRAVURES ET LITHOGRAPHIES.

366. COLLECTION (A) of original etchings : consisting of 17 original plates by Cornelius Bega. 1654. 25 ditto, by. Claud (Gelée). 1660. 3 ditto, by Dominique Barrière. 1651. 5 ditto, by Horizonti. 52 ditto, by Hollar. 1641-1647, 6 ditto, by Theodore Van Kessel. 1654. 6 ditto, by Peter De Laer. 1636. 7 ditto, by Rambrandt. No. 24, 35, 78, 81, 242, 244, 246. 6 after Rembrandt, by Vivares. 8 original plates of beggars, by Van Vliet. 1632. 6 ditto, by Thomas Wyck, 1670. 3 ditto, by Ruysdael. 1668. 56 by various artistes, after Rambrandt, Ruysdael, Du Jardin, Della Bella, &c. *London : printed by Mr Creery*. 1816. In-fol., mar. grenat à longs grains, dentelle dor. et dent. à froid, dos orné, dent. intér., tr. dor. (*Rel. anglaise de l'époque*).

> Toutes ces gravures, tirées sur Chine, sont montées à une ou à plusieurs par feuille.

367. GERARDINI (Melchior). Capricci di Varie Figure di Melchion (*sic*) Gerardini. Etc. *S. l. n. d.* (vers 1650), gr. in-8, dos et coins mar. vert.

> Suite de 52 eaux-fortes tirées sur 26 feuilles, y compris le titre et la dédicace, qui est adressée au cardinal Frédéric Borromée.
> Ces pièces, qui sont gravées dans la manière de Callot, représentent des figures burlesques, des types de différents états, hommes et femmes, des chasses, fêtes et scènes populaires.
> Bartsch, XXI, 127 et le catalogue Lipperheide n° 534ᵐ n'indiquent que 50 pièces.

368. L'EAU-FORTE en 1877 (et en 1878). Trente eaux-fortes originales et inédites par trente artistes des plus distingués. Texte par Ernest Chesneau et Ph. Burty. *Paris, Vᵛᵉ A. Cadart*, 1877-1878, 2 albums in-fol., en feuilles, dans les cartonnages de publication.

> Chaque album renferme un texte, 1 frontispice, 1 table des planches avec vignette et 30 eaux-fortes par *Ad. Lalauze, J.-P. Laurens, Ed. Hédouin, L. Flameng, A. Falguière. F. Rops*, etc., etc.

369. LIVRE (Nouveau) de portraiture enrichy de plusieurs pièces des plus excellens maistres de l'Europe. *Se vend à Paris chez Jollain*, *s. d.*, 29 estampes, y compris le titre, montées sur onglets, en 1 vol. in-4, cartonn., dos toile noir (*Cart. mod.*).

> Recueil des gravures originales de différents artistes. On y trouve une gravure par *George Ghisi dit Mantuano*, représentant les trois Parques (Bartsch, n° 47). Elle est encore avant l'adresse de J. Honervogt. Puis, les Quatre saisons, 4 pièces gravées par *Jean Sadeler* d'après *Théodore Bernard ou Barentsen* ; 4 gravures d'après des fresques d'Annibale et Lodovico Caracci ; 4 gravures d'après *Cornelius Cornelissen* (L'adresse de Honervogt y est effacée); 2 gravures de *Domenico del Barbiere, dit Domenico Fiorentino*, d'après le maître *Roux*, représentant deux hommes écorchés accompagnés de leurs squelettes. Ces deux planches ne font qu'un seul cuivre cité par Bartsch sous le seul numéro 8. Etc., etc.
> La marge du bas de plusieurs planches a été doublée.

370. NORBLIN DE LA GOURDAINE (Jean-Pierre, 1745-1830). Réunion de 90 eaux-fortes originales de cet artiste. Pièces in-folio, in-4, in-8 et en tout petit format, collées sur 23 feuilles, en 1 vol. in-fol., cartonn. toile verte.

> Ces charmantes eaux-fortes, représentant des sujets de l'histoire sainte, d'histoire profane, types populaires, têtes, etc., ont toutes des belles marges.
> Le Blanc, *Manuel*, III, pp. 105-106, ne cite que 40 pièces de cet artiste, dont plusieurs très rares.
> Il existe différents états de la plupart des gravures de Norblin.
> L'emploi de mauvaise colle a taché les gravures aux quatre coins.

371. RÉUNION de gravures de différents formats, en 1 vol. gr. in-fol., cartonn. ancien.

> *Gallerie que l'excellent Annibal Carrache a peinte à Rome dans le palais de Farnese.* Paris, chez Jacques Chereau. 37 cuivres sur 24 feuilles.

— 75 —

Icones et segmenta illustrium e marmore tabularum quae Romae adhuc extant par François Perrier. 54 planches.

1 pièce par *G.-M. Mitelli* d'après *Carrache*. — 4 pièces par *Hubert Robert*. — 5 pièces d'après *P.-J. de Loutherbourg*. — Etc , etc.

De nombreuses pièces sont en mauvais état.

372. RÉUNION de 3 suites d'estampes gravées des fresques, reliefs et tapisseries de Raphaël Sanzio. Ensemble 62 gravures en 1 vol. infol. oblong, toile rouge, dos chagrin rouge (*Rel. mod.*).

1° Suite de 43 planches chiff. y compris le frontispice-dédicace, gravées par *Petrus Sanctus Bartolus*, représentant des fresques et reliefs, exécutés au Palais du Vatican par *Giovanni (Nanni) da Udine* sur les dessins de *Raphael Sanzio*. *A Rome, chez Giovanni Giacomo de' Rossi.*

2° Suite de 14 planches chiff., précédées d'un frontispice-préface, gravées par *Petrus Sanctus Bartolus*, représentant des épisodes de la vie de Léon X, sujets tirés des tapisseries exécutées sur les dessins de Raphael. *Ibid., id.*

3° Suite de 5 pièces, gravées par le *maître au dé* (Nagler, *Monogr.* I, 1563), sur des peintures de *Raphael Sanzio*, d'après lesquelles on a fait des tapisseries. 4 de ces gravures représentent une grande guirlande accompagnée d'enfants et d'animaux (Bartsch, *Peintre-graveur*, n°s 32-35). La cinquième, non décrite par Bartsch, représente huit amours jouant dans une forêt. Tirages à l'adresse de Gio. Giacomo de' Rossi, 1655, ajoutée sur la première pièce à l'ancienne adresse d'Antoine Lafreri.

373. RÉUNION de 6 albums lithographiques, publiés à Paris de 1825 à 1831. Ensemble 81 planches, en 1 vol. in-fol., demi-rel. veau noir.

Album lithographique par Fragonard. 1825. Paris, chez Gihaut frères. 1 titre et 19 planches.
Album lithographique année 1825. A Paris, chez Delpech. 1 titre et 11 planches.
Album lithographique année 1826. Paris, Delpech. 1 titre et 11 planches.
Album ou souvenirs d'Italie dessinés sur pierre par MM^{rs} Thomas, Lesueur, Coutan, Monvoisin, Remond, Dupré, Cogniet, Alaux, ex-pensionnaires du roi à l'Académie de France à Rome. Paris, Delpech. 1 titre et 11 planches.
Album de six planches, d'après MM^{rs} le baron Gérard, Granet, Court, Larivière et Cottrau. 1830. *Ibid., id.*
Album lithographique, 1831. *Ibid., id.*, 1 titre et 23 planches.
Taches à plusieurs planches de la dernière suite.

374. RÉUNION de 20 petites gravures du commencement du xviii° siècle, collées sur papier ancien, en 1 vol. pet. in-8, veau brun (*Rel. anc. défraîchie*).

Les quatre saisons, 4 pièces d'après *La Rosalba*. A Paris, chez Diacre. — Le Matin, le Midy, le Soir. 3 pièces d'après *La Rosalba* et *J. Santerre*, gravées par *Duflos*. — Portraits-médaillons du Régent, de la duchesse de Lorraine, du prince de Conti, de la princesse de Conti, du cardinal de Coislin, 5 pièces gravées par Crépy. — 8 pièces, sujets de genre et galants, dont 2 dessinées et gravées par B. Picart.
2 pièces sont abîmées. Légères taches.

375. RÉUNION de 24 estampes de différents artistes, collées sur papier, en 1 vol. gr. in-4, demi-rel. basane.

    1° 1 pièce ornementale, dessinée par *Rubens*, gravée par *Jean Collaert*.
    2° 3 grandes pièces, dessinées par *Joachim de Sandrart*, gravées par *Joh.-Jac. Sandrart*. Probablement de son *Iconologia deorum*.
    3° 1 pièce par *Romain de Hooghe*, intitulée : *Peintures du dedans de l'arc de triomphe sur la place et du costé du vivier*.
    4° 1 pièce, Vénus et Amour, signée *P. Scalberge in. et sculp*. 1638. (Un peu abîmée sur les coins.)
    5° 1 pièce par *Augustin Carrache*. Vénus châtiant l'Amour. (Bartsch, n° 135.)
    6° 5 pièces chiff. 2-6, de la suite de 15, représentant les jeux de l'Amour. Elles sont gravées par *Odoardo Fialetti* et signées de son monogramme. (Bartsch, nᵒˢ 7-11.)
    7° 1 petite pièce, Diane et Acteon, par *Cornelius Schütz*, non signée.
    8° 1 pièce non signée : Vénus et Adonis.
    9° 1 pièce, représentant Vénus et Adonis, peint par *Luc Cambiaso*, dessinée par *Duvivier*, gravée par *G.-H. Le Villain*.
    10° 1 pièce, intitulée : *Vere sua Reymondi La Fage effigies. Jacobus Coelemans Sculpsit* 1701. Elle représente Bacchus et des satyres.
    11° 1 pièce, signée *La Fage In. C* excud. (gravée par le comte de Caylus. Nagler, Monogr. I, 2162). Elle représente un sujet mythologique.
    12° 1 pièce gravée par *T. van Kessel*, d'après *P. Veronèse*.
    13° 2 pièces, signées *S. Vouet pinxit M. Dorigny sc*. 1643 [et 1638].
    14° 2 pièces non signées, représentant des travaux d'Hercule.
    Etc., etc.

376. RÉUNION de 29 estampes de différents artistes, collées sur papier, en 1 vol. in-4 oblong, demi-rel. basane.

    1° 14 pièces, dont 12 gravées par *Jean-Jacques de Boissieu*, et 2 gravées, d'après lui, par *Joseph de Claussin*. Elles représentent des études de têtes et figures.
    2° 3 pièces, dessinées par *Amand*, gravées par *Miger*, représentant des études de têtes d'après l'antique.
    3° 1 pièce, têtes de satyres, dessinée et gravée par *Dom. Tiepolo*.
    4° 11 pièces gravées par *P. Brebiette*, représentant des bachanales.

377. RÉUNION de 32 estampes diverses, de différents formats.

    1 pièce par *Le Paon*, gravée par *Pfenninguer*. — 1 pièce par *Boilly*, gravée par *Laffonalte* (La Jardinière). — 1 pièce par *Parocel*, gravée par *Henningsen*, tirée en sanguine. — 1 pièce. L'Enfance. — 1 pièce gravée par *Frédou* (Le père La Beq), tirée en sanguine. — 1 pièce publiée à Paris chez Crépy (Les trois ordres avec leurs attributs, sous le niveau). — Varie figure gobbi di Jacopo Callot, 11 petites pièces collées sur la même feuille, etc., etc.

378. RÉUNION de 35 lithographies, gravures, illustrations de livres, etc., en 1 vol. in-4, demi-rel. basane brune.

    Le recueil contient en outre la copie française (à Paris, chez Mᵐᵉ Breton) d'une gravure de Lady Lincoln, gravée par Barbier, tirée en bistre. Elle représente un sujet de genre (Go happy flowers...)

379. RÉUNION de 35 figures du xviii⁰ siècle, in-8 et in-12, gravées d'après les dessins de C.-N. Cochin fils, Le Barbier, Cipriani et autres, collées sur papier moderne, en 1 vol. gr. in-8 oblong, peau de daim (*Rel. anc.*).

> Figures pour les *Métamorphoses d'Ovide*, la *Jérusalem délivrée*, dessus de boîtes, etc.

380. RÉUNION de 36 estampes diverses ; de différents formats.

> 2 pièces de voitures gravées par *Hunt*, coloriées. — 1 pièce par *Huet*, gravée par *Demarteau*, tirée en sanguine. — 1 pièce par *Van Bloemen*, gravée par *La Rue*, tirée en sanguine. — 5 pièces publiées à Paris, chez Crepy : Cérémonie du pain béni, Cérémonie du lavement des pieds, Cérémonie des Cendres, Adoration de la Croix, Administration du Saint Viatique. — 1 pièce par *Boucher* (tête de vieillard), tirée en sanguine. — 1 pièce dessinée et gravée par *Henry Richter* (The Sorrows of lady Alice). — 1 pièce par *Gessner* (1771). — 1 pièce par *L.-S. Adam l'aîné* (M. de Boisrant), tirée en sanguine, etc., etc.

381. RÉUNION de 37 petites estampes et vignettes, la plupart du xviii⁰ siècle, en 1 vol. in-8 oblong, cartonn. dos toile grenat.

> 7 petites estampes, sujets de genre, d'après *Watteau, B. Picart.* A Paris, chez Duflos, Bonnart, Crepy, Charpentier, Poilly.
> 10 pièces, gravées par le comte de Caylus, d'après des dessins de *Watteau.*
> 1 petite aquarelle, buste d'homme (vers 1840), etc., etc.

382. RÉUNION de 37 gravures anciennes, collées sur bristol, en 1 vol. pet. in-4, demi-rel. basane fauve.

> 1° 12 pièces, dessinées par *Martin de Vos*, gravées par *Crispin de Pas*, publiées par Sadeler ; elles représentent des scènes de martyres de l'ancien testament.
> 2° 3 pièces gravées par Romain de Hooghe (sujets mythologiques).
> 3° 3 pièces, dessinées et gravées par le même. *J. Lindenberg excudit* (sujets de l'anc. test.).
> 4° 3 pièces : *M. Rauchmüller* inv. et del., *Sandrart* fecit ; *M. de Vos* invent. *Joan Galle* exc. ; *P. Firens* excud.
> 5° 1 pièce gravée par H Guttenberg d'après Gérard des Nuits.
> 6° 3 pièces du xvi⁰ siècle, dont une de Georg Pencz, rognées ou abimées.
> Etc.

383. RÉUNION de 40 gravures, collées sur papier, en 1 vol. in-fol. oblong, demi-rel. bas. noire.

> 1° 12 pièces par *Bartolomeo Pinelli* représentant la Passion du Seigneur.
> 2° 1 planche, représentant la Résurrection du Seigneur, gravée par *Joh. Meyssens*, d'après *Gaspar de Crayer*. Rognée.
> 3° Suite de 7 planches, représentant les œuvres de miséricorde, signées *M. de Vos inventor Gallays ex*(cudit). Petites marges.
> 4° 7 planches non signées, représentant des épisodes de la vie de Ste Catherine de Sienne. Petites marges.

5° 1 planche signée *M. de Vos in. Sadeler* (le vieux) *excudit*, représentant Joseph dans la citerne (Le Blanc, III, p. 398, n° 5). Marges.

6° 5 planches gravées d'après *Martin van Heemskerck* par *H. Cock, Gerard de Jode* et autres, représentant des scènes de l'histoire sainte. 1 pièce est avec marges ; une autre est légèrement abîmée.

7° 1 planche gravée par *Jean Sadeler le vieux*, d'après *J. Stradan*, représentant la Mort dans le cabaret des pauvres. (Le Blanc, III, p. 400, n° 170.) Belle épreuve.

Plus 6 autres planches abîmées ou tachées.

384. RÉUNION de 42 estampes anciennes, collées sur papier, en 1 vol. in-4, cartonnage recouvert du parchemin d'un manuscrit ancien.

1° *Oraculum anachoreticum. Martì de Vos figur (avit) Ioñ Sadeler sculpsit Venetijs* 1600. Suite composée d'un titre gravé et de 23 (sur 25) planches chiff. 1-5, 7-12, 14-25 (Le Blanc, III, p. 399, n° 122).

2° *Solitudo, sive vitae foeminarum anachoritarum, ab Adriano Collardo collectae atque expressae : a Cornelio Kiliano Dufflaco carmine elegiaco explanatae.* Pièces dessinées par Martin de Vos, gravées par Adrien Collaert. 1 titre gravé et les planches 1-3, 11-24.

Les planches ayant été mal collées sont souvent abîmées en tête.

385. RÉUNION de 48 figures et vignettes du xviiie et du début du xixe siècle, montées en plein, en 1 vol. pet. in-8, mar. rouge, dent. à petits fers, dos orné, tr. roug. (*Rel. anc.*).

Remboîtage ; joli ex-libris ancien à l'intérieur du volume.

386. RÉUNION de 51 estampes gravées sur cuivre, de l'ouvrage Hooft (P. C.). Nederlandsche Historien de 1555 à 1585. Amsterdam 1642. In-fol., basane brune, dent., tr. dor. (*Rel. de l'époque*).

On lit sur le premier plat de la reliure : Donné aux (Capucins) de Rouen par Mad. de Chefdeville. (Le mot *Capucins*, qui avait été gratté, a été refait à l'encre.)

Le recueil comprend 1 portrait de Hooft, 1 frontispice, 24 portraits et 25 doubles planches, qui représentent les événements et épisodes du soulèvement des Hollandais.

Quelques déchirures dans les marges.

387. RÉUNION de 55 lithographies diverses, dont 5 coloriées, les autres en noir. Formats divers.

7 pièces de bateaux, par *Perrot.* — Pièces diverses par *Fouet, Français, V. Adam, Raffet, Chapuy, Madou, Grevedon, Grenier*, etc., etc. ; extraites de l'Artiste, de l'Album Cosmopolite, du Passe-Temps, du Monde dramatique, etc.

On y a joint : 21 pièces gravées diverses : La Fraiche Matinée, par *Casanova* ; Le Pâtre, par *Bidault*, Le Tombeau d'Atticus, par *Berlin*, etc., etc.

Ens. 76 pièces.

388. RÉUNION de 68 lithographies et gravures de la première moitié du xixe siècle. En 1 vol. in-fol., demi-rel. chagrin noir, dos orné.

Album de tous les pays. Composé d'un choix d'études, sites, costumes,

&c. Dessinées d'après nature par Adolphe D'Hastrel. Paris, 1845, 31 lithographies en une ou plusieurs teintes.

1 gravure: *Journée mémorable du 20 juin 1792,* dessinée en juin 1792 par C. P. L. Gravée à l'eau-forte par Pauquet. Terminée au burin par Jourdan.

Différents portraits de la duchesse d'Angoulême, de la duchesse de Berry, du comte de Chambord, de Charles X, du duc d'Angoulême, du duc de Berry, de Mme M.-F.-J. Zaepffel, duchesse de Feltre, de Edgar et Alphonse Clarke de Feltre. Etc., etc.

389. RÉUNION de 83 estampes du xviie siècle, de différents artistes, rognées, collées sur papier, en 1 vol. in-4 oblong, veau marb., tr. roug. (*Rel. anc.*).

1° 36 pièces des *Métamorphoses* d'Ovide et d'autres sujets par *Joh.-Wilh. Baur,* gravées par *Melchior Küssel.* Les légendes du bas ont été enlevées.

2° 9 pièces, paysages et animaux, par *Berghem,* gravées par *Jean Visscher.*

3° 2 pièces, sujets de genre, par *A. Bloemaert,* gravées par *C. Bloemaert.*

4° 5 pièces (allégories?), par *Martin de Voss,* gravées par *Raphael Sadeler.*

5° 3 pièces, vues des Pays-Bas.

6° 21 paysages par *Math. Merian, Paul Bril, Cochin, C. Galle,* et autres.

7° 1 vue d'Avignon, dessinée et gravée par *Israel Silvestre.*

8° 1 pièce non signée, représentant deux mousquetaires dans un estaminet.

9° 5 pièces, scènes de bataille, dont 4 par *Cochin* et une par *W.-F. Lande.*

390. RÉUNION de 90 petites estampes, collées dans un volume de papier ancien, pet. in-folio, vélin (*Rel. anc. forme portefeuille*).

Gravures des xviie et xviiie siècles.

10 pièces de *Parizeau,* d'après *La Rue.* — 1 pièce de *Nicolas Loir* (Rob.-Dum., n° 6). — 2 pièces de *Cornelius Schüt.* — 6 pièces, cérémonies des Juifs, par *B. Picart.* — 8 petites vues de Rome, sur 4 ff. (par Silvestre?). — 3 petites vues de Marseille, Venise, Auteuil, par Silvestre. — Etc., etc.

Différentes pièces sont en mauvais ou médiocre état.

391. RÉUNION de 100 planches, lithographies et eaux-fortes, d'après Calame, Jules Dupré, Th. Rousseau, Français, Corot, Ch. Leroux, Decamps, Rosa Bonheur, et autres. (*Paris, imprimeries Bertauts, Lemercier,* etc., vers 1850). Montées sur onglets, en 1 vol. in-fol., toile grenat.

La plupart de ces planches portent le cachet à froid : « *Les Artistes contemporains* » ou « *Les Artistes anciens et modernes* ».

392. RÉUNION d'environ 400 vignettes du xviiie siècle, de divers formats, reliées en 2 vol. in-8, cartonn. vélin vert, tr. rouges (*Rel. anc.*).

Figures, vignettes, culs-de-lampes, pour illustrer « Les *Contes* de La

Fontaine ». — Les *Grâces*. — Le *Joujou des demoiselles*. — *Zélis au bain*, vignettes d'almanachs, *Iconologie*, de Gravelot, la *Jérusalem délivrée*, le *Roland furieux*, etc., etc. — Une gravure relative à une ascension en ballon de Blanchard. — Une petite gravure anglaise, intitulée *Innocence*, quelques petits dessins à l'encre, etc., etc.

393. RIDINGER (Johann-Elias). 74 estampes représentant des animaux, chiens, fauves, ours, cerfs, etc. En 1 vol. pet. in-folio, cartonnage mod.

> Planches chiffrées 2-6, 11-26, 28-37, 40-47, 49-52, 54, 61-90.
> On a relié en tête les deux titres : Entwurff einiger Thiere. Zweiter et Fünffter Teil.
> 17 planches sont mouillées.

394. ROSA (Salvator). Recueil de 68 estampes, gravées par lui, signées, presque toutes, du nom ou du monogramme. En 1 vol. in-4, broché (*Couv. anc.*).

> 1° Suite de 62 pièces, figures de guerriers, d'hommes et de femmes (Bartsch, n°s 25-86). Sur la première (B 25) on lit la dédicace : *Salvator Rosa Has Ludentis otij Carolo Rubeo Singularis Amicitiae pignus D. D. D.*
> Une figure (Bartsch, 41) est sans le monogramme signalé par Bartsch.
> 2° 6 pièces, représentant des sujets de mythologie (Bartsch, n°s 11-16.
> Le volume est presque non rogné.
> L'œuvre complète de Salvator Rosa comprend 86 pièces.
> Les 2 premières pièces ont une légère tache sur la marge.

395. VOLTAIRE. Suite de 76 figures, pour les œuvres de Voltaire, dessinées par Gravelot, gravées par Delvaux, de Longueil, Fessard, etc. En 1 vol. in-8, cartonn. anc.

> Le recueil est accompagné d'une table imprimée des 76 figures.

B. — PORTRAITS

396. BOISSARDUS (Jac.). Icones quinquaginta virorum illustrium doctrina et eruditione præstantium ad vivum effictæ cum eorum vitis descriptis a Jan. Jac. Boissardo Vesuntino & J. A. Lonicero. Omnia recens in æs artificiose incisa & demum foras data per Theodorum de Bry..... *Francofurti, anno* 1597-1599, 4 parties en 2 vol. pet. in-4, mar. brun, dent. int., tr. dor. (*Thompson*).

> Première édition ornée de 298 portraits gravés en taille-douce par *Théodore de Bry*.

397. BULLART (Isaac). Académie des sciences et des arts, contenant les vies et les éloges historiques des hommes illustres, qui ont excellé en ces professions depuis environ quatre siècles parmy diverses nations de l'Europe : avec leurs pourtraits tirez sur des originaux au naturel, et plusieurs inscriptions funèbres, exactement

recueillies de leurs tombeaux. *A Amsterdam, se vendent chez les héritiers de Daniel Elzevier*, 1682, 2 vol. in-fol., veau brun (*Rel. anc.*).

> Ouvrage recherché pour les nombreux portraits qu'il renferme, gravés pour la plupart par *de Larmessin*.
> Il a été imprimé à Bruxelles, par Fr. Foppens.

398. CARIOLA (Antonio). Ritratti de ser^mi principi d'Este sig^ri di Ferrara. Con l'aggionta de loro fatti più memorabili ridotti in sommario. *In Ferrara appresso Catarin Doino* 1641. Pet. in-4, fig., vélin, dentelle et milieu, tr. dor. (*Rel. anc.*).

> L'ouvrage contient 1 titre gravé et 13 planches hors texte gravées à l'eau-forte, dont chacune contient deux portraits.
> La reliure est réparée à un coin.

399. DESENNE (Alexandre). Portraits des personnages les plus célèbres, gravés d'après les dessins et sous la direction d'Alexandre Desenne. *A Paris, chez Ménard et Desenne*, 1827, in-8, demi-rel. mar. bleu foncé.

> Titre gravé et 100 portraits en médaillon, gravés par *Massard, Adam, Aubert*, etc.
> Portraits de Bayard, Jean Bart, Beaumarchais, Boileau, Bossuet, Catherine de Médicis, Louis XVI, Marie-Antoinette, Mirabeau. Murat, Napoléon Ier, Robespierre, Voltaire, etc., etc.

400. DESROCHERS (Étienne-Johandier). Réunion de 80 portraits gravés par E.-J. Desrochers. *A Paris, chez Desrochers, Daumont, Petit.* En 1 vol. pet. in-4, vélin (*Rel. anc.*).

> Portraits de prélats, théologiens, d'hommes de la Réforme, ministres protestants, poètes et savants, artistes, etc.
> On a relié à la fin du volume 4 beaux portraits, savoir :
> 1° Charles Geneviève Déon de Beaumont, dessiné par Desrais, gravé par *Le Beau*. — 2° Madame la comtesse Du Barry, d'après *Drouais*. — 3° Gabrielle d'Estrées. A Paris, chez Esnauts et Rapilly. — 4° Mlle de La Tour, extrait de l'Affaire du Collier.
> Ens. 84 gravures.

401. DREUX DU RADIER. L'Europe illustre, contenant l'histoire abrégée des souverains, des princes, des prélats, des ministres, des grands capitaines, des magistrats, des savans, des artistes et des dames célèbres en Europe, dans le xve siècle compris, jusqu'à présent. Ouvrage enrichi de portraits gravés par les soins du sieur Odieuvre. *A Paris, chez Odieuvre et Le Breton*, 1755-1765, 6 vol. in-4, veau écaille, fil., dos orné, tr. dor. (*Rel. anc.*).

> Exemplaire du PREMIER TIRAGE.
> Cet ouvrage est orné d'un frontispice par *Eisen*, gravé par *Sornique*. et de 600 portraits gravés par *Basan, Aveline, Fessard, Audran, B. Picart, Lepicié, Tardieu*, etc., etc.

402. DU VERDIER. Histoire des Cardinaux illustres, qui ont esté

employez dans les affaires de l'Etat ; contenant leurs vies héroïques,
et les dignitez ausquelles leur conduite les a eslevez pendant leur
vie. Nouvelle édition, augmentée des vies des cardinaux de Bé-
rulle, de Richelieu et de La Rochefaucaud (*sic*). *A Paris, chez
J.-B. Loyson*, 1653, in-4, bas. marb., fil., dos orné, tr. rouges
(*Rel. mod.*).

> 39 portraits dans le texte, gravés en taille-douce.
> Soulignures au crayon rouge.

403. FRANCISCUS A SANCTO AUGUSTINO MACEDO (Frater).
Elogia poetica in serenissimam Rempublicam Venetam, eiusque
augustum senatum tribunalia pontifices duces, sive principes a
primo Paulutio Anafesto usque ad praesentem Aloysium Contare-
num. *Pataviae, 1680. Apud Cadorinum.* Pet. in-folio, basane brune,
plats entièrement ornés d'une bordure, d'une dentelle et d'un
grand fleuron au milieu, contenant les armes du doge Aloise Con-
tarini (?) ; tr. dor. et cisel. (*Rel. de l'époque*).

> L'ouvrage contient 2 frontispices, 3 portraits de papes hors texte et
> un grand nombre de portraits de doges, gravés sur cuivre, tirés dans
> le texte.
> Notes manuscrites modernes au-dessous de tous les portraits.
> La dorure des plats est cachée sous une forte couche de vernis.
> Fortes mouillures.

404. ICONOGRAPHIE ou vies des hommes illustres du xviie siècle
écrites par M. V*** avec les portraits peints par le fameux Ar-
toine Van Dyck et gravés sous sa direction, contenant les vies des princes,
ducs, comtes, généraux, peintres, sculpteurs, graveurs, etc. *A
Amsterdam & à Leipzig, chez Arkstée et Merkus*, 1759, 2 tomes
en 1 vol. in-fol., veau marb. (*Rel. anc.*).

> Cet ouvrage renferme 124 portraits dont 4, de plus grand format,
> sont pliés.
> 9 pièces sont gravées à l'eau-forte par *Van Dyck* lui-même ; les autres
> sont gravées par *Paul Du Pont, L. Vorsterman, Peter de Jode, W. Hollar,
> A. Lommelin, P. Clouet* et autres.
> Mouillures sur les premiers feuillets.

405. ILLUSTRES MODERNES (Les), ou tableau de la vie privée des
principaux personnages des deux sexes, qui, depuis la renaissance
des lettres, ont acquis de la célébrité en Europe, tant en politique
ou dans les armées que dans les arts, les sciences et la vie contem-
plative. *A Paris, chez Leroy*, 1788, 2 vol. in-fol, veau jaspé, tr.
jasp. (*Rel. anc.*).

> Ce recueil renferme un frontipice, 100 notices biographiques im-
> primés et 100 portraits en médaillon, gravés en taille-douce, par *Miger,
> Malœuvre, Ingouf, Petit, Moitte*, etc.
> Mouillures.

406. PACIFICATORES orbis christiani sive icones principum, ducum, et legatorum qui Monasterii atque Osnabrugae pacem Euro-

pae reconciliarunt, quosque singulos ad nativam imaginem expressit A. van Hulle..... optimorum artificum dexteritate CXXXI tabulis aeneis incisae, nunc demum post viri illustris mortem in lucem editae, et descriptione recens auctae. *Rotterodami, typis Petri Van der Slaart,* 1697, in-fol., vélin blanc (*Rel. anc.*).

Cet ouvrage renferme un frontispice et 131 beaux portraits par *P. de Jode, P. et C. Galle, Pontius,* etc., des princes, princesses, ambassadeurs, etc., qui ont assisté aux conférences de Munster et d'Osnabruck. Une planche est remontée.

407. PETITOT. Les Émaux de Petitot du musée impérial du Louvre. Portraits de personnages historiques et de femmes célèbres du siècle de Louis XIV, gravés au burin par M. L. Ceroni. *Paris, Blaisot,* 1862, in-4, demi-rel. bas. bleue.

Partie de l'ouvrage renfermant 22 portraits tirés sur papier vélin.

408. PICTORUM aliquot celebrium præcipue Germaniæ inferioris effigies. *Hagæ Comitis, ex officina Henrici Hondii, s. d.* (vers 1600), pet. in-fol. veau brun, tr. jasp. (*Rel. anc.*).

Un frontispice et 66 (sur 73) portraits d'artistes hollandais gravés et publiés en 3 séries par *Heinrich Hondius,* un certain nombre de ces portraits ont été copiés sur ceux de *Jérôme Cock,* publiés en 1572.
D'autres sont copiés d'après des gravures de l'époque des personnages représentés. Le portrait de Lucas de Leyde est la copie d'une gravure de cet artiste. Une pièce est gravée par Peter de Jode.
Exemplaire de H. Destailleur avec son ex-libris.
Les portraits sont accompagnés de vers latins par Lampsonius.
Les deux feuillets préliminaires après le titre et la planche finale avec la souscription manquent.
Titre rogné au cadre et remonté.

409. PINACOTHECA FUGGERORUN S. R. I. comitum ac baronum in Khierchperg et Weissenhorn. Editio nova multis imaginibus aucta. *Ulmae apud Ioan. Frid. Gaum* 1754. In-4, cartonn., tr. jasp. (*Cartonn. anc.*).

Catalogue Lipperheide 764.
Recueil de portraits des membres de la famille Fugger d'Augsbourg pour les années 1440-1618.
68 portraits dessinés et gravés par *Dom. Custos* avaient d'abord paru à Anvers en 1593. Continué par les frères Lucas et Wolfgang Kilian, le recueil fut publié de nouveau à Augsbourg avec 127 portraits chiffrés.
Cette réimpression de 1754, augmentée de 12 portraits nouveaux contient 1 titre gravé, 26 ff. de texte, dont l'avis au relieur, qui manque chez Lipperheide, 1 planche avec les armes des Fugger et 139 portraits. Ils sont tirés, dans cette édition, sans les encadrements.

410. PORTRAITS DES HOMMES ILLUSTRES des xviie et xviiie siècles, dessinés d'après nature, et gravés par Edelink, Lubin, Van Schuppen, Duflos et Simonneau, avec une notice sur chacun d'eux. *A Paris, chez Calixte Volland,* an XIV-1805, 2 tomes en 1 vol. in-fol., demi-rel. bas. fauve.

Frontispice et 103 portraits en buste dans des médaillons.

411. RITRATTI et elogii di capitani illustri che ne' secoli moderni hanno gloriosamente guerreggiato. Descritti da Giulio Roscio, Monsig. Agostino Mascardi, Fabio Leonida, Ottavio Tronsarelli, & altri. *In Roma, ad instanza di Filippo de' Rossi*, 1646, in-4, vélin (*Rel. anc.*).

> 4 ff. prélim., dont le frontispice, 404 pages chiff. et 2 ff. de table. Dans le texte, de nombreux portraits, gravés sur cuivre, de l'empereur Frédéric Ier à Louis XIII.
> Frontispice raccommodé.

412. VULSON DE LA COLOMBIÈRE. Les Hommes illustres et grands capitaines françois qui sont peints dans la galerie du Palais Royal. Ensemble un abrégé de leurs vies et actions mémorables. Composez par M. de la Colombière, avec leurs portraits, armes et devises, dessignez et gravez par les sieurs Heince et Bignon. *A Paris, chez Charles de Sercy*, 1690, in-fol., dos et coins chagrin vert, tr. marb. (*Rel. mod.*).

> Frontispice et 25 (sur 27) beaux portraits gravés et entourés d'encadrements. — Les notices et les portraits de Jeanne d'Arc et du duc de La Tremoïlle manquent.

C. — RECUEILS DE COSTUMES CIVILS ET MILITAIRES, FRANÇAIS ET ÉTRANGERS.

413. ALLOM (Thomas). Character and costume in Turkey and Italy. With descriptive letter-press by Emma Reeve. *London, Fisher, Son and Co, s. d.*, in-4, mar. brun, ornements dorés et à froid sur les plats, tr. dor.

> Ouvrage orné de 21 lithographies à deux teintes.

414. AMBERT (Joachim). Esquisses historiques, psychologiques et critiques de l'armée française. Lithographies et vignettes sur bois de Ch. Aubry et de Karl Lœillot. Seconde édition revue et augmentée par l'auteur. *Saumur, A. Degouy*, 1837, 2 vol. in-8, demi-rel. bas. rouge.

415. AMMAN (Jost). [Gynaeceum sive theatrum mulierum. *Francofurti ad Moenum, impensis Sigismundi Feyerabendii, 1586*]. Pet. in-4, de 70 (sur 120) ff., vélin, tr. roug.

> Fragment de l'ouvrage contenant 70 figures de costumes féminins, gravées par *Jost Amman* et coloriées anciennement en or et couleurs.
> Les feuillets ne se suivent pas. Deux feuillets, dont un coin est arraché, ont été doublés.

416. BARDON (Dandré). Costumes des anciens peuples, à l'usage des artistes, contenant les usages religieux, civils, domestiques et militaires des grecs, des romains, des israélites et des hébreux, des égyptiens, des perses, etc., etc. Nouvelle édition rédigée par

M. Cochin. *A Paris, chez A. Jombert*, 1784-1786, 4 parties en 1 vol. in-4, bas. marb., tr. marb. (*Rel. anc.*).

Cette édition est ornée d'un portrait et de 351 planches.

417. BEAUNIER (F.) et RATHIER (L.). Recueil des costumes français, ou collection des plus belles figures françaises, des armures, des instrumens, des meubles, etc., dessinés d'après les monuments, peintures et vitraux, avec texte explicatif; devant servir à l'histoire de l'art du dessin en France. depuis Clovis, jusqu'à Napoléon Ier inclusivement. *A Paris, chez Rathier*, s. d. (1810), 2 vol. in-fol., demi-rel. mar. rouge, tr. jaunes (*Rel. de l'époque*).

> Cet ouvrage qui n'a pas été terminé et qui s'arrête au règne de Louis XII, renferme 222 planches gravées à l'eau-forte avec texte explicatif.
> Le texte des planches 139 à 144 manque.
> Une couverture de livraison sert de titre à chaque volume.

418. BERBRUGGER. Algérie historique pittoresque et monumentale, ou recueil de vues, costumes et portraits faits d'après nature dans les provinces d'Alger, Bône, Constantine et Oran, par Bour, Ol. Bro, Al. Genet, E. Flandin, Philippoteaux, Raffet, etc., avec texte descriptif par M. Berbrugger. *Paris, chez Delahaye*, 1843, 3 vol. gr. in-fol., montés sur onglets, dos et coins chagrin rouge, ébarbés.

> Ouvrage orné d'un frontispice, de 2 cartes et de 132 planches lithographiées à deux teintes ; les 10 planches de la flore algérienne sont coloriées ; elles représentent 40 espèces de plantes. Nombreuses vignettes lithographiées dans le texte.

419. BOILLY (Jul.). Collection de costumes italiens, dessinés d'après nature en 1827 par Jul. Boilly. *A Paris, chez Daudet, Lithogr. de Engelmann*, s. d. (1829), in-4, demi-rel. toile verte, tr. jasp.

> 47 (sur 48) lithographies coloriées. La planche 48 manque.

420. BONNART (N.), J. BERIN et LE PAUTRE. Costumes d'hommes et de femmes de l'époque de Louis XIV gravés par R. Bonnart et Le Pautre. 118 pièces pet. in-fol. en un vol. veau fauve, dos orné, tr. jasp. (*Rel. anc.*).

> Recueil de 118 planches : Les mois, les saisons, les parties du jour, les parties du monde, les Sens, les Muses, les Parques, empereurs et impératrices, costumes d'Orient, suisses, costumes d'opera et de ballets, etc.
> Recueil fatigué avec cassures à plusieurs planches.

421. BONNART (N. et H.), TROUVAIN et J. MARIETTE. Costumes d'hommes et de femmes du temps de Louis XIV gravés par N. et H. Bonnart. Trouvain et J. Mariette, 112 pièces pet. in-folio en un vol. veau marb., dos orné (*Rel. mod.*).

> Princes et princesses de la maison de France, grands seigneurs et

dames de qualité, souverains et princes étrangers et 24 planches d'allégories (les éléments, les quatres heures du jour, les 4 saisons) et de
costumes du théâtre italien.

Toutes ces planches ont été anciennement coloriées.

422. BOVERIUS (P. Zacharias). De vera habitus forma a seraphico
B. F. Francisco instituta demonstrationes XI, figuris aeneis expressae. *Coloniae, apud Constantinum Munich*, 1640, in-16, veau
fauve, fil. à froid, fleurons aux angles, tr. roug. (*Rel. mod.*).

> Figures gravées sur cuivre, dans le texte.
> Le coin d'un feuillet est arraché. Quelques raccommodages.
> On y joint un volume pet. in-8, contenant des gravures collées sur
> papier ancien, savoir :
> 48 planches, costumes de différentes nations, dessinées par *P. Sevin*,
> gravées par *M. Ogier* ;
> 19 cartes gravées par *Demasso* ou *Ogier* et 9 figures d'oiseaux d'après
> *De Sève*.

423. BRUYN (Abraham de). Habits de diverses nations de l'Europe,
Asie, Afrique et Amérique..... (à la fin de la dédicace au lecteur :)
Anvers, Abraham de Bruyn, 1581, in-fol. oblong, vélin (*Rel. mod.*).

> Cet ouvrage se compose d'un titre en latin, français et allemand gravé,
> d'un avis au lecteur imprimé sur cuivre et de 58 (sur 67) planches
> chiffrées gravées par *Abraham de Bruyn* représentant de nombreux per-
> sonnages.
> La partie droite du titre manque.
> On y a joint un second exemplaire du titre de la même édition, ro-
> gné au cadre.
> Les 9 dernières planches manquent.

424. BRUYN (Abraham de). Exhibemus hoc libello Romani Ponti-
ficis, Episcoporum, Monachorum aliorumque sacerdotum quorum
aliquid scire potuimus imagines..... Joos. de Bosscher excudebat.
Antwerpiæ, 1581, in-4, oblong, fig., vélin blanc à recouv. (*Pierson*).

> Cette suite se compose d'un frontispice gravé en latin, français et fla-
> mand et de 17 planches gravées par *Abraham de Bruyn*, représentant de
> nombreux personnages en costumes religieux, avec la description de
> chaque figure en latin.
> La planche 16 paraît être d'un autre recueil du même genre.
> Cette suite fait partie du recueil intitulé : *Imperii ac sacerdotii ornatus*.
> L'adresse d'Abr. de Bruyn a été enlevée dans ce tirage et remplacée
> par celle de Joos. de Bosscher.
> Légères mouillures.

425. CARACCI (Annibale). Le Arti di Bologna, disegnate da Annibale Caracci ed intagliate da Simone Guilini coll' assistenza di
Alessandro Algardi, Aggiuntavi la vita del sudetto Annibale Caracci. *In Roma, apresso Gregorio Roisecco*, 1740, in-fol., veau
marb., tr. rouges (*Rel. anc.*).

> Portrait d'Annibal Carrache et 80 planches gravées à l'eau-forte re-
> présentant les costumes des artisans de Bologne.

426. CARACCI. Le Arti di Bologna disegnate da Annibale Caracci
ed intagliate da Simone Guilini coll' assistenza di Alessandro Algardi. Aggiuntavi la vita del sudetto Annibale Caracci. *In Roma,
appresso Gregorio Roisecco,* 1740, in-fol., cartonné.

Même ouvrage. Portrait et 80 planches.
Exemplaire NON ROGNÉ.

427. CHALLAMEL (Augustin). Histoire de la mode en France. La
toilette des femmes depuis l'époque gallo-romaine jusqu'à nos
jours. Nouvelle édition ornée de 21 planches coloriées d'après les
aquarelles de F. Lix et de culs-de-lampe par Scott. *Paris, Hen-
nuyer,* 1881, cartonn. toile rouge, fers spéciaux, tr. dor (*Cartonn.
des éditeurs*).

428. CHARLET. Costumes militaires, 1789-1815, dessinés et lithographiés par Charlet. Notice par A. Guillaumot fils. *Paris, J.
Cahen, s. d.,* in-4, en feuilles, dans un carton.

50 lithographies coloriées.

429. COLLECTION OF THE DRESSES (A) of different nations,
ancient and modern, particulary old english dresses, after the designs of Holbein, Vandyke, Hollar, and others..... *London, Published by Thomas Jefferys,* 1757-1772, 2 vol. in-fol., marb., tr.
rouges (*Rel. anc.*).

Tome I et II seuls, renfermant deux titres, un texte anglais et français et 239 planches gravées et coloriées chiffrées 1-119 et 121-240 avec
légendes en anglais et en français.

430. COSTUMES du XVII° siècle. Différentes suites de figures gravées
en taille-douce. Ensemble 72 pièces, anciennement montées en
plein, en 1 vol. pet. in-4, veau marb., fil., dos orné, tr. roug. (*Rel.
du XVIII° siècle*).

1° *Livre curieux Contenant la Naifue Representation des habits des Femmes des diuerses parties du Monde comme elles s'habillent a Present 1662.
Dedie A Monsieur Rocolet imprimeur libraire etc.* Chez Baltazar Moncor-
net..... Paris. Suite composée d'un titre gravé et de 24 planches non
chiff.
2° Suite composée d'un titre et de 8 figures chiff. 2-4, 7, 9-12. Elles
sont signées *Rabel in Fe* ou seulement *Rabel fe.,* et représentent des costumes de femmes.
Le titre, en vers, commence ainsi: *Voicy comme l'on s'accommode
Tant à la ville qu'à la court: Etc. etc.* le Blond excud. auec Priuilege.
3° Suite de 16 (sur 21) pièces chiffrées, dessinées par *Saint-Igny* gravées par *Isaac Briot,* représentant des costumes d'hommes et femmes.
Plus le titre (non chiffré et relié à la fin): *Le Théatre de France contenant la diuersitez des habits selon les qualitez et conditions des person-
nes, etc.* A Paris chez Estienne dauuel 1629.
Nous avons le titre et les pièces n°ˢ 1, III-VIII, X, XI, XIII, XV-XVIII, XX,
XXI.
(Robert-Dumesnil, Isaac Briot n°ˢ 129, 130, 132-137, 139, 140, 142,

147). Elles sont dans l'état que Rob.-Dum. décrit comme deuxième (avec les fonds et le ciel gravés à l'eau-forte). Seulement, ici, les pièces n^{os} iv, v, xviii, xx, xxi portent encore l'adresse de Dauvel, ce qui serait le véritable deuxième état tandis que celui avec l'adresse de Honervogt est en vérité un troisième état.

Les numéros des planches ont été partiellement grattés et changés à l'encre.

Catalogue Lipperheide n° 1108.

4° Suite de 9 (sur 14) pièces, y compris le titre suivant : *La Noblesse françoise à l'église.... Inuantee par le Sieur de S. Igny.* A Paris chez François l'Anglois, s. d. Les pièces sont signées *De St Igny jnuen et exc. Bosse jnsulit* (sic).

5° Suite de 15 figures de costumes, dont 5 (figures d'hommes) signées *De St Igny Inv. A Bosse fe.*, 3 (2 hommes, 1 femme), *A Bosse in. et fecit,* 2 (femmes) *A Bosse fe* et 5 non sig. (dont 2 hommes et 3 femmes).

La plupart d'elles, sinon toutes font, partie d'une suite intitulée : *Le Jardin de la Noblesse Françoise dans le quel ce peut Cueillir leur manierre de Vettements A° 1629.* A Paris, chez Melchior Tauernier.

Lipperheide n° 1107, indique 1 titre et 17 planches.

6° 1 figure, reliée parmi les pièces de *Rabel,* signée *Tauernier ex.,* pourrait appartenir à la suite précédente. Le numéro y a été arraché.

Une vingtaine de pièces sont très légèrement mouillées. Presque toutes sont rognées à la marque du cuivre 3 sont légèrement abimées sur des coins

431. COSTUMES DU XVIIIe SIÈCLE, tirés des Prés-Saint-Gervais, avec l'autorisation de MM. V. Sardou, Ph. Gille et Ch. Lecoq. 20 eaux-fortes de A. Guillaumot fils, d'après les dessins de M. Draner. *Paris, P. Rouquette,* 1874, in-fol., monté sur onglets, cartonn., dos et coins toile verte, non rogné.

Tirage à 150 exemplaires de format in-folio ; un des 25 contenant les eaux-fortes coloriées.

Taches de rousseur.

432. COSTUMES HOLLANDAIS. 20 pièces, dont 19 coloriées, d'une suite publiée par A. Loosjes (à Amsterdam ?) en 1793. In-8, collées sur bristol, en 1 vol. in-folio, cartonn., dos toile verte.

1 pièce non chiff., contenant deux bustes de femmes signée *Le Gros ad viv.(um) del. T. de Roode sculp.* Elle porte la légende : *De zusters Ferning* (les sœurs Ferning ?). *A Loosje Pz. Excudit 1793.*

Les autres pièces sont chiffrées : 1-3, 6, 7, 12, 13, 15-18, 18 (sujet différent), 19-22, 24, 25, 27. Elles représentent des costumes de femmes et d'hommes.

433. COSTUMES du temps de la Révolution, 1790 à 1793, tirées de la collection de M. V. Sardou. Préface de M. Jules Claretie. 40 eaux-fortes coloriées de M. Guillaumot fils. *Paris, A. Lévy,* 1876. — Costumes de la Révolution sous la Terreur. Années 1795 à 1806. 25 eaux-fortes coloriées de M. Guillaumot fils. *Ibid., Id.,* 1876. — Ens. 2 vol. in-4, en feuilles, dans les cartonnages de publication.

Le second ouvrage n'a ni titre ni faux-titre.

434. COSTUMES. Réunion de 44 planches gravées ou lithographiées, dont 11 coloriées, de divers formats.

> 7 pièces par *Bonnart*. — 8 pièces gravées, publiées par Chéreau et Joubert (Généraux de divers pays), 7 lithographies coloriées, par *Aubry* et *S. Baptiste*. — 10 petites pièces gravées de costumes du xvi⁰ siècle. 1 dessin à la plume représentant un militaire sous Louis XIII, etc., etc.

435. COSTUMI della festa data da S. Maestà il di 20 feb⁰ 1854 nella regia di Napoli. Opera dedicata a S. A. R. l'Infante D. Sebastiano Gabriele da Luigi Marta (*Paris, Lithogr. Bertaut, s. d.*, 1854), in-fol. oblong, cartonné.

> Dédicace, titre lithographié renfermant de nombreux blasons, un feuillet de texte imprimé et 31 lithographies coloriées à nombreux personnages, de *Grenier, Lacauchie, Janet, Provost, Henry Emy, V. Coindre, Lamy*, etc.
> Cassure à une planche.

436. DEMAY (G.). Le Costume au moyen âge, d'après les sceaux. *Paris, Dumoulin & Cⁱᵉ*, 1880, gr. in-8, dos & coins mar. rouge, tête dor., ébarbé.

> Ouvrage orné de 600 gravures sur bois dans le texte et 2 chromolithographies.

437. DETAILLE (Édouard). Types et uniformes. L'Armée française. Texte par Jules Richard. *Paris, Boussod, Valadon et Cⁱᵉ*, 1885-1889. 2 tomes en 1 vol. pet. in-fol., demi-rel. chagrin rouge, ébarbé.

> Édition populaire.

438. DU MOLINET (P.-C.). Figures des différents habits des chanoines réguliers en ce siècle. Avec un discours sur les habits anciens et modernes des chanoines tant séculiers que réguliers... *A Paris, chez Siméon Piget*, 1666, in-4, titre gravé, vélin (*Rel. anc.*).

> Ouvrage orné de 31 planches de costumes religieux gravées en tailledouce par *le Doyen*.
> Le feuillet préliminaire a un manque.

439. DUPRÉ (L.). Voyage à Athènes et à Constantinople, ou collection de portraits, de vues et de costumes grecs et ottomans, peints sur les lieux, d'après nature, lithographiés et coloriés par L. Dupré, accompagné d'un texte orné de vignettes. *Paris, Imp. de Dondey-Dupré*, 1825, gr. in-fol. cartonné.

> Ouvrage orné de 40 lithographies, dont 33 coloriées et 7 en noir et de vignettes lithographiées dans le texte.
> Le volume est dérelié.

440. FABRI (Alex.). Diversarum nationum ornatus cum suis iconibus..... [à la fin de la préface:] *Di Padoua nel mese di Nouē-*

bre MDXCIII 1593], 3 tomes en 1 vol. pet. in-8, fig., veau fauve, dent. à froid sur les plats, dos orné, tr. jasp. (*Rel. mod.*).

> L'exemplaire contient :
> 1 titre gravé, 4 ff. impr. pour la dédicace, 1 portrait et 104 figures chiff. pour la première partie.
> 1 titre gravé, le même portrait, 4 figures non chiff., 67 figures chiff. 1-29, 31-68, et 5 figures non chiff. (après fig. 28) pour la deuxième partie.
> 1 titre, 38 figures chiff. 1-2, 5-40 et 31 figures non chiff. — Ens. 249 figures.
> Brunet signale 304 figures environ.
> Une planche est incomplète.
> Taches et piqûres.

441. **FERRARIO** (Giulio). Il Costume antico e moderno o storia del governo, della milizia, della religione, delle arti, scienze ed usanze di tutti i popoli antichi e moderni. *Firenze, per Vincenzo Batelli*, 1826-1828, 16 vol. in-8, dos et coins parchemin blanc.

> Important ouvrage orné d'un très grand nombre de planches gravées.
> Europe, 10 tomes en 8 vol. — Asie, 8 tomes en 4 vol. — Afrique, 4 tomes en 2 vol. — Amérique, 4 tomes en 2 vol.
> Il manque *Europe* : tome I, planche 39 ; tome II, pl. 49 ; tome VII (2e partie), planches 3, 22, 22 *bis*, 23 et 24 ; tome VIII (2e partie), planches 86 et 86 *bis* ; tome IX (1re partie), planches 35, 41 et 42 ; tome IX (2e partie), planches 62, 63, 71 à 76 et 84 *bis*. — *Asie* : tome I, frontispice et planches 10 et 86 ; tome III, planches 14 et 63 ; tome VI, planche 70 ; tome VIII, planches 51 et 94. — *Afrique* : tome I, planche 9. — *Amérique* : tome I, planches 3 et 38 ; tome III, planches 38, 39 et 46.
> Mouillures et quelques feuillets réparés.

442. **GALERIE ARMORICAINE.** Costumes et vues pittoresques de la Bretagne dessinés d'après nature et lithographiés : les costumes par H^te Lalaisse, les vues par F^x Benoist, avec texte par J.-C. Le Meder. *Nantes, Imp. Charpentier père, fils et Cie*, 1848, 2 parties en 1 vol. gr. in-4, demi-rel., bas. fauve, non rogné.

> 116 pp. de texte, 4 (sur 5) frontispices et 125 lithographies (costumes et vues), à deux teintes.
> Loire-Inférieure, 17 pl. — Morbihan, 30 pl. — Ille-et-Vilaine, 13 pl. — Finistère, 48 pl. — Côtes-du-Nord, 17 pl.
> Le frontispice de l'Ille-et-Vilaine manque.

443. **GALERIE DES MODES ET COSTUMES FRANÇAIS...** *A Paris, chez les Srs Esnauts et Rapilly*, 8 pièces par Fauche, Joly, Desrais, Léveillé et Meusnier, gravées par Basset et Deny, coloriées. *A Paris, chez Basset* (1779), in-4.

> Cahier B (pl. 8, 9, 11). Cahier C (pl. 13, 15, 16, 17, 18).
> Petites marges peintes en jaune. La planche B. 11 a un morceau enlevé dans le bas.

444. GALERIE DES MODES ET COSTUMES FRANÇAIS. Cahier U (pl. 116, 117, 119). Cahier V (pl. 122, 123, 124). Cahier Y (pl. 137). 7 pièces par Le Clerc et Desrais, gravées par Dupin, Le Beau et Voysard, coloriées.

On y joint : III⁰ cahier de costume de theatres : Armide. *A Paris, chez Mondhare,* pièce gravée et coloriée.
Ens. 8 pièces ; petites marges peintes en jaune.

445. GALERIE DES MODES ET COSTUMES FRANÇAIS..... 4 pièces gravées et coloriées, dont 2 coupées au cadre sans légende ni numéro, 1 par Le Clerc, gravée par Dupin (La Distraite. Cette femme, après s'être habillée entièrement, se ressouvient qu'elle ne s'est point lavé les pieds.....) et 1 signée L.-S. Serthet (Robe à la Circassienne garnie à la Chartres), in-4.

Les 2 premières pièces n'ont aucune marge et ont été vernies ; les deux dernières en ont de très petites.

446. GALERIE DES MODES ET COSTUMES FRANÇAIS..... 8 pièces par Le Clerc, gravées par Patas, Dupin et Voysard, coloriées.

Cahier bb (pl. 152 et 155). — Cahier cc (pl. 157, 158 et 161). — Cahier ff (pl. 177). — Cahier gg (pl. 185). 1 planche sans numéro (*Robe à la Turque ou espèce de Circassienne...*).
Pièces avec de petites marges peintes en jaune.

447. GALERIE DES MODES ET COSTUMES FRANÇAIS..... 8 pièces par Le Clerc, gravées par Lebeau, Dupin, Le Roy, Voysard et Patas, coloriées.

Robe à la polonaise. — Acteur bourgeois étudiant son rôle. — Tailleur costumier essayant un cor à la mode. — Robe de cour sur le grand panier. — Robe de cour moyen panier. — Habit de cour de satin cerise. — Robe à la versaillaise de gros de Naples couleur grise. — Femme galante à sa toilette.
Pièces avec de petites marges peintes en jaune.

448. GALERIE DES MODES ET COSTUMES FRANÇAIS..... 9 pièces par Watteau, gravées par Dupin et Baquoy, coloriées.

Cahier ZZ (pl. 274 et 275). Cahier aaa (pl. 284, 286 et 287). Cahier ddd (pl. 301, 304 et 305 et ?).
Sans légende ni numéros ; ces pièces sont coupées au cadre et montées ; 5 ont été vernies.

449. GALERIE DES MODES ET COSTUMES FRANÇAIS..... 13 pièces par Desrais, gravées par Basset, Voysard, Dupin, Le Roy, coloriées.

Jeune demoiselle vêtue d'une robe à l'anglaise. — Jeune dame en circassienne garnie de blonde. — Jeune dame coëffée d'un bonnet rond avec un fichu en marmotte. — Jeune dame en couche, coëffée d'un bonnet rond de linon broché. — Jeune dame vêtue à l'austrasienne. — Jeune dame en circassienne de gaze d'Italie. — Demoiselle élégante coëffée d'un bonnet an-

glais. — Même pièce, mais différente de coloris. — Jeune dame coeffée au hérisson... — Jeune dame coeffée en baigneuse. — Prince grec vêtu de l'exomide. — Jeune dame en polonoise avec des manches à la circassienne.

On y joint : 2 pièces dont l'une sans légende ni numéro, et l'autre avec cette légende : *Toilete florentine avec l'élégant chapeau des Champs Elisée.*

Ens. 15 pièces ; 14 ont de petites marges peintes en jaune, l'une est sans aucune marge et a été vernie.

450. **GOEZ (J.-F. de). Exercices d'imagination de differens caracractères et formes humaines inventés peints et dessinés par J.-F. de Goez. Suite 1ᵉ (unique).** *Se vend à Augsbourg dans le Negoce comun de l'Academie Imperiale de l'Empire, etc.* (1783-1785). Pet. in-4, dos et coins basane brune, tr. rouges (*Rel. anc.*).

> Recueil de 100 planches chiffrées, y comprise celle qui contient le portrait de l'artiste et le titre.
> Elles sont dessinées par *J.-F. de Goez* et gravées par *R. Brichet* et sont intéressantes pour les costumes.
> Il y a des exemplaires de cet ouvrage qui renferment en plus un titre allemand et 6 ff. contenant le registre en français et en allemand et des vers allemands relatifs à chaque figure. Il paraît que ces 7 ff., dont Brunet ne parle pas, se joignaient seulement aux exemplaires destinés à l'Allemagne. On en trouve une copie manuscrite à la fin de notre exemplaire.

451. **HABILLEMENS de plusieurs nations représentez au naturel en 137 belles figures.** *Se vend à Leide chez Pierre Van der Aa, s. d.* (vers 1720), in-4 oblong, veau marb., tr. rouges (*Rel. anc.*).

> Exemplaire bien complet, comprenant un titre et 136 planches gravées en taille-douce (Le Catalogue Lipperheide, nᵒ 34, reproduit le titre de ce recueil).

452. **HÉLYOT (Le Père). Histoire des ordres monastiques religieux et militaires et des congrégations séculières de l'un et de l'autre sexe, qui ont esté establies jusqu'à présent..... avec des figures qui représentent tous les différens habillemens de ces ordres et de ces congrégations.** *A Paris, chez Nicolas Gosselin,* 1714-1719, 8 vol. in-4, veau marb., tr. rouges (*Rel. anc.*).

> Ouvrage estimé, orné de nombreuses planches gravées par *Poilly* et *Giffard,* d'après *Thomassin.*
> Exemplaire de la première édition auquel il manque : la planche 92 du tome II ; les planches 45 et 77 du tome III ; la planche 43 du tome V.
> Quelques feuillets et une planche du tome I, sont très réparés.

453. **HERBÉ. Costumes français civils, militaires et religieux, avec les meubles, les armes, les armures, l'architecture domestique, les ordres de chevalerie, les étendards, les sceaux, les sceptres, les couronnes et les blasons les plus historiques, depuis les Gaulois jusqu'à nos jours, dessinés d'après les historiens et les monuments ;**

précédés d'un examen critique et des preuves positives. *Paris, Maison Martinet, Hautecœur frères, s. d.* (1837), in-4, demi-rel. chagrin rouge, plats toile, fil., initiales sur le premier plat, tr. dor.

> Ouvrage orné de 106 lithographies coloriées, contenant 2800 costumes, meubles, etc.

454. HOTTENROTH. Le costume, les armes, les bijoux, la céramique, les ustensiles, outils, objets mobiliers, etc., chez les peuples anciens et modernes. *Paris, A. Guérinet, s. d.,* 2 vol. in-4, montés sur onglets, demi-rel. bas. rouge, plats toile.

> Texte avec vignettes gravées sur bois et 239 (sur 240) chromolithographies.
> La planche 116 du tome I manque.

455. JACQUEMIN (Raphaël). Iconographie générale et méthodique du costume du IVe au XIXe siècle (315-1815). Collection gravée à l'eau-forte d'après des documents authentiques et inédits par Raphael Jacquemin. — Supplément à l'Iconographie générale et méthodique du costume... *Paris, Nadaud et Cie, s. d.,* 2 vol. in-fol., montés sur onglets, demi-rel. bas. grenat.

> Exemplaire bien complet des 280 planches coloriées, mais sans l'introduction.

456. JULLIEN (Adolphe). Histoire du costume au théâtre depuis les origines du théâtre en France jusqu'à nos jours. Ouvrage orné de 27 gravures et dessins originaux tirés des archives de l'Opéra et reproduit en fac-simile. *Paris, G. Charpentier,* 1880, in-8, demi-rel. chagrin bleu, dos orné, tr. jasp.

457. LACROIX (Paul). Costumes historiques de la France, d'après les monuments les plus authentiques, statues, bas-reliefs, tombeaux, sceaux, monnaies, etc., etc., avec un texte descriptif, précédé de l'histoire de la vie privée des français depuis l'origine de la monarchie jusqu'à nos jours et suivi d'un recueil curieux de pièces originales, rares ou inédites, en prose ou en vers, sur le costume et les révolutions de la mode en France. *Paris, Administration de librairie, s. d.* (1852), 10 vol. in-8, brochés.

> Ouvrage orné de 6 planches hors texte gravées sur acier par *Ferdinand* d'après *N. Thomas,* d'un portrait du prince Louis Napoléon et de 640 planches coloriées de costumes.
> Mouillures et fortes taches de moisissure à 4 vol.

458. LECHEVALLIER-CHEVIGNARD (E.). Costumes historiques des XVIe, XVIIe et XVIIIe siècles, dessinés par E. Lechevallier-Chevignard, gravés par A. Didier, L. Flameng, F. Laguillermie, etc., avec un texte historique et descriptif par Georges Duplessis. *Pa-*

ris, *A. Lévy*, 1867, 2 vol. in-4, en feuilles, dans les cartonnages de publication.

> 149 (sur 150) planches hors texte gravées et coloriées ; la planche 117 manque.

459. LECHEVALLIER-CHEVIGNARD (E.). Costumes historiques des xvi⁰, xvii⁰ et xviii⁰ siècles, dessinés par E. Lechevallier-Chevignard, gravés par A. Didier, L. Flameng, F. Laguillermie, etc.; avec un texte historique et descriptif par Georges Duplessis. *Paris, A. Lévy*, 1867, 2 vol. in-4, montés sur onglets, dos et coins mar. rouge, tête dor., ébarbés.

> Même ouvrage, 150 planches de costumes gravées en taille-douce et coloriées.

460. LECOMTE (Hippolyte). Costumes civils et militaires de la monarchie française depuis 1200 jusqu'à 1820, gr. in-4, dos et coins mar. brun, tr. jasp. (*Rel. de l'époque*).

> Collection complète comprenant 380 lithographies en noir.
> Bel exemplaire à grandes marges.

461. LEGROS. L'Art de la coëffure des dames françoises avec des estampes, ou sont représentées les têtes coeffées, gravées sur les dessins originaux... [avec les 4 Suppléments de l'art de la coëffure]. *A Paris, aux Quinze-Vingts*, 1767-1770, 5 part. en 2 vol. pet. in-4, veau marb., fil., dos orné, tr. marb. (*Rel. anc.*).

> Ouvrage orné de 16 planches techniques et de 100 figures gravées chiff. 1 à 100 représentant les principales coiffures inventées par l'auteur.
> Bel exemplaire d'un recueil très rare aussi complet.
> On a relié à la fin du 1ᵉʳ volume : L'Art des coeffeurs de dames contre le mechanisme des perruquiers. *A la toilette de Cythère*, 1769, 15 pp. — Découverte intérssante (*sic*) pour l'ornement de la teste des dames, *S. l. n. d.*, 7 pp. — [et à la fin du IIᵉ volume]. Les coeffeurs de dames contre ceux des messieurs. *A Paris*, 1769, 16 pp.

462. LE HAY. [Recueil de cent estampes représentant différentes nations du Levant, tirées sur les tableaux peints d'après nature en 1707 et 1708 par les ordres de M. de Ferriol ambassadeur du roi à la Porte. Et gravés en 1712 et 1713 par les soins de M. Le Hay. *Ce recueil se vend à Paris chez led. Sʳ Le Hay (et) le Sʳ Duchange, graveur, 1714*, gr. in-folio, veau brun, tr. roug. (*Rel. anc.*).

> 100 planches chiffrées, gravées par *P. Simonneau fils, G. et J.-B. Scotin, J. Haussard, P. Rochefort, C. Du Bosc, B. Baron, J. de Franssières* et *C.-N. Cochin.*
> Le titre manque. La dernière planche (*Mariage turc*) est un peu mouillée.

463. LENS (André). Le Costume ou essai sur les habillements et les usages de plusieurs peuples de l'antiquité, prouvé par les monu-

ments. *A. Liège, chez J.-F. Bassompierre*, 1776, in-4, demi-rel.
veau fauve, non nogné.

> Ouvrage orné de 51 planches gravées.

464. LÉONHARDI (F.-G.). Costumes de tous les peuples connus ;
avec une notice succinte de leurs mœurs et de leurs religions d'a-
près M. le professeur F.-G. Léonhardi. *A Leipzig, au comptoir
d'industrie, s. d.,* in-4, fig., veau fauve, tr. marb. (*Rel. anc.*).

> Cet ouvrage renferme 18 pages de texte et 40 planches de costumes
> gravées à l'eau-forte et coloriées.

465. LE PRINCE (Jean-Baptiste). Réunion de 71 pièces dessinées
et gravées par J.-B. Le Prince. En 1 vol. pet. in-folio, dos et coins
basane brune, tr. jasp. (*Dos cassé*).

> Estampes représentant des costumes du peuple russe et des scènes
> de genre.
> Le tirage paraît être du commencement du xixe siècle.

466. LOUANDRE (Ch.). Les Arts somptuaires. Histoire du costume
et de l'ameublement et des arts et industries qui s'y rattachent,
sous la direction de Hangard-Maugé. Dessins de Cl. Ciappori. Introduction générale et texte explicatif par Ch. Louandre. Impres-
sions en couleurs par Hangard-Maugé. *Paris, chez Hangard-Maugé*,
1857-1858, 4 vol. in-4, dont 2 de texte et 2 de planches, dos et
coins chagrin La Vall., non rognés.

> Le frontispice du 1er volume de texte manque.
> Complet quant aux planches et au texte.

467. LOUANDRE (Ch.). Les Arts somptuaires... *Paris, chez Hangard-
Maugé*, 1857-1858, 4 vol. in-4, dont 2 de texte et 2 de planches,
demi-rel. chagrin grenat, plats toile, tr. jasp.

> Même ouvrage.
> Cet exemplaire est incomplet des planches suivantes : 75, L'Ange du
> baptême. 83, L'Adoration des mages. 167, Les Dames marinières. 172,
> Miniature d'Israel van Meckeln. 172, Jeune fille et jeune garçon. 172,
> Personnages d'après Israel van Meckeln.

468. LOUANDRE (Ch.). Les Arts somptuaires... *Paris, chez Hangard-
Maugé*, 1857-1858, 3 vol. in-4, dont 1 de texte et 2 de planches,
demi-rel. chagrin noir, ébarbés.

> Même ouvrage.
> Le tome II de texte (texte explicatif) manque. Complet des planches.

469. MAASKAMP (E.). Habillemens, mœurs et coutumes dans les
provinces septentrionales des Pays-Bas. *Amsterdam, chez E. Maaskamp, s. d.* (1802), pet. in-4, cartonné.

> Texte en français accompagné de 20 planches gravées à l'eau-forte,
> par *Portmann* d'après *Kuyper* et coloriées.

470. MALCOLM (James Peller). Anecdotes of the manners and customs of London from the roman invasion to the year 1700. Illustrated by 18 engravings. *London : printed for Longmann, Hurst, Rees, Orme and Brown*, 1811, 2 vol. in-8, figures, basane brune jasp.

> L'ouvrage contient 17 (sur 18) planches, dont 12 coloriées, qui représentent des costumes historiques.

471. MALLIOT (J.). Recherches sur les costumes, les mœurs, les usages religieux, civils et militaires des anciens peuples, d'après les auteurs célèbres et les monuments antiques... publié par P. Martin. *A Paris, de l'Imp. de P. Didot l'aîné*, an XII-1804, 3 vol. in-4, bas. marb., fil. et pet. dent., dos orné, tr. jasp. (*Rel. anc.*).

> Ouvrage orné de 296 planches gravées à l'eau-forte au trait.
> Mouillures.

472. MANESSON-MALLET (Alain). Manuel des toilettes, dédié aux dames. *A Paris, chez Valade, s. d.* (1778), 3 parties en 1 vol. in-18, veau fauve, fil., pet. dent. int., tr. dor. (*Rel. anc.*).

> 1 titre gravé par *Lud. Drepe* et 39 figures de coiffures non signées, dont deux ont été coloriées.
> Le texte est encadré d'un double filet.
> Au verso de la page 35 de la 2ᵉ partie on a collé une feuille de papier blanc recouvrant le texte.

473. MARTINET (Chez). Troupes françaises (1ᵉʳ Empire), Hussards (7ᵉ et 11ᵉ régiment). *A Paris, chez Martinet, s. d.*, 2 planches gravées et coloriées, in-8.

> On y a joint : 1 pièce gravée par *Dubois*, d'après *Desrais*, coloriée, publiée chez *Basset*: Calmouck Torgaute (entre le Wolga et le Jaick).
> Bonnes épreuves.

474. MARRIOTT (Rev. Wharton B.). Vestiarum Christianum. The Origin and gradual development of the dress of holy ministry in the Church. *London, Rivingtons*, 1868, in-8, cartonn. toile grenat, fers spéciaux, tête dor., ébarbé (*Cartonn. des éditeurs*).

> Ouvrage orné de 64 planches hors texte, dont 8 en photographie.

475. MENSCHELYKE BEEZIGHEEDEN... *Amsterdam, verkoost bij A. Winter en J. Bormeester*, 1695, pet. in-4, veau marb., tr. jasp. (*Rel. anc.*).

> Ouvrage orné d'un titre-frontispice et de 100 planches gravées en taille-douce représentant divers métiers. Au bas de chaque planche, description de la figure en hollandais.

476. MERCURI (Paul). Costumes historiques des XIIᵉ, XIIIᵉ, XIVᵉ et XVᵉ siècles, tirés des monuments les plus authentiques de peinture et de sculpture, dessinés et gravés par Paul Mercuri, avec un texte historique et descriptif par Camille Bonnard. Nouvelle édition soi-

gneusement revisée avec une introduction par M. Charles Blanc.
Paris, A. Lévy fils, 1860-1861, 3 vol. in-4, en feuilles, dans les cartonnages de publication.

199 (sur 200) planches gravées et coloriées. La planche 28 manque.

477. MERCURI (Paul). Costumes historiques des xiie, xiiie, xive et xve siècles, tirés des monuments les plus authentiques de peinture et de sculpture dessinés et gravés par Paul Mercuri, avec un texte historique et descriptif par Camille Bonnard. Nouvelle édition, soigneusement revisée, avec une introduction par Charles Blanc. *Paris, A. Lévy fils,* 1860-1861, 3 vol. in-4, dos et coins chagrin rouge, tête dor., ébarbés.

Même ouvrage. 200 planches gravées à l'eau-forte et coloriées.

478. MIFLIEZ. Costumes français depuis Clovis jusqu'à nos jours, extraits des monuments les plus authentiques de sculpture et de peinture, avec un texte historique et descriptif, enrichi de notes sur l'origine des modes, des mœurs et usages des Français aux diverses époques de la monarchie ; publiés par Mifliez frères. *Paris,* 1836-1837, 3 vol. in-8, demi-rel. bas. fauve, tr. marb.

Ces 3 volumes renferment 449 planches gravées et coloriées donnant les costumes jusqu'au règne de Louis XIV.
Les planches 29, 30 et 31 du tome III manquent ; ce volume est incomplet des derniers feuillets de texte ; le faux-titre et le titre sont manuscrits.
La planche 132 se trouve placée après la planche 64.

479. MITELLI (Giuseppe-Maria). L'Arti per via disegnate, et offerte dal Sig. Gioseppe Mª Mitelli, etc. Fran^{co} Curti Intagliò. *Gioseppe Longhi forma in Bologna. S. d.* In-fol. cartonn.

Lepperheide, 1292.
1 titre, qui offre dans le bas une vue de Bologne et 40 planches chiff. 1-40, représentant des cris de Bologne.

480. ORLOWSKI (Alexandre). Collection de costumes persans civils et militaires dessinés d'après nature par Alexandre Orlowski. *A Saint-Pétersbourg, de l'imprimerie d'Alexandre Pluchart,* 1822, in-fol., demi-mar. rouge à longs grains (*Rel. de l'époque*).

Recueil d'une table imprimée et de 36 lithographies coloriées d'hommes et de femmes. Une couverture de livraison sert de titre.
On y a joint : 11 lithographies coloriées de divers formats représentant des scènes et costumes persans, elles sont d'*Orlowski, Novikow* et autres.

481. PASCAL (Adrien). Histoire de l'armée et de tous les régiments depuis les premiers temps de la monarchie française jusqu'à nos jours. *Paris, Barbier et Dumaine,* 1847-1850, 4 vol. in-8, demi-rel. bas. rouge, tr. jasp.

Edition illustrée de nombreuses planches coloriées de costumes militaires hors texte, par *Philippoteaux, H. Bellangé, Charpentier,* etc.

Fortes mouillures et moisissures au tome IV.

On y a joint : Huart (Adrien). La nouvelle vie militaire ; illustrations par Draner. *Paris, Librairie illustrée, s. d.,* in-8, demi-rel. bas. rouge, tr. jasp.

482. PAUQUET FRÈRES. Modes et costumes historiques dessinés et gravés d'après les meilleurs maîtres de chaque époque et les documents les plus authentiques. *Paris, Pauquet frères et René Pincebourde. S. d.* In-4, en feuilles, dans un carton.

Titre imprimé et 56 planches gravées et coloriées.

483. PEUPLES DE LA RUSSIE (Les). ou description des mœurs, usages et costumes des diverses nations de l'empire de Russie, accompagnée de figures coloriées. *A Paris, de l'Imp. de D. Colas,* 1812-1813, 2 tomes en 1 vol. in-fol., demi-rel. veau fauve, tr. jasp.

Cet exemplaire renferme 91 (sur 96) planches gravées et coloriées ; les planches 36, 38 du tome I et 1, 10 et 19 du tome II manquent, par contre, cet exemplaire contient les 2 planches suivantes, non décrites à la table : *Les Circassiennes. Les Idoles des tatares bouréles.*
Exemplaire très fortement taché d'eau.

484. PINELLI (Bartolomeo). Raccolta di cento costumi antichi ricavati dai monumenti, e dagli autori antichi disegnati, ed incisi all' acquaforte da Bartolomeo Pinelli. *In Roma, presso Luigi Fabri,* s. d. (1809), in-fol. oblong, demi-rel. bas. fauve.

52 planches gravées à l'eau-forte à 2 sujets par planche.

485. PINELLI (Bartolomeo). Raccolta di 40 costumi li più interessanti delle città, terre e paesi in provincie diverse del regno di Napoli. *In Roma, presso Lorenzo Lazzari,* 1814, in-4. demi-rel. veau brun, tr. jasp.

Titre et 40 planches de scènes de mœurs italiennes, gravées à l'eau-forte.

486. POTTIER (A.). Monuments français inédits pour servir à l'histoire des arts, depuis le vi^e siècle jusqu'au commencement du xviie ; choix de costumes civils et militaires, d'armes, d'armures, meubles de toute espèce..... dessinés, gravés et coloriés d'après les originaux par N.-X. Willemin. *A Paris, chez Mlle Willemin,* 1839, 3 vol. in-fol., dont 2 de planches, demi-rel. bas. fauve, dos orné, tr. jasp.

Belle publication ornée de 300 planches dessinées, gravées par N. Willemin ; un grand nombre sont coloriées avec soin.

487. QUICHERAT (J.). Histoire du costume en France depuis les temps les plus reculés jusqu'à la fin du xviiie siècle. *Paris, Hachette et Cie,* 1875, in-8, demi-rel. chagrin grenat, tête dor., ébarbé.

Ouvrage orné de 481 gravures dessinées sur bois d'après les documents authentiques par *Chevignard, Pauquet* et *P. Sellier.*

488. RACINET (A.). Le Costume historique. Cinq cents planches,

trois cents en couleurs, or et argent, deux cents en camaieu. *Paris, Firmin Didot et Cie*, 1888, 6 vol. pet. in-4, montés sur onglets, dos et coins mar. rouge, non rognés.

489. RACINET (A.). Le Costume historique. *Paris, Firmin Didot et Cie*, 1888, 6 vol. pet. in-4, en feuilles, dans les cartonnages de publication.

> Même ouvrage, même édition.

490. RECUEIL de la diversité des habits qui sont de present en usaige tant es pays d'Europe, Asie, Affrique et illes sauvages. Le tout fait après le naturel. *A Paris, de l'Imprimerie de Richard Breton*, 1562, pet. in-8, de 3 ff. prélim. et 61 ff. non chiff., mar. rouge, fil., dos orné, dent. int., tr. dor. (*Niédrée*).

> Volume curieux et rare, imprimé en cursive française ; il est orné de 121 figures de costumes très bien gravées sur bois ; elles représentent des Français, Italiens, Anglais, Suisses, Espagnols, Africains, Arabes, Indiens, etc., etc.
>
> Chaque figure est accompagnée d'un quatrain en français de François Descerpz (Desprez?) ; elles ont été coloriées anciennement.
>
> Le titre et quelques feuillets sont restaurés.

491. REISET (Le Comte de). Modes et usages au temps de Marie-Antoinette. Livre-journal de Madame Eloffe, marchande de modes, couturière, lingère ordinaire de la Reine et des Dames de la Cour, 1787-1793. Ouvrage illustré de près de 200 gravures, dont 110 grandes planches, 68 coloriées. *Paris, Firmin Didot et Cie*, 1885, 2 vol. gr. in-8, mar. grenat, large dent. à petits fers, armoiries de Marie-Antoinette sur les plats, dos orné, dent. int., tr. dor., étuis (*Smeers*).

492. RESTIF DE LA BRETONNE. Monument du Costume physique et moral de la fin du xviiie siècle, ou tableaux de la vie, ornés de 26 figures dessinées et gravées par Moreau le jeune, et par d'autres célèbres artistes. Texte par Restif de la Bretonne, revu et corrigé par M. Charles Brunet. Préface par M. Anatole de Montaiglon. *Paris, Léon Willem*, 1876, in-fol., dos et coins vélin blanc, tr. jasp.

> Tirage à 500 exemplaires.

493. SAMMLUNG europäischer National Trachten. Collection de manieres de se vetir des Nations de l'Europe. *Joh. Martin Will excudit Aug. Vind. S. d. (vers 1780)*, pet. in-4 obl., demi-rel. veau fauve.

> Catalogue Lipperheide n° 565.
>
> Première (?) partie seule d'un recueil qui en comprend trois.
>
> 1 titre gravé et 22 planches représentant des costumes de l'Allemagne du Sud et de l'Autriche. Deux sujets sur chaque planche.

494. SAND (Maurice). Masques et bouffons (Comédie italienne).

Texte et dessins par Maurice Sand ; gravures par A. Manceau. Préface par George Sand. *Paris, A. Lévy*, 1862, 2 vol. in-8, dos et coins mar. bleu, tête dor., ébarbés.

495. [SAUERWEID]. Uniformes de la Garde de Sa Majesté le roi de Westphalie (1810). in-4, cartonné.

> Suite complète d'un titre imprimé et de 19 planches gravées à l'eau-forte et coloriées, représentant chacune un ou deux personnages à pied ou à cheval.
>
> Cette suite de toute rareté, surtout avec le titre, ne se trouvait pas dans les collections de MM. Odero, Balsan, Millot, Glasser et de Noirmont.

496. [SCÈNES DE LA VIE RUSSE]. *S. l. n. d.* [vers 1830]. 20 planches in-4 en largeur. demi-rel. mar. noir à longs grains.

> Suite d'une table imprimée et de 20 lithographies coloriées représentant des scènes de la vie russe.
>
> La table et une planche sont remontées.
>
> On y a joint 6 lithographies, dont 4 coloriées et deux en noir représentant des scènes du même genre ou vues de Saint-Pétersbourg.

497. SHAW (Henry). Dresses and decorations of the middle ages from the seventh to the seventeenth century. *London, William Pickering*, 1843, 2 vol. gr. in-8, cartonn. toile verte.

> Exemplaire bien complet, contenant toutes les planches dans le texte et hors texte, coloriées.
>
> Les deux vol. sont détachés du cartonnage.

498. STRUTT (Joseph). A complete view of the dress and habits of the people of England, from the establishment of the Saxons in Britain to the present time. A new and improved edition, with critical and explanatory notes, by J. R. Planché. *London, Henry G. Bohn*, 1842, 2 vol. in-4, dos et coins chagrin La Vall., ébarbés.

> Bel ouvrage orné de 143 planches gravées à l'eau-forte et coloriées avec soin.
>
> L'ordre numérique des planches n'a pas été suivi à la reliure.

499. THOMAS. Un an à Rome et dans ses environs. Recueil de dessins lithographiés, représentant les costumes, les usages et les cérémonies civiles et religieuses des états romains, et généralement tout ce qu'on y voit de remarquable pendant le cours d'une année. *Paris, de l'Imp. de Firmin Didot*, 1830, in-fol., dos et coins veau fauve, tr. jasp.

> Texte explicatif et 72 lithographies en noir.

500. TOUSSYN (I.). Schöne newe und zierliche Figuren junger Gesellen und Jungfrawen mit freundtlicher Zusammensprechung von den furnembsten zünfftigen Handwerckern, wie die in dess H. Reichs Statt Cöllen und fort durch gantz Europa löblich getrie-

ben und gebraucht werden. Figures nouvelles, belles et honestes
de jeunes hommes & filles, avecq amiables colloques et devis des
plus excellents mestiers des tribus comment on les exerce & en
use... en ceste sainte, & libre, imperiale ville de Coloygne. *Gerhardt Altzenbach exc. Colonyae. S. d.* (vers 1630). In-4 oblong,
demi-rel. chagrin bleu.

> Recueil de 20 planches, y compris le titre, montées sur bristol. Elles
> sont dessinées par *I. Toussyn* et gravées par *A. Aubry* et *H. Löffler.*
> On voit sur chaque planche un homme représentant un métier en
> face d'une femme tous deux en costumes de l'époque, et dans le fond
> de la gravure les artisans à l'ouvrage. Les planches sont accompagnées
> de vers allemands et français.
> Elles sont rognées au cadre.
> On a joint deux autres planches, dont l'une dessinée et gravée par
> *A. Bosse (Le Blond excud.),* représente un marchand de vinaigre, l'autre,
> femme de qualité, provenant du recueil de Bonnart. Elles sont également
> ment rognées.

501. UZANNE (Octave). Son Altesse la femme. Illustrations de Henri
Gervex, J.-A. Gonzalès, L. Kratké, Albert Lynch, Adrien Moreau
et Félicien Rops. *Paris, A. Quantin,* 1885, in-8, broché, dans un
emboitage.

502. UZANNE (Octave). La Française du siècle. Modes, mœurs,
usages. Illustrations à l'aquarelle de Albert Lynch, gravées à l'eau-
forte en couleurs par Eugène Gaujean. *Paris, A. Quantin,* 1886,
in-8, broché, dans un emboitage.

503. VECELLIO (Cesare). De gli habiti antichi, et moderni di diverse
parti del mondo libri due, fatti da Cesare Vecellio & con discorsi
da lui dichiarati. *In Venetia, 1590. Pressio Damian Zenaro.* Pet.
in-8, de 16 ff. prélim. et 494 (sur 497) ff. chiff., figures, veau
marb., tr. marb. (*Rel. anc. défraîchie*).

> Première édition de ce célèbre recueil, contenant 420 figures gravées
> sur bois, dans des encadrements et la seule qui contienne des passages
> se rapportant à l'artiste qui a gravé les figures : *Christophe Krieger,* de
> Nuremberg, dont Vecellio traduit le nom par Cristoforo Guerra (ff. 155
> et 200). Au feuillet 203 il cite un *M. Christoforo di Mayanza* (Mayence?),
> *eccellente intagliatore,* habitant Turin, qui est, paraît-il, le même ar-
> tiste.
> Les ff. 120, 122, 151, 390 et 499 manquent. Le titre qui a un petit
> trou et un coin arraché est doublé. Les ff. 137, 377, 437, 466, 479 ont
> des morceaux arrachés.
> Très légères mouillures.

504. VECELLIO (Cesare). Costumes anciens et modernes. Habiti antichi et moderni di tutto il mondo ; précédés d'un essai sur la gravure sur bois par M. Amb. Firmin Didot. *Paris, Firmin Didot
frères,* 1860, 2 vol. in-8, brochés.

> Dos cassés.

505. VERNET (Carle). Les Cris de Paris, dessinés d'après nature par Carle Vernet. *Paris, lithog. de Delpech, s. d.,* in-4, demi-rel. veau marb., ébarbé.

> Réunion de 74 lithographies coloriées (sur 100).
> Le titre et les planches 7, 11, 14, 21, 22, 24, 32, 34, 36, 40, 41, 43, 47 à 50 inclus, 58, 59, 61, 67, 70, 71, 73, 86, 94, 98 manquent.
> La planche 4 est déchirée et plusieurs autres planches ont des petites cassures.
> La reliure est brisée.
> On a remplacé le titre manquant par un titre calligraphié.
> Exemplaire fatigué.

506. VIEL-CASTEL (Le Comte Horace de). Collection de costumes, armes et meubles pour servir à l'histoire de la Révolution française et de l'Empire. *Paris, chez Canson et Cie, s. d.,* pet. in-fol., en feuilles, dans un carton.

> Ouvrage orné de 120 lithographies en noir hors texte.

507. VIEL CASTEL (Le Comte Horace de). Collection des costumes, armes et meubles pour servir à l'histoire de France depuis le commencement du ve siècle jusqu'à nos jours. *A Paris, chez l'auteur et Treuttel et Wurtz,* 1827-1832, 3 vol. gr. in-4, dos et coins mar. grenat à longs grains, tête dor., non rognés (*Rel. de l'époque*).

> Bel ouvrage orné de 300 lithographies coloriées ou rehaussées d'encre de Chine.

508. VIGNE (Félix de). Vade-mecum du peintre, ou recueil de costumes du moyen âge, pour servir à l'histoire de la Belgique et pays circonvoisins. *Gand,* 1835-1840, 2 vol. in-4, demi-rel. mar. bleu foncé, plats toile, tr. jasp.

> Ouvrage orné de 205 planches de costumes gravées à l'eau-forte au trait ; quelques-unes sont coloriées.

509. VILLERMONT (Comtesse Marie de). Histoire de la coiffure féminine. *Paris, H. Laurens,* 1892, gr. in-8, dos et coins chagrin orange, tête dor., non rogné.

> Ouvrage orné de nombreuses gravures hors texte et dans le texte.

510. WILLEMIN (N.-X.). Choix de costumes civils et militaires des peuples de l'antiquité, leurs instruments de musique, leurs meubles et les décorations intérieures de leurs maisons, d'après les monuments antiques, avec un texte tiré des anciens auteurs. *A Paris, de l'imp. de Pierre Plassan,* 1798-1802, 2 tomes en 1 vol. in-fol., demi-rel. mar. rouge à longs grains, non rogné.

> Bel exemplaire imprimé sur papier vélin. Cachet de la bibliothèque du général Gourgaud, sur le titre.
> Bel ouvrage orné de 180 planches gravées.

511. WOODWARD (G.-M.). An Olio of good breeding : with sket-

ches illustrative of the modern graces!! By G.-M. Woodward, author of excentric excursions. *London : printed for the author : and sold by W. Clarke* (1797). In-4, figures, cartonn. toile grenat, tr. jasp.

> L'ouvrage contient un frontispice, 1 vignette sur le titre et 10 planches chiff. hors texte gravées sur cuivre. Elles offrent des caricatures des modes et scènes de mœurs de l'époque.

512. ZOMPINI (G.). Le arti che vanno per via nella Città di Venezia. *Pub. by Lackington, Allen et Cie*, 1803. *S. l.* (*London*). In-folio, d'un titre gravé et 57 (sur 60) planches chiff., demi-rel. toile verte.

> Réimpression, sans nom d'auteur, d'une suite de cris de Venise, publiée pour la première fois, en Italie, en 1753.
> Les figures sont accompagnées de vers en dialecte vénitien. Le nouvel éditeur a collé en bas de chaque planche une traduction en vers anglais.
> Les planches 58-60 manquent. Exemplaire mouillé.

D. — OUVRAGES RELATIFS AUX ENTRÉES, POMPES FUNÈBRES, ETC.

513. BARLEUS (Gaspar). Marie de Medicis entrant dans Amsterdam, ou Histoire de la reception faicte à la Reyne, Mère du Roy très-chrestien par les bourgmaistres et bourgeoisie de la ville d'Amsterdam... *A Amsterdam, chez Jean et Corneille Blaeu*, 1638. — Histoire de l'entrée de la Reyne, mère du Roy très chrestien dans les provinces unies des Pays-Bas, par le Sr de la Serre... *A Londre, par J. Raworth*, 1639. — Ens. 2 ouvrages en 1 vol. in-fol., veau brun (*Rel. anc.*).

> Le premier ouvrage est orné d'un portrait et de 14 (sur 16) planches gravées à l'eau-forte par *C.-L. Moyaert* et *Savry*.
> Les planches 2 et 16 manquent.
> Le second ouvrage, qui est rare, est orné de 2 frontispices et de douze planches gravées à l'eau-forte.
> Le portrait du Prince d'Orange manque.

514. BESCHRIBUNG der Begrebnus des Herren Johan Wilhelm hertzogen zu Gulich Cleue vnd Berg Graue zu der Marck Rauensberg vnd Moers herr zu Rauenstein... Welche gehalten worden zu Dusseldorf den 30 Octobris Anno 1628 (Rédigée par Adolph vom Kamp). *S. l.*, 1628. In-fol. oblong, dent., mar. brun, fil., tr. dor. (*Rel. de l'époque*).

> L'ouvrage contient 1 titre gravé, 5 ff. de texte imprimés, 3 grandes planches non chiff. et 42 planches chiff. 1-24, 24, 25-41, représentant le cortège et les cérémonies des obsèques.
> Cassures et raccommodages à plusieurs planches. Reliure défraîchie et vernie.

515. BOCHIUS (Joh.). Historica narratio profectionis et inaugurationis serenissimorum Belgii principum Alberti et Isabellae, Austriae archiducum. Et eorum optatissimum in Belgium adventus, rerumque gestarum et memorabilium, gratulationum, apparatuum, et spectaculorum in ipsorum susceptione et inauguratione hactenus editorum accurata descriptio. *Antverpiae ex officina Plantiniana, apud Ioannem Moretum*. 1602. 4 parties en 1 vol. in-folio, de 500 pages chiff., 5 ff. de table et 1 f. pour la marque, figures, veau marb.. tr. jasp. (*Rel. anc.*).

> Chaque partie est précédée d'un titre gravé ; mais la pagination se poursuit par tout l'ouvrage. La deuxième partie (Pompes et spectacles lors de l'entrée et inauguration d'Albert et Isabelle) contient 28 grandes planches, gravées sur cuivre et tirées dans le texte.
> Les pages 270 et 271 contiennent de la musique notée.

516. DESCRIPTION DES FESTES données par la ville de Paris, à l'occasion du mariage de Madame Louise-Elisabeth de France, et de Dom Philippe, infant et grand amiral d'Espagne, les 29 et 30 aout 1739. *A Paris, de l'imp. de P.-G. Le Mercier*, 1740, gr. in-fol., veau marb., dent. fleurdelisée, dos orné, tr. dor. (*Rel. anc.*).

> Aux armes de la ville de Paris.
> Sur le titre, beau fleuron par *Bouchardon*, gravé par *Soubeyran*, 13 planches ou plans, dont 8 doubles, par *Blondel, Gabriel, Salley*, etc., gravées par *Blondel*, et 22 pp. de texte avec une grande vignette (*La Joute sur la Seine*), dessinée et gravée par *Rigaud*.
> Cassures à plusieurs planches. La reliure qui était fatiguée a été fortement vernie.

517. DESCRIZIONE delle feste celebrate in Parma l'anno 1769 per le auguste nozze di Sua Altezza Reale l'infante don Ferdinando colla reale arciduchessa Maria Amalia. *In Parma, nella Stamperia reale, s. d.* (1769). Gr. in-folio, figures, veau marb., dos orné, tr. marb. (*Rel. anc.*).

> Reliure aux armes de Parme.
> L'ouvrage contient 1 frontispice et 34 planches hors texte, dont 3 plan et vues de l'amphithéâtre, 2 groupes du cortège, 13 costumes des chevaliers, 10 planches contenant les blasons des participants, 3 pour la fête pastorale, 2 pour la foire chinoise, et 1 pour les feux d'artifices : le tout gravé d'après les idées et dessins du chevalier *E.-A. Petitot*.
> Reliure fatiguée.

518. ÉLOGES ET DISCOURS sur la triomphante reception du Roy en sa ville de Paris après la reduction de la Rochelle. Accompagnez des figures, tant des arcs de triomphes, que des autres preparatifs. *A Paris, chez Pierre Rocolet*, 1629. In-fol., réglé, veau brun jasp., dos orné, tr. jasp. (*Rel. anc., défraîchie*).

> L'ouvrage contient une planche, gravée sur le dessin de *A. Bosse*. représentant le prévôt des marchands et les échevins à genoux devant le Roi, et 15 planches: arcs de triomphe et chars allégoriques.

Déchirure au titre raccommodée.

Ex-libris imprimé de *Monsieur Descartes, conseiller au Parlement,* collée à l'intérieur du premier plat, et signature du même sur le titre.

519. ENTRÉE TRIOMPHANTE de leurs majestez Louis XIV, roy de France et de Navarre, et Marie Thérèse d'Austriche son espouse, dans la ville de Paris, capitale de leurs royaumes, au retour de la signature de la paix generalle et de leur heureux mariage (par Jean Tronçon). *A Paris, chez Pierre Le Petit,* 1662, in-fol., veau écaille, tr. rouges (*Rel. anc.*).

Frontispice par *Chauveau,* portrait de Louis XIV, gravé par *Van Schuppen,* d'après *Mignard,* dédicace gravée et 22 planches gravées par *Jean Marot* et *Le Paulre.*
Reliure fatiguée aux armes de PHÉLYPEAUX, comte de Pontchartrain et de Maurepas.

520. GIRALDI (Giuliano). Esequie d'Arrigo quarto christianissimo re di Francia, e di Navarra, celebrate in Firenze dal serenissimo Don Cosimo II granduca di Toscana. *In Firenze nella stamperia di Bartolommeo Sermartelli e fratelli,* 1610. Pet. in-fol., de 26 ff. paginés, figures, broché.

L'ouvrage est orné de 26 figures dans le texte, gravées sur cuivre par *Alois Rosaccio,* représentant les événements de la vie de Henri IV.
Sur le titre la note : *Decherelles ex dono Dominj de Villeroy.*
Mouillures et piqûres de vers.

521. GRAPHEUS. Spectaculorum in susceptione Philippi, Hisp. Prin. Divi Caroli V. Caes. F. an. 1549. Antverpiae aeditorum, mirificus apparatus. (A la fin :) *Excus. Antverpiae, pro Petro Alosten,* 1550, pet. in-fol., veau fauve, tr. jasp. (*Rel. anc.*).

29 belles planches gravées sur bois dans le texte.
Reliure fatiguée portant sur le premier plat les armes de l'archiduc Ferdinand.

522. GUATTANI (Giuseppe Antonio). Pompa funebre per le solenni esequie di Maria Isabella di Braganza regina delle Spagne, e delle Indie, fatte celebrare in Roma da S. M. C. l'augusto Consorte Ferdinando VII. l'anno 1819. *In Roma nella stamperia De Romanis,* 1820. In-folio, figures, demi-rel. bas. fauve.

L'ouvrage contient 1 belle planche hors texte, représentant le monument, gravée par *Vincenzo Feoli,* d'après l'invention d'*Isidoro Velazquez* et 6 grandes vignettes dans le texte, dessinées par *Filippo Ferrari,* gravées par *Giov. Petrini* et *Angelo Bertini.*

523. HIPERMESTRA (L') festa teatrale rappresentata dal sereniss. principe Cardinale Gio. Carlo di Toscana per celebrare il Giorno natalizio del real principe di Spagna. *In Firenze nella stamperia di S. A. S.,* 1658, 2 part. en 1 vol. in-4, vélin (*Rel. anc.*).

1 frontispice et 13 planches gravées à l'eau-forte représentant les diverses scènes de la pièce.

524. MACHAUD (J.-B.). Eloges et discours sur la triomphante reception du roy en sa ville de Paris après la réduction de La Rochelle,
accompagnez des figures tant des arcs de triomphe que des autres
préparatifs. *A Paris, chez Pierre Rocolet,* 1629, in-fol., veau marb.,
fil., tr. rouges (*Rel. anc.*).

> Ouvrage orné de 14 grandes planches — incomplet de la planche :
> cirque romain — gravées en taille-douce représentant des arcs de
> triomphe et des chars et une planche gravée d'après Abraham Bosse :
> le prévôt des marchands et les échevins à genoux devant le Roi.

525. MASCARDI (Vitale). Festa fasta in Roma, alli 25. di Febraio
MDCXXXIV. E data in luce da Vitale Mascardi. *In Roma, s. d.*
(1635). In-4, figures, vélin (*Rel. anc.*).

> Fête dite du Sarazin, célébrée en l'honneur du prince Alexandre
> Charles de Pologne, lors de sa visite à Rome.
> Titre gravé richement orné, 11 planches hors texte, cotées A-L, gra-
> vées à l'eau-forte d'après les dessins d'*Andrea Sacchi,* représentant les
> différents groupes du cortège et 1 grande planche hors texte, dessinée
> par *Andrea Sacchi,* gravée par *F. Collignon.* Cette dernière offre une
> vue d'ensemble du quartier et de la place où la fête eut lieu.
> Les derniers feuillets du texte sont légèrement mouillés.

526. MENESTRIER (Le P.). Traité des tournois, joustes, carrou-
sels, et autres spectacles publics. *A Lyon, chez Jacques Muguet,*
1669, in-4, demi-rel. bas. marb., tr. rouges (*Rel. mod.*).

> Vignettes gravées à l'eau-forte en tête des chapitres.

527. MODIUS (Franciscus). Pandectae triumphales, sive pomparum,
et festorum ac solennium apparatuum, conviviorum, spectaculorum,
simulacrorum bellicorum equestrium, et pedestrium, naumachia-
rum, ludorum denique omnium nobiliorum... tomi duo... digestum
a Francisco Modio. *Francofurti ad Mœnum, impens. Sigismundi
Feyrabendii,* 1586, 2 tomes en 1 vol. in-fol., vélin (*Rel. anc.*).

> Ouvrage recherché pour les nombreuses figures gravées sur bois de
> *Jost Amman,* dont il est orné.
> Bel exemplaire de Ruggieri avec son ex-libris à l'intérieur du volume.

528. PATAS. Sacre et couronnement de Louis XVI, roi de France et
Navarre, dans l'église de Reims, le 11 juin 1775 (par l'abbé Pichon), précédé de recherches sur le sacre des rois de France (par
Gobet)... *A Paris, chez Vente,* 1775, in-8, demi-rel. bas. verte, tr.
jasp. (*Rel. mod.*).

> 1 titre gravé, 1 frontispice, 14 vignettes et 48 figures, reproductions
> des grandes planches du Sacre de Louis XV.
> Le plan de Reims manque.

529. PERLIN (Estienne). Description des royaulmes d'Angleterre et
d'Escosse, composé par Et. Perlin. *Paris,* 1558. — Histoire de
l'entrée de la reine mere dans la Grande Bretagne par P. de La

Serre. *Paris,* 1639. — Illustrated with cuts and english notes. *London, by W. Bowyer and J. Nichols,* 1775, 2 parties en 1 vol. in-4, dos et coins chag. rouge, fil., dos orné.

> Ouvrage orné de 4 planches hors texte gravées en taille-douce relatives à l'entrée de Marie de Médicis.

530. PLAISIRS (Les) de l'isle enchantée. Course de bague ; collation ornée de machines ; comédie, meslée de danse et de musique ; ballet du palais d'Alcine ; feu d'artifice : et autres festes galantes et magnifiques, faites par le roy à Versailles, le VII. may 1664. Etc. *A Paris, de l'Imprimerie royale, par les soins de Sebastien Mabre-Cramoisy,* 1674. In-fol., demi-rel., vélin (*Rel. mod.*).

> L'ouvrage contient 9 planches hors texte, dessinées et gravées par *Israel Silvestre.*
> Sur le titre, une petite marque ancienne de propriétaire.
> Quelques petites taches de rousseur, dans le texte. Petit trou dans la marge du titre.

531. POMPA (La) della solenne entrata fatta dalla sereniss. Maria Anna Austriaca, figlia dell' invittissimo imperante Ferdinando terzo et sposa del potentissimo Filippo quarto monarcha delle Spagne..... accompagnata dal sereniss.,... Ferdinando quarto. re di Boemia..... et Ongaria suo fratello, nella citta di Milano..... *In Milano..... per Gio. Bat. et Guil. Cesare fratelli Malatesta.....* (1651), in-fol. demi-vélin, tr. jasp. (*Rel. anc.*).

> Frontispice et 20 planches d'après *Stephanus Montaltus, Carolus Butius, J. Christ-Storer* gravées à l'eau-forte par *J. Cotta, H. Quadrius,* etc., etc.
> La plupart des planches ont des marges consolidées avec des bandes de papier.

532. POMPE FUNÈBRE du très pieux et très puissant prince Albert, archiduc d'Autriche, duc de Bourgogne, de Brabant, etc., représentée au naturel en tailles-douces, dessinées par Jacques Francquart, et gravées par Corneille Galle, avec une dissertation historique et morale d'Éryce Puteanus. *A Bruxelles, chez Jean Léonard,* 1729, pet. in-fol., veau marb., tr. rouges (*Rel. anc.*).

> Frontispice et 65 planches.
> Reliure fatiguée, tache d'huile à plusieurs feuillets.

533. POMPE FUNÈBRE (La) ou les éloges de Jules Mazarini, cardinal, duc et premier ministre..... Poème héroïque. *A Paris, chez Sébastien Martin,* 1665, in-fol., veau brun, tr. dor. (*Rel. anc.*).

> Frontispice gravé par *Chauveau* et portrait de Mazarin gravé par *Nanteuil.*

534. RECUEIL de 66 planches, provenant de différentes descriptions de fêtes et tournois, célébrés à Stuttgart au commencement du

xviiᵉ siècle. Pièces collées sur bristol, en 1 vol. in-folio, dos et coins basane noire, plats toile grenat.

Plusieurs pièces sont légèrement abimées ou mouillées ; la plupart ont des marges.

535. SANDFORD (Francis). The History of the Coronation of the most high, most mighty, and most excellent monarch James II, by the grace of God, King of England, Scotland, France and Ireland, defender of the faith, etc. and of his royal consort Queen Mary : Solemnized in the Collegiate church of St. Peter in the Abby of Westminster, on thursday the 23 of april, being the festival of St. Georges, in the year of our lord 1685. *In the Savoy : printed by Thomas Newcomb.*, 1687, in-fol. vélin, comp. de fil. et dent., tr. dor. (*Rel. anc.*).

19 planches et 3 plans.
Les planches 14, 17 et 18 manquent.

536. WRIGHT (Michael). Ragguaglio della solenne comparsa, fatta in Roma gli otto di gennaio 1687 dal..... signor conte di Castelmaine ambasciadore straordinario della sagra real maesta di Giacomo secondo re d'Inghilterra. Scozia, Francia et Ibernia..... da Giovanni Michele Writ. *In Roma, nella Stamperia di Dom. Ant. Ercole, s. d.* (1687), pet. in-fol., demi-rel. bas. fauve, tr. rouges (*Rel. anc.*).

Edition originale.
L'ouvrage renferme 1 frontispice dessiné par *G.-B. Lenardi*, 1 grande vignette avec portrait, dessinée par *Lenardi*, et 15 planches chiffrées, dont 2 (allégories) dessinées par *Ph.-M. Camers*, 6 (carrosses somptueux) inventés par *Ciro Ferri* et *André Cornely*, et 7 (service de table) dessinées par *G.-B. Lenardi*. Toutes les planches, sauf le portrait, sont gravées par *A.-V. Westehrout*.
Le portrait de la reine Marie, qu'on rencontre dans l'édition anglaise, ne se trouve pas dans cet exemplaire.

E. — OUVRAGES ILLUSTRÉS, DU XVᵉ SIÈCLE A NOS JOURS

(classés par ordre chronologique).

537. SCHEDEL (H.). Chronicorum liber. In fine : *Hunc librum... Anthonius Koberger Nuremberg impressit... anno...* 1493, in-fol. goth., dos et coins bas. fauve, tr. vertes (*Rel. anc.*).

Cet ouvrage connu sous le nom de *Chronique de Nuremberg*, est orné d'environ 2 000 gravures sur bois par *Michel Wohlgemuth* et *Wilh. Pleydenwuff*.
Exemplaire bien complet, mais très atteint de moisissures ; titre doublé. quelques ff. sont réparés. Les initiales ont été peintes anciennement.

538. SCHEDEL (H.). Chronicorum Liber. *Nuremberg,* 1493, in-fol., dérelié.

> Seulement les feuillets 33, 57, 58, 76-79, 81-83, 101-106, 109-115, 121-130, 132-136, 138, 164, 167, 169-177, 180, 181, 206, 210-212, 213, 215, 278, 279, 281-286.

539. TERENTIUS. Terenti⁹ cū Directorio || Vocabulorū || Sententiarū || Glosa īterlineali artis Comice || Comētarijs Donato || Gvidone || Ascensio (A la fin :) *Immpressum* (sic) *in Imperiali ac vrbe libera Argentina Per ma-||gistrum Ioannē Grüninger..... Anno..... Millesimoquaterqꝫcentesimono- || nagesimosexto.* (1496) *Kalendarū* vero Nouembrium. In-fol., car. rom. de 6 ff. prélim. et 171 (sur 173) ff., faussement chiff. 1-130, 140-157, 152-176 ; figures, vélin, dos refait en peau de truie (*Rel. anc.*).

> Hain 15431. Proctor 473.
> Première édition avec ce commentaire, qui contient le premier tirage de nombreuses figures, gravées par les artistes de l'officine Grüninger.
> Les ff. b₁ et B₅ manquent. Un morceau de la figure du titre est arraché. La figure du titre et quelques autres sont particllement coloriées en rouge. Titre défraichi.

540. BRANDT (Seb.). Stultifera Nauis. || Narragonice ꝓfectionis nunqꝫ || satis laudata Nauis : per Sébastianū Brant : vernaculo vul- || gariqꝫ sermone..... nup fabricata etc (F. 145, v° :)..... *In vrbe Basiliensi : | nup opa ꝗ ꝓmoti-||one Johannis Bergman de Olpe anno salutis nr̄e. MCCCCXCVII* (1497) *Kalendis Martiis* (Au-dessous la marque de Bergmann), pet. in-4, car. ronds de 149 ff. chiff et sig., figures, veau marb., tr. rouges (*Rel. anc.*).

> Hain-Copinger, 3746
> Pellechet, 2820.
> Ouvrage orné d'un grand nombre de curieuses figures gravées sur bois.
> Déchirure au premier feuillet enlevant une partie du texte et cassure aux feuillets chiff. 26, 29,
> Les feuillets chiffrés 12, 13, 33 à 39 inclus, 42, 46 à 48 inclus, 71 et 135 manquent.

541. HORE diue virginis Marie secūdum vsum || Romanum cum aliis multis folio sequenti no- || tatis vna cum figuris apocalipsis & multis fi- || guris biblie nouiter insertis (A la fin :) ..... || *Impssū Parisiis Anno dn̄i Millesimo quigē-||tesimo quīto.* (1505) *XVI. kalēdas Ianuarii. Opera || Thielmāni keruer* etc. Almanach pour 1497-1520. In-8, car. ronds, de 104 ff. non chiff., sig. A-N par 8, figures, impression en rouge et noir, velours vert.

> Lacombe, n° 150.
> Sur le titre, la marque de Kerver. 17 grandes figures dont 9 appartiennent encore à l'époque gothique, tandis que les 8 autres accusent, dans leur style et exécution plus artistique, l'approche de la Renaissance.

Toutes les pages sont encadrées de bordures contenant des sujets
(figures de la bible, scènes de genre, figures de la fable, etc.).
Raccommodages dans la marge du titre. Plusieurs feuillets sont plus ou
moins déchirés, ou légèrement abîmés sur les marges.

542. BRANT (Seb.). [Stultifera navis Narragoniae profectionis, a Jo-
doco Locher Philomuso lat. donata, ab Jod. Badio vario carminum
genere illustr.] (A la fin :). *Impressum p Nicolaū lamparter. Anno
rc. M. cccc. vj.* (sic pour 1506) *die vero. xxvj. mensis Augusti. S. l.*
(Bâle). Pet. in-4, goth., de 104 (sur 108) ff. chiff., figures, ais de
bois recouverts de veau brun, orné à froid (*Rel. anc. fatiguée*).

Edition ornée d'un grand nombre de figures gravées sur bois, prove-
nant des éditions de Bâle.
Les feuillets 1, 8, 14 et 93 manquent.
La plupart des marges et l'espace entre les lignes imprimées sont
couverts de notes manuscrites anciennes.
Quelques rayures et taches d'encre.

543. LIVIUS. Deche di Tito Liuio ‖ vulgare hystoriate. (A la fin :)
Stāpate ī Venetia p Bartholomeo de Zā-‖ *ni dé Portesio.* (*pour Lu-
cantonio Giunta*) *M cccc. xi.* (1511) *adi. xvi. del mese de Aprile.*
In-fol., car. ronds, de 380 ff. non chiff., dont le dernier blanc,
figures, cartoen., dos et coins vélin (*Cartonn. anc.*).

Prince d'Essling, *Livres à figures vénitiens*, n° 38 (signale par erreur
8 ff. (au lieu de 6) pour le cahier aa).
Sur le feuillet du titre une figure et la marque de L. A. Giunta. Trois
pages sont encadrées de belles bordures. Dans le texte, 429 vignettes au
trait dont un grand nombre portent les monogrammes F et b.
Taches sur les marges des premiers feuillets du volume.
Piqûres de vers.

544. HORE beate marie virginis sed'm vsum ec- ‖ clesie romane tota-
liter ad longum cum mul- ‖ tis suffragiis et orationibus. (A la fin :)
Les psentes heures a lusage de ‖ *Rome tout ou long sans requerir ont*
‖ *este īprimees a paris par Gilles har-* ‖ *douyn pour Germain Har-
douyn etc. S. d.* (*vers 1520*), almanach pour 1521-1540, pet. in-8,
goth., de 98 (sur 104) ff. non chiff., sig. A-N par 8. figures, mar.
La Vall., compart. de fil. à froid, droits et courbes, fleurs de lys
aux angles, dent. int., tr. dor. (*A. Despierres*).

Lacombe, n° 316.
Exemplaire imprimé sur vélin, contenant 9 grandes et 13 petites
figures. Presque toutes les pages sont encadrées de bordures à sujets.
La marque du libraire, toutes les figures, et les majuscules ont été
enluminées en or et couleurs.
Le feuillet B₂, 3 ff. du cahier E et 2 ff. du cahier F manquent.
La marge d'en bas de deux feuillets a été doublée pour cacher des
écritures anciennes.
Petit trou dans le titre.

545. TIBULLUS. Al. Tibvlli Elegiaruȝ libri quatuor: vna cum Ual.
Catulli Epigrammatis: nec non ꝫ Sex. Propertij li- ‖ bri quatuor Ele-

giaci : cū suis cōmētarijs. vz Cyllaenij Ueronensis in Tibullū : Par-
thenij ꝛ Palladij in Catullū : ꝛ Philippi Beroaldi in Propertium. Etc.
(A la fin :) *Venetiis In Aedibus Gulielmi de Fontaneto Montisferrati.
Anno Dūi MDXX. (1520) die XII. Iunii.* In-fol., car. ronds, de 4
ff. prélim., 179 ff. chiff. et 1 f. blanc, figures, vélin (*Rel. anc.*).

> Prince d'Essling, n° 2078.
> Titre, imprimé en rouge et noir, dans un encadrement gravé sur bois ;
> dans le texte, 3 figures gravées sur bois (ff. 1, 37, 99).
> Notes marginales.
> Légères mouillures. Déchirures raccommodées, dans le titre.

546. TERENTIUS. Publii terentii Afri comoediae ī sua metra resti-
tutae. Interpretantibus Aelio Donato grāmatico dignissimo : necnon loā. Calphurnio. Una : cum figuris aptissimis, etc. (A la fin :)
*Venetiis per Gulielmum de Fontaneto, de Monteferrato. Anno domini.
M. D. XXIII (1523). Die VIII. Aprilis.* In-fol., de 6 ff. prélim., 105
ff. chiff. et 1 f. blanc, figures, ais de bois, dos bas. (*Rel. anc., dos
fatigué*).

> Prince d'Essling, n° 879.
> Encadrement ornemental autour du titre. Dans le texte, 6 bois,
> signés du monogramme L, copiés des figures de l'édition du 8 juillet
> 1522.
> Le titre, déchiré, est en partie doublé.

547. LICHTENBERGER. Prognosticatio Joannis Liechtenbergers,
quam olim scripsit super magna illa Saturni ac Jovis conjunctione,
quae fuit anno 1484. praeterea ad eclypsim solis anni sequētis vide-
licet 85, in annū adhuc usqꝫ durans 1567 jam iterum, mendis qui-
busdam haud modicis sublatis, quaeqꝫ obscuri adeo et imperfecti
erant sensus ut cūqꝫ restitutis, diligenter excussa. (A la fin :) *S. l.
Excusa sunt haec prognostica Joannis Liechtenberger pridie nonas
junii anno,* 1526, in-4, de 56 ff. chiff., cartonné.

> Edition rare des prédictions de Jean Lichtenberger ; elle est ornée de
> 44 curieuses figures gravées sur bois, non compris celle du titre qui
> donne le portrait de l'auteur.

548. BIBLIA LATINA. *Lugduni, Johannes Moylin alias de Cambray*,
1533, in-fol., goth., de 18 ff. prélim.. 270 ff. faussement chiff. 1-268,
et 17 ff. de table, figures, mar. rouge, fil. à froid, dos orné (*Rel.
anc.*).

> Encadrement au titre ; sur le premier feuillet chiffré, grand bois re-
> présentant les six jours de la création ; sur le f. 212, une grande figure :
> la nativité ; nombreuses petites vignettes dans le texte. Toutes ces figu-
> res sont plus ou moins copiées de la bible de Mallermi.
> Quelques feuillets brunis ou mouillés. Noms sur le titre, dont un
> grossièrement rayé à l'encre.

549. APIANUS (Petrus) et Bartholomaeus AMANTIUS. Inscriptiones
sacrosanctae vetustatis non illae quidem Romanae, sed totius fere
orbis summo studio ac maximis impensis terra mariqꝫ conquisitae.

Ingolstadii in aedibus P. Apiani. Anno M.D.XXXIIII. (1534). In-fol., de 20 ff. prélim., 256 ff. pag., 4 ff. non chiff., figures, vélin, tr. bleues (*Rel. mod.*).

> Cet ouvrage, publié dans l'imprimerie particulière d'Apianus, contient pour la première fois les belles initiales gravées par *Michel Ostendorfer.* Sur le titre une grande figure, sur le deuxième feuillet les armes des Fugger, dans le texte des figures d'épitaphes et de statues antiques et autour de chaque page des bordures ornementales : le tout attribué à *Michel Ostendorfer,* qui en aurait fait les dessins tandis que *Georges Apianus,* dont la marque se trouve dans les bordures (Nagler, *Monogr.* II, 2687), en aurait exécuté la gravure.

550. [HEURES à l'usage de Paris] (A la fin :) Cy finissent ces p̄sentes heures à lusaige de Paris || ..... Item auecques plusieurs belles oraisons com- || me il apert par la table icy mise. *Et ont este imprimees* || *a Paris par la veufue de feu Tielmā keruer* | ..... *Et furēt acheuees* || *Lan mil cinq cens. x.x.xv.* (1535) *le .x.v. iour de Nouembre.* Pet. in-8, goth., de 125 (sur 136) ff. chiff., imprimés en rouge et noir, figures, veau brun, tr. roug. (*Rel. du* xviiie *siècle, défraichie*).

> Non cité par Lacombe et Brunet.
> L'édition est ornée de nombreuses figures qui toutes ont été enluminées.
> On a relié en tête du volume 4 ff. de vélin, manuscrits.
> Sur le premier on voit les emblèmes de la Passion.
> Une deuxième miniature représente une femme en prière dans n paysage.
> Les deux autres feuillets contiennent des prières.
> Les feuillets 1, 2, 49, 51, 66, 70, 85-87, 89, 121 manquent. Le f. 73 a été relié après le f. 24. Le f. 84 est à moitié arraché.
> Les ff. 18, 38, 62, 67, 68, 94 ont des morceaux de marge arrachés. Plusieurs déchirures.

551. VORAGINE (Jacobus de). Legendario di santi volgare historiato, nuouamente reuisto, & con summa diligentia castigado (A la fin :). *Stampate in Venetia per Bernardin de Bendoni, Milanese, de l'isola del Lago Maggiore, anno domini* MDXXXVI (1536), infol., de 2 ff. prélim. non chiff. et de 219 (sur 220) ff. chiff., ais de bois recouverts de peau de truie estampée à froid, tr. jasp. (*Rel. anc.*).

> P^ce d'Essling, n° 692.
> Titre entouré d'un bel encadrement gravé sur bois représentant des bustes de personnages illustres de l'antiquité.
> Les nombreuses vignettes du texte proviennent des éditions de 1492 et 1494 ; quelques autres sont ajoutées.
> Le feuillet a₁ manque.
> Mouillures et quelques piqûres.

552. LA PERRIÈRE (Guillaume de). Le Théâtre des bons engins, auquel sont contenuz cent Emblèmes moraulx. Composé par Guillaume de La Perrière Tolosain : et nouvellement par iceluy limé

reveu et corrigé. (*Paris*), *de l'imprimerie de Denys Janot, s. d.*
(1539), in-8, fig. sur bois, demi-rel. mar. brun, tr. dor. (*Rel.
mod.*).

Exemplaire très court de marges de la première édition ; elle contient 100 jolies figures sur bois et des encadrements à toutes les pages
également gravées sur bois.
Le feuillet A₈ manque. Nombreux raccommodages.

553. BIBLIA GERMANICA. | Die gantze Bibel | Das ist alle bücher
altes vnnd neüws Testaments | den vrsprünglichen spraachen nach
| auffs aller treüwlichest verteütschet. | || (A la fin :) *Getruckt zů
Zürich bey Christoffel Froschouer | vnd || vollendet am sechßten tag
des Mertzens | Im jar || M. D. XXXIX. (1539). 2* parties en un vol.
in-fol., goth., de 27 (sur 28) ff. prélim., 341 ff. chiff. et 312 (sur
313) ff. chiff., figures, titres gravés en rouge, ais de bois, recouverts de veau brun, orné à froid, coins, ornement au centre et
fermoirs de cuivre (*Rel. du XVIᵉ siècle, le dos est fort abimé*).

Nombreuses figures dans le texte, gravées d'après *Holbein*. Celles du
commencement du volume portent le monogramme V S, qu'on attri-
bue à *Virgil Solis*.
Edition fort rare.
Les deux titres manquent. Le premier a été copié en manuscrit.
Les ff. 194 de la première partie, et 2, 311, 312 de la deuxième par-
tie ont des morceaux arrachés.
Les derniers feuillets sont très abimés.

554. PETRARQUE. Les Triumphes Petrareque. (Au recto du dernier
feuillet :) *Cy finissent les triumphes de messire Françoys Petrareque... nouvellement redigez de son langaige vulgaire Tascan en nostre langue francoyse. Et imprimez nouvellement à Paris, par Denys
Janot...,* 1539, pet. in-8 de 208 ff. chiff., fig., mar. brun, médaillon au milieu des plats, dent. int., tr. dor. (*Lortic*).

Edition ornée d'un grand nombre de vignettes gravées sur bois au
trait ou ombrées.
Le titre a été fortement frotté et quelques feuillets ont un peu coulé
au lavage.

555. OVIDIUS. P. Ovidij Nasonis poete ingeniosissimi Metamor-
phoseos Libri. xv. In eosdem Libros Raphaelis Regii luculentissime
enarrationes. Neq̃ nō Lactantii r Petri Lauinii Commentarii non
ante impressi. (A la fin :) *Venetiis per Bernardinum de Bindoni-
bus. Mediolanē. Anno Domini. M. D. XL. (1540).* In-fol. de 10 ff.
prélim. et 172 ff. chiff., figures, vélin (*Rel. anc.*).

Titre imprimé en rouge et noir encadré d'une bordure, gravée sur
bois. Une grande figure au f. 1 et de nombreuses vignettes dans le
texte.
Titre raccommodé et piqûres de vers.

556. PAULI (Joh.). Schimpff vnnd Ernest | durch alle Welthändel.
Mit vil schönen vnd Warhafftygen Historien | Kurzweiligen Exem-

peln | etc. (*Augsbourg, Stayner ?*). Pet. in-fol., figures, cartonn.,
tr. jasp.

> 102 (sur 103) ff. chiff.; la table qui contient le colophon manque.
> L'édition contient un grand nombre de figures, dont la plupart par
> *Hans Weiditz*. D'autres rappellent la manière de *Georges Breu l'aîné*.
> Le feuillet XXI, qui manque, a été remplacé par une copie manu-
> scrite. Les feuillets de table manquent également.
> Exemplaire médiocre ; mouillures et raccommodages en plusieurs
> endroits.

557. RYD (Valerius Anselmus). Catalogus annorum et principum
geminus ab homine condito, usque in presentem millesimum quin-
gentesimum & quadragesimum annum deductus & continuatus.
Excusum Bernæ helveticæ per Mathiam Apiarium. Anno 1540. In-
fol. de 6 ff. prélim. et 68 ff. chiff., figures, vélin, fil., tr. roug.
(*Rel. mod.*).

> Première édition.
> L'ouvrage est orné de grandes et petites figures gravées sur bois par
> le maître au monogramme IK (Nagler. *Monogr. III*, 2682). La figure
> du feuillet 25 est signée d'un monogramme CH (Nagler. *Monogr. III*,
> 160), qu'on attribue à *Hans Galatin*, mais qui est probablement celui
> de *Claus Hagenbach*.
> La plupart des figures sont légèrement coloriées.

558. NATALIBUS (Petrus de). Catalogus sanctorum vitas, passiones,
& miracula commodissime annectens ex variis voluminibus selec
tus... *Lugduni, apud Aegidium & Jacobum Huguetan*, 1542, in-
fol., goth. à 2 col., parch. blanc. (*Rel. mod.*).

> Titre, imprimé en caractères ronds, entouré d'un encadrement et
> plus de 300 curieuses figures sur bois dont une de la grandeur de la
> page représentant la nativité du Christ : cette dernière figure est une
> copie fidèle d'un bois de Hans Springinklee qui avait paru dans la Bible
> imprimée à Lyon par J. Sacou en 1521.
> Le copiste a remplacé le monogramme de Springinklee par une
> marque figurée (reproduite par Brulliot, n° 3208).

559. PRECATIONES BIBLICÆ sanctorum patrum, patriarcharum,
prophetarū, indicum, regū, virorū & mulierū illustrium veteris &
novi testamenti. *Lugduni, excudebant Joannes et Franciscus Frel-
lonii, fratres*, 1545. In-16, de 17 ff. prélim., 302 pp. chiff., 6 ff.
de table et 2 ff. blancs, figures, veau brun (*Rel. anc.*).

> Petites figures gravées sur bois au calendrier et à la fin du volume.

560. CICERO. Vonn Gebüre vnd Billicheit. Drei Bücher an seinen
Sun Marcum, etc. (A la fin :). *Getruckt zu Franckfurt am Meyn bei
Christian Egenolff. M. D. L. (1550) Im Jenner.* In-fol., de 4 ff. prélim.
et 91 ff. chiff., figures, basane fauve, orné à froid (*Rel. moderne*).

> Traduction allemande du traité *De officiis*, contenant 103 belles figu-
> res gravées sur bois, par *Hans Weiditz*, les mêmes que celles de l'édition
> d'Augsbourg de 1531.

La figure du feuillet 73 est la seule qui ait été signée de son monogramme HW ; elle a servi pour attribuer a Hans Weiditz les gravures dont l'auteur était resté longtemps inconnu.

La figure du f. 78 est signée H. B. (Hans Burgkmair).

Il y a encore à la fin de divers chapitres des bois ornementaux qui rappellent les mauresques de Peter Floetner.

561. GOBLER (Justin). Der Rechten Spiegel | Auss den beschribenen Geystlichen | Weltlichen | Natürlichem | vnd andern gebreuch-lichen Rechten | etc. *Zu Franckfurt Bei Christian Egenolff, s. d.* (1550). In-fol., de 4 ff. prélim. et 251 ff. chiff., figures, cartonn., tr. jasp. (*Cartonn. anc.*).

> L'ouvrage renferme plus de 20 bois gravés par *Hans Weiditz* et 1 figure (f. 219) avec le monogramme de *Hans Schäufelin* ; sur le titre les armes de Charles-Quint ; sur le verso du titre le grand portrait de l'auteur gravé par l'artiste au monogramme CB (Nagler. *Monogr.* I, p. 956, n° 2284).
>
> Les ff. 188-191 sont intervertis.
>
> Le f. 168 est à moitié arraché ; raccommodages à quelques marges.
>
> Légères taches.

562. DONI (Ant. Fr.). I marmi. *In Vinegia per Francesco Marcolini,* 1552, 4 parties en 1 vol. in-4, bas., marb., comp. de fil. à la Du Seuil, tr. marb. (*Rel. mod.*).

> Dialogues familiers où l'on trouve une foule d'historiettes plaisantes et de notices curieuses.
>
> Cette édition est ornée de belles figures gravées sur bois, d'après les dessins de *Marcolini,* dont le portrait se trouve au feuillet 15 de la 4ᵉ partie.
>
> Exemplaire aux armes de CHARLES DE TINSEAU.

563. VIRGILII (P.) Maronis opera. Omnia innumeris pene locis ad veterum Petri Bembi cardinalis et Andreae Navgerii exemplarium fidem, postrema hac editione castigata. *Venetiis apud Iuntas,* 1552, in-fol., de 10 ff. prélim. et 588 ff. chiff., dont le f. 144 blanc et le f. 145 (titre) non chiff., figures, vélin (*Rel. anc., dos très fatigué*).

> Titre dans un encadrement architectural gravé sur bois. Dans le texte, de nombreux grands bois, copiés des figures du *Virgile* Strasbourg, Grüninger, 1502. Ces copies, dont quelques-unes signées du monogramme L ou J, avaient paru pour la première fois dans l'édition de Venise, du 10 mai 1519.
>
> Notes grammaticales, sur la marge du bas des ff. 1-36.
>
> Légères mouillures au commencement et à la fin du volume.

564. BELLONII (Petri) Cenomani, de Aquatilibus, libri duo, cum iconibus ad vivam ipsorum effigiem, quo ad ejus fieri potuit, expressis. *Parisiis, apud Carolum Stephanum,* 1553, pet. in-4, oblong, veau marb., fil., tr. rouges (*Rel. anc.*).

> Ouvrage orné de nombreuses figures de poissons, gravées sur bois ; elles ont été coloriées anciennement.

565. BOCCHIUS (Achilles). Symbolicarum quaestionum de universo genere quas serio ludebat libri quinque... *Bononiæ, in ædib. novæ academiæ bocchianæ*, 1555, in-4, mar. rouge, fil. à froid, angles et dos orné, **tr. dor.** (*Thompson*).

PREMIÈRE ÉDITION de ce recueil d'emblèmes orné de 151 estampes gravées en taille-douce par *Bonasone*.

566. QUADRINS historiques de la Bible revuz et augmentez d'un grand nombre de figures (par Claude Paradin). *A Lyon, par Jan de Tournes*, 1555, pet. in-8. de 123 (sur 124) ff., non chiff. (le dernier blanc), veau fauve, fil., tr. rouges (*Rel. anc.*).

233 figures gravées sur bois, attribuées à *Bernard Salomon* dit le *Petit Bernard*.
Le dernier feuillet manque.

567. LYCOSTHENES (Conradus). Prodigiorum ac ostentorum chronicon, quæ præter naturæ ordinem, motum, et operationem... ab exordio mundi usque ad hæc nostra tempora, acciderunt. *Basileæ, per Henricum Petri, mense Augusto anno M. D. LVII.* (1557), pet. in-fol., de 6 ff. prélim., 670 pp. chiff. et 1 f. non chiff., figures, basane brune (*Rel. anc. fatig.*).

Curieux ouvrage relatant tout ce qui est arrivé d'extraordinaire, décrivant des monstres, des déformités humaines, des pluies de pierres, tremblements de terre, etc.
Il est orné d'un grand nombre de figures, le plus souvent grossièrement gravées. Mais, il y en a de meilleures et qui sont signées des monogrammes d'artistes, savoir : DK (*David Kandel*; Nagler, I, 1173 et 1181), HRMD (*Hans Rudolph Manuel, nommé Deutsch*; Nagler, III, 1438 et IV, 3729).

568. VICO (Enea). Le Imagini delle donne Auguste, intagliate in istampa di rame; con le vite, et ispositioni di Enea Vico. Libro primo. *In Vinegia appresso Enea Vico... et Vincenzo Valgrisio...*, 1557, in-4, fig., vélin (*Rel. anc.*).

Ouvrage orné de 63 planches de médailles gravées sur acier dont 55 contiennent de jolis motifs décoratifs.

569. SYMÉON (Gabriel). Les illustres observations antiques du seigneur Gabriel Syméon, florentin, en son dernier voyage d'Italie l'an 1557. *A Lyon, par Jean de Tournes*, 1558, in-4, veau brun (*Rel. anc.*).

Ce volume, imprimé par Jean de Tournes, est orné de nombreuses figures gravées sur bois, attribuées au *Petit Bernard*. Sur le titre joli portrait de Syméon gravé sur bois.

570. DAMHOUDERE (Josse). Practique judiciaire es causes criminelles, très utile et nécessaire à tous baillifz, prevostz, seneschaux, escoutettes, maires, drossartz et autres justiciers et officiers de

toutes provinces. *En Anvers, chez Jehan Bellere,* 1564, in-4, vélin blanc (*Rel. anc.*).

> Ouvrage orné de nombreuses figures gravées sur bois dans le texte.
> Notes manuscrites d'une écriture ancienne sur les marges. Mouillures.

571. BOCCHIUS (Achilles). Symbolicarum quaestionum de universo genere quas serio ludebat libri quinque. *Bononiæ, apud Societatem typographiæ Bononiensis,* 1574, in-4. vélin à recouv. (*Rel. anc.*).

> Réimpression de l'édition de 1555 ornée de 151 emblèmes de *Giulio Bonasone,* gravés en taille-douce ; plusieurs planches ont été retouchées par Augustin Carrache.

572. TERENTIUS, a M. Anthonio Mureto locis prope innumerabilibus emendatus, nunc primum figuris artificiosissimis illustratus. Etc. *Francoforti ad Moenum ex typographeo Kiliani Galli, impensis haeredum Wigandi Galli.* 1574. Pet. in-8, fig., peau de truie estampée à froid, figure au milieu de chaque plat, tr. bleues (*Rel. de l'époque*).

> Marque typographique sur le titre et 6 figures par *Jost Amman,* dans le texte, gravées sur bois.

573. TARGA (Il), dove si contengono le cento & cinquanta favole. Tratte da diversi autori antichi, et ridotte in versi, & rime italiane da Cesare Pavesi. Impressione terza. *In Venetia, appresso Francesco Ziletti.* 1575. In-16, de 256 pp. chiff., figures, vélin à recouvrements (*Rel. anc.*).

> Dans le texte, nombreuses vignettes, gravées sur bois.

574. ALBERTO DA CASTELLO. Rosario della gloriosa vergine Maria. Di nuouo Stampato, con nuoue & belle Figure adornato. (A la fin :) *In Venetia, al segno della Regina,* 1579. Pet. in-8, de 254 ff. non chiff. et 1 f. blanc, figures, demi-rel., dos chagrin noir, plats toile noire.

> Ouvrage orné d'un grand nombre de figures gravées sur bois, entourées de blocs à motifs d'ornements ou à figures ; toutes les pages qui ne contiennent pas de figures sont encadrées de simples bordures.
> Tous les feuillets, très courts de marges, ont été remontés de tous côtés. Les premiers et derniers feuillets sont brunis ou mouillés. Les feuillets du dernier cahier sont en mauvais état.
> On y a joint : une autre édition du « Rosario ». S. l. n. d. (*Venise,* 1522?), incomplète des ff. 32, 41, 83, 84, 85, 86 et du dernier feuillet, in-8, goth., cartonnn. toile.

575. STRADAN (Joh.). [Venationes ferarum, avium, piscium, pugnae bestiarum, depictae a Johanne Stradano : editae a Philippo Gallaeo, carmine illustratae a C. Kiliano Dufflaeo (*Antverpiae, vers* 1580)]. Pet. in-fol. oblong, veau brun, tr. jasp. (*Rel. anc.*).

> Suite de 103 (sur 104) planches chiffrées, sans le frontispice et la planche 46.

Elles sont gravées sur les dessins de *Jean Stradan,* par *Charles de Mallery, Cornelius Galle, Jean Collaert* et représentant les différentes manières de chasser les fauves, oiseaux, poissons, etc.

On a relié en tête du volume 12 (sur 41) planches de la suite *Equile Ioannis Austriaci in quo omnis generis generosissimorum equorum ex varijs orbis partibus delectus. Ad vivum omnes delineati a Ioanne Stradano et a Philippo Galleo editi.* Titre et planches 2-11, 13. Elles sont gravées sur les dessins de Stradan par Gerôme Wierix et Adrien Collaert et représentent des chevaux de différentes races (Première édition).

La pl. 43 du premier recueil a un coin arraché.

Quelques planches légèrement mouillées. Déchirures aux marges raccommodées.

576. MONTENAY (Georgette de). Georgiae Montaneae emblematum christianorum centuria, cum eorundem latina interpretatione. Cent emblemes chrestiens de damoiselle Georgette de Montenay. *Tiguri, apud Christophorum Froschouerum,* 1584. Pet. in-4, de 7 (sur 8) ff. prélim., 100 ff. chiff. et 8 ff. non chiff., dont le dernier blanc, figures, demi-rel., veau fauve.

L'ouvrage contient 100 figures d'emblèmes chiff., gravées sur cuivre par *Pierre Woeiriot* (Robert-Dumesnil, 21-120).

On voit, sur la figure 1, Jeanne d'Albret construisant de ses mains un temple.

Le huitième feuillet préliminaire, qui contient le portrait de Georgette de Montenay, manque.

Les ff. prélim. ont été intervertis et les ff. 17-84 ont été reliés à la fin du volume.

Taches jaunes à différents feuillets. Déchirure dans la marge des ff 93 et 94.

577. OVIDE. La Vita et Metamorphoseo d'Ovidio, figurato et abbreviato in forma d'epigrammi da M. Gabriello Symeoni : Con altre Stanze sopra gl' effetti della luna : il ritratto d'una fontana d'Overnia : et un' apologia generale nella fine del libro. *A Lione, per Giovanni di Tornes,* 1584, pet. in-8, vélin (*Rel. anc.*).

Ce volume est orné des bordures et vignettes gravées sur bois, de *Salomon Bernard,* dit le *Petit Bernard,* employées dans l'édition française de 1557 de la *Métamorphose d'Ovide figurée* ; on y remarque une jolie vue de la fontaine de Royat, en Auvergne.

Le bas du titre est coupé.

578. ICONES operum misericordiae cum Iulii Roscii Hortini sententiis et explicationibus. *Impensis Bartholomaei Grassi Rom. bibliopolae incidebat Romae Marius Cartarius. 1586.* (A la fin :) *Ex typographia Bartholomaei Bonfadini. 1585.* 2 parties en 1 vol. in-fol. veau brun, tr. jasp. (*Rel. anc.*).

L'ouvrage contient 17 planches chiffrées, y compris les deux titres, de la grandeur de la page.

Elles sont dessinées et gravées par *Marius Cartarius.*

Le premier titre est mouillé et doublé.

579. CAMILLI (Camillo). Imprese illustri di diversi, coi discorsi di

Camillo Camilli, et con le figure intagliate in rame di Girolamo
Porro. *In Venetia, apresso Francesco Ziletti*, 1586, 3 parties en 1
vol. in-4, veau marb., tr. rouges (*Rel. anc.*).

Les nombreuses figures d'emblèmes qui ornent cet ouvrage passent
pour être les plus belles de *Gir. Porro*. Elles sont gravées en taille-douce.

580. VERSTEGAN (Rich.). Theatrum crudelitatum haereticorum
nostri temporis (auct. Rich. Verstegan). *Antverpiae, apud Adria-
num Huberti*, 1587, in-4, parchemin (*Rel. anc.*).

ÉDITION ORIGINALE, contenant les premières épreuves des figures. Les
vers latins placés sous les planches sont de *J. Bochius*.
Exemplaire très fatigué.
On y joint un double très incomplet d'une autre édition.

581. AITSINGER (Michael). Novus ad Hispaniae et Hungariae reges
ter maximos de Leone belgico, einsq5 topographica atq5 historica
descriptione liber quinq5 partibus Gubernatorum Philippi Regis
Hispaniarum ordine, distinctus. Insuper & elegantissimi illius arti-
ficis Francisci Hogenbergii & VIII figuris ornatus ; Rerumque in
Belgio maxime gestarum, inde ab anno Christi 1559 usque ad annum 1587 perpetua narratione continuatus. Francisco Hogenberg
concesso. 1588. Auctior et locupletior accessione quinq5 anno℞, et
nonaginta sex chartarum. (A la fin :) *Coloniae impressit Gerardus
Campensis (1588)*. In-4 de 430 ff. chiff. et 12 planches hors texte,
figures, veau brun marbré, dos orné, tr. roug. (*Rel. anc.*).

Dernière édition, plus rare que les précédentes.
Au verso du titre, le portrait de Aitsinger, gravé sur cuivre par *Melchior Lorch* (Bartsch, n° 11. — Nagler, *Monogr.*, IV, n° 1981).
Les nombreuses planches, gravées par *Fr. Hogenberg* et qui représentent les événements des guerres de religion dans les Pays-Bas, sont,
dans cette édition, tirées dans le texte, après avoir été diminuées des
parties du bas et d'en tête qui contenaient les légendes.
A la fin, 12 portraits (ajoutés ?) des princes et capitaines qui jouèrent
un rôle dans ces événements.
Petites tache au titre et aux derniers portraits.

582. GUICCIARDINI (Lodovico). Descrittione di tutti i Paesi Bassi,
altrimenti detti Germania inferiore. *In Anversa, appresso Christo-
fano Plantino. 1588*. In-fol. de 12 ff. prélim., 432 pp. chiff., 9 ff. de
table, 1 f. blanc et 76 (sur 78) planches chiff., vélin (*Rel. anc.*).

Frontispice et titre gravés, blasons sur le verso du titre, portrait de
Philippe II, dans un encadrement architectural, sur le recto du troisième feuillet ; 76 (sur 78) planches chiff. (la pl. 5 est comprise dans la
pagination), représentant des cartes accompagnées de figures de costumes. Les planches 6, 8, 10 et 16 représentent des vues. Le tout gravé
en taille-douce par *Abraham de Bruyn* sur les dessins de *Crispin van den
Broeck*.
Les planches 7 et 9 manquent.
Les ff. prélim. sont intervertis et la plupart des planches sont reliées
à la fin du volume. Légères mouillures et déchirures.

583. GOLTZIUS (Henri). Les Métamorphoses d'Ovide. Suite de 48 (sur 52) estampes, inventées par Henri Goltzius et gravées sous sa direction par ses élèves (1589-1615). Montées sur papier bleu, en 1 vol. in-fol. oblong, demi-rel. bas. fauve.

> Bartsch, III, pp. 104-110.
> Petites marges.
> Les planches 41, 45, 49 et 52 manquent.
> On a joint 3 planches d'une autre suite de figures des Métamorphoses.

584. JOACHIM. Vaticinia sive prophetiæ abbatis Joachimi & Anselmi episcopi Marsicani..... una cum præfatione et adnotationibus Paschalini Regiselmi. *Venetiis, apud Hieronymum Porrum*, 1589, pet. in-4, bas. brune, tr. rouges (*Rel. anc.*).

> Edition ornée de figures gravées en taille-douce par *Girolamo Porro*.
> Texte en latin et en italien.

585. TASSO (Torquato). La Gierusalemme liberata..... con le figure di Bernardo Castello e le annotationi di Scipio Gentili, e di Giulio Guastavini. *In Genova, Girolamo Bartoli*, 1590, in-4, veau marb., fil. (*Rel. anc.*).

> Edition recherchée pour les 21 figures de la grandeur de la page, dessinées par *Bernardo Castelli* et gravées en taille-douce, 11 figures signées des initiales (Nagler, *Monogr.*, I, 296) sont gravées par *Augustino Carracci* (Bartsch, nᵒˢ 182-191); les 11 autres, signées du nom, sont gravées par *Giacomo Franco*.
> Titre remargé en tête et nom gratté.

586. Μικρόκοσμος. Parvus mundus. *Antverpiae, sumpt. Ioannis Keerbergii*, 1592, in-4, vélin, pet. dent., tr. marb. (*Rel. mod.*).

> 74 planches gravées en taille-douce, avec une explication en vers latins pour chaque planche.
> On a relié avec cet exemplaire :
> Burgundia (Antonius a). Mundi lapis Lydius sive emblemata moralia nobiliss. viri D. Antonii a Burgundia..... in quibus vanitas per veritatem falsi accusatur et convincitur. *Antverpiae, ex aenea typographia Joannis Galle, s. d.*, in-4, titre par *Dieppenbeck* et 50 figures d'emblèmes gravées par *And. Pauli*, avec des quatrains en latin également gravés.

587. PETRARCA (Trostspiegel beider Glück). (A la fin :) *Getruckt in Franckfurt am Mayn, bei Christian Egenolphs Erben*. 1596. Infol., de 3 (sur 4) ff. prélim., 222 ff. chiff., 3 ff. non chiff., figures, cartonn.

> Traduction du traité *De remediis utriusque fortunae* avec de nombreux et beaux bois par *Hans Weiditz*.
> Le titre manque ; piqûres de vers.

588. CAMERARIUS (Joach.). Symbolarum et emblematum ex volatilibus et insectis desumtorum centuria tertia collecta a Joachimo

Camerario. (A la fin :) *Noribergae, excudebat Paulus Kaufmann,* 1597, in-4, cartonné.

> 100 figures d'emblèmes gravées à l'eau-forte.

589. HULSIUS (Levinus). XII primorum Cæsarum et LXIIII ipsorum uxorum et parentum ex antiquis numismatibus, in ære incisæ, effigies..... ex varijs authoribus collectæ..... *Francoforti ad Mœnum typis Johannis Collitii,* 1597, in-4, vélin, fil. (*Rel. anc.*).

> Armes de couvent sur les plats de la reliure.
> Première édition ornée de nombreuses médailles gravées en taille-douce dans de jolis médaillons.
> Taches.

590. BIBLIA sacra, ad vetustissima exemplaria nunc recens castigata Romæq̃ revisa..... adiecimus indicem amplissimum Joannis Harlemii ex Societate Jesu..... *Lugduni, apud hæredes Gulielmi Rovillii,* 1600, gros vol. in-8, vélin à recouv., tr. jasp. (*Rel. anc.*).

> Edition ornée de nombreuses figures sur bois par *Jean Moni.*
> Déchirure à la page 93 enlevant une partie du texte.
> Trous de vers perforant les pages 29 à 103.

591. COLLAERT (Adrien). Piscium vivae icones, in aes incisae & editae ab Adriano Collardo. *S. l. n. d.,* 1 titre gravé et 25 planches. — Avium vivae icones, in aes incisae & editae ab Adriano Collardo. *S. l. n. d.,* 1 titre gravé et 15 planches. — Ens. 2 suites en 1 vol. pet. in-4 oblong, dos et coins chagrin rouge.

> Ces belles gravures offrent, sur chaque planche, plusieurs figures de poissons ou oiseaux sur des fonds de paysages.
> Les titres contiennent des ornements grotesques.

592. [LE TABLEAU des riches inventions couvertes du voile des feintes amoureuses, qui sont représentées dans le Songe de Poliphile... exposées par Beroalde (de Verville). *Paris, chez Matthieu Guillemot,* 1600.] In-4, de 19 (sur 20) ff. prélim., 150 (sur 154) ff. chiff. et 6 ff. de table, figures, vélin à recouv. (*Rel. mod.*).

> Traduction retouchée par Fr. Beroalde de Verville, ornée de figures, copiées d'après l'édition italienne.
> Le titre et les feuillets 53-56 manquent. Le premier a été remplacé par un calque et les ff. 53-56 par des feuillets manuscrits avec les figures calquées. La figure du f. 68 n'est pas mutilée.
> Mouillures et piqûres de vers.
> L'exemplaire est grand de marges.

593. CENTRE (Le) de l'amour découvert soubs divers emblesmes galans et facétieux. *A Paris, chez Cupidon, s. d.,* in-4 oblong, fig., veau fauve, fil., dos orné, tr. marb.

> Cette édition, ornée de 92 planches gravées sur cuivre, contient en plus des textes allemand et latin des autres éditions des vers français assez libres.
> Sur les feuillets 6 et 8 on a collé des planches qui recouvrent celles tirées sur ces feuillets.

594. LE PETIT (Jean-François). La grande chronique ancienne et moderne de Hollande, Zélande, Westfrise, Utrecht, Frise, Overyssel et Groeningen, jusques à la fin de l'an 1600. Recueillie tant des histoires desdites provinces, que de divers autres auteurs, par Jean-François Le Petit, greffier de Béthune en Arthois. *A Dordrecht, de l'Impression de Jacob Canin et Guillaume Guillemot*, 1601, 2 vol. pet. in-fol., veau brun, milieu orné, tr. rouges (*Rel. anc.*).

> Ouvrage rare orné de portraits gravés en taille-douce.
> Reliure très fatiguée et restaurée.

595. CAPACCIO (G.-C.). Gli apologi di Giulio Cesare Capaccio, con la giunta delle dicerie morali. *In Napoli, appresso Gio. Jacomo Carlino*, 1602, pet. in-8, parch. (*Rel. anc.*).

> ÉDITION ORIGINALE. Ces fables sont ornées de 94 figures gravées sur bois dans le texte.
> Trou de ver à plusieurs feuillets.

596. VERDIZOTTI (Gio.-Mario). Cento favole bellissime de i piu illustri antichi, & moderni autori greci, & latini. Scielte, & nobilmente trattate in varie maniere di versi volgari da M. Gio Mario Verdizotti. Novamente ampliate dall' autore. *In Venetia, appresso Alessandro Vecchi*, 1607, pet. in-8, figures, vélin (*Rel. anc.*).

> Ouvrage orné de 100 figures de la grandeur de la page, gravées en 1570 sur bois d'après les dessins de *Verdizotti*, auteur de l'ouvrage.

597. HISTORIA chronologica Pannoniae : res per Hungariam · Transylvaniam..., maxime vero hoc diuturno bello gestas : icones item vitasque et victorias, regum, ducum & procerum, tam christianorum quam turcicorum, a Joanne Jac. Boissardo Vesuntino delineatas, continens. Ad annum usque 1607 continuata... opera M. Gotardi Arthus. Addita est tabula chorographica totius Hungariae nova, effigiationes item topographicae alia in aes artificiose incisae *& in lucem datae, per Theodori de Bry relictam viduam & filios haeredes. Francofurti, anno 1608.* Figures. — ACTA Mechmeti I Saracenorum principis natales, vitam... eius complectentia. Genealogia successorum eiusdem modernum usq; Mechmetem III. Vaticinia Severi et Leonis in Oriente impp... interitum regni turcici sub Mechmete hoc III praedicentia. Iconibus... exornata, *recens foras data, per Io. Theodorum & Io. Israelem de Bry fratres, 1597. S. l. (Francfort).* Figures. — Ens. 2 ouvrages en 1 vol. pet. in-4, demi-rel. bas. brune, tr. roug. (*Rel. anc.*).

> Deux ouvrages sur les guerres avec les Turcs, ornés de figures gravées sur cuivre. Celles du premier, qui contient un titre gravé, 1 carte hors texte et des portraits et figures de batailles dans le texte, sont gravées par *Théodore de Bry* et ses fils sur les dessins de *J.-J. Boissard*. Le second ouvrage contient 1 titre gravé et des figures dans le texte, gravées par *Jean Théodore et Jean-Israel de Bry*.

598. VAENIUS (Otto). Amorum emblemata figuris aeneis incisa stu-

dio Othonis Vaeni. *Antverpiae, venalia apud auctorem M. D. CIIX* (1608), pet. in-4 oblong, basane marb., tr. marb. (*Rel. anc.*).

> 124 jolies figures d'emblèmes bien gravées avec des quatrains en latin, en italien et en français, plus une grande planche représentant Vénus sur son char conduit par l'Amour ; la première figure est signée *C. Boel fecit.*

599. SCRIVERIUS (Petrus). Batavia illustrata, seu de Batavorum insula Hollandia, Zelandia, Frisia, territorio Trajectensi et Gelria, scriptores varij notæ melioris nunc primum collecti, simulque editi. *Lugduni Batavorum, apud Ludovicum Elzevirium,* 1609. 4 parties en 1 vol. pet. in-4, veau fauve, tr. jasp. (*Rel. anc.*).

> La seconde partie contient de nombreux petits portraits gravés sur bois contenus dans de très jolis médaillons.

600. HORATIUS FLACCUS (Quintus). Emblemata. Imaginibus in aes incisis, notisque illustrata. Studio Othonis Vaeni Batavolugdunensis. *Antverpiae, prostant apud Philippum Lisaert, Auctoris aere et cura,* 1612. in-4, figures, vélin, fil. et fleuron à froid (*Rel. anc.*).

> Cette édition contient le texte en cinq langues : en latin, espagnol, italien, français et hollandais. Dans le texte, 103 figures gravées sur cuivre.

601. ORLERS (Jean) et HAESTENS (Henry de). Description et représentation de toutes les victoires tant par eau que par terre, lesquelles Dieu a octroiées aux nobles, hauts et puissants seigneurs, Messeignrs, les estats des provinces unies du Pais-Bas, sous la conduite et gouvernement de S. E. le prince Maurice de Nassau. *A Leyden, par Jean Jeanszoon Orlers et Henry de Haestens,* 1612, pet. infol., veau jasp., tr. rouges (*Rel. anc.*).

> Titre dans un bel encadrement gravé, 1 planche d'armoiries, 1 portrait de Maurice de Nassau, gravé par *Matham.* 1 carte et 40 planches de batailles, sièges, assauts, etc., gravées à l'eau-forte.

602. PASSE (Crispin de). Suite de 23 (sur 36) estampes, intitulée : Speculum heroidum Homeri, ou les 24 livres de l'Iliade d'Homère, red. en tables, fig. par Crespin de Passe, avec des argumens en vers latins et françois par J.-Hillaire de la Riviere. *Utrecht 1613.* Pet. in-4 oblong, demi-rel. chagrin vert (*Rel. mod.*).

> Le Blanc, III, p. 148, n° 427-462. Seulement les planches 1-7, 9-24, en tirage à part, sans le titre.
> Pièces à toutes marges, sauf la planche 8, qui est plus courte de marges et qui est collée sur une feuille blanche.

603. ANDREINI (Gio-Battista). L'Adamo, sacra rapresentatione. *In Milano, Geronimo Bordoni,* 1617, in-4, cartonné.

> Cette pièce passe pour avoir fourni à Milton le sujet et quelques détails du *Paradis perdu.*

Cette édition est ornée d'un titre gravé et de figures dans le texte gravées en taille-douce.

Exemplaire très fatigué.

604. TAURELLIUS (Nic.). Emblemata physico-ethica, hoc est naturae morum moderatricis picta praecepta à Nicolao Taurello. *Noribergae in Bibliopolio Simonis Halbmayeri,* 1617, pet. in-8, dos et coins mar. bleu, tête dor. (*Rel. mod.*).

Seconde édition ornée de 116 figures d'emblèmes gravées sur bois, avec texte en vers latins.

Les feuillets ne sont imprimés que d'un seul côté.

605. HEYNS (Zacharias). Emblemata. Emblèmes chrestienes et morales..... *Tot Rotterdam, by Pieter van Waesberge,* 1625, 4 parties. — HEINSIUS (Dan.). Poemata... *Tot Amsterdam, gedruct by Willem Janssen,* 1618. Lof-sanck van Jesus Christus den eenigen ende eeuwigen Sone godes. *Amsterdam by Willem Blaeu, s. d.* — Ens. 3 ouvrages en 1 vol. in-4, vélin à recouvr. (*Rel. anc.*).

Ces ouvrages sont ornés de nombreuses figures d'emblèmes gravées en taille-douce.

606. CLOPPENBOURG (Jean-Everhardts). Le Miroir de la cruelle et horrible tyrannie espagnole perpetrée au Pays-Bas. par le tyran, duc de Albe et aultres cōmandeurs de par le roy Philippe le deuxiesme. On a adjoint la deuxiesme partie de les tyrannies commises aux Indes Occidentales par les espagnols. Nouvellement exorné avec taille douce en cuyvre. *Tot Amsterdam, Ghedruckt l. Ian Ev. Cloppenburg,* 1620, 2 parties en 1 vol. pet. in-4. veau marb., tr. rouges (*Rel. anc.*).

La seconde partie a pour titre : *Le Miroir de la Tyrannie espagnole perpetrée aux Indes occidentales..... mise en lumière par un evesque Bartholome de Las Casas.....*

Les figures, qui ornent ces deux ouvrages, sont gravées en taille-douce et représentent les supplices que les Espagnols firent subir aux Pays-Bas et en Amérique.

Les deux titres sont montés.

607. BAUDARTIUS (W.). Polemographia Auraico-Belgica. Viva delineatio, ac descriptio omnium proeliorum, obsidionum, aliarumque rerum memoratu dignarum, quae durante bello adversus Hispaniarum regem in Belgii provinciis, sub ductu ac moderamine Guilelmi et Mauritii..... gesta sunt. *Amstelodami, apud Michaelem Colinium,* 1622, 2 parties en 1 vol. pet. in-4 oblong, vélin blanc (*Rel. anc.*).

Titre dans un encadrement gravé et 285 planches gravées en taille-douce, de portraits, batailles, sièges, rencontres, etc., durant les guerres des Pays-Bas, sous le commandement des princes d'Orange et de Nassau.

Trou de ver à quelques feuillets et mouillures.

608. BRUNES (Johannis de). Emblemata of Zinne-Werck : voor-

ghestelt, in beelden, ghedichten, en breder uÿt-legginghen, tot uÿt druckinghe, en verbeteringhe van verscheÿden seÿlen onser eeuwe. *T'Amsterdam bii Ian Evertsen Kloppenburch*, 1624, in-4, vélin à recouv., tr. rouges (*Rel. anc.*).

Titre et 51 jolies figures d'emblèmes gravés sur cuivre.

609. GLONERUS (Samuel). Novae sacrorum bibliorum figurae versibus latinis et germanicis expositae. *Strasburg, getruckt bey Christoff von der Heyden*, 1625, pet. in-8, vélin, tr. rouges (*Rel. anc.*).

Ce volume se compose de 8 feuillets préliminaires y compris le titre. de 315 feuillets contenant chacun 1 figure gravée sur bois par *Chr. Maurer*, avec texte en vers latins et allemands. Ces feuillets ne sont imprimés que d'un seul côté. A la fin du volume, 8 feuillets non chiffrés.

610. CATZ (J.). Proteus ofte minnebeelden verandert in Sinnebeelden [Emblemata in linguam anglicam transfusa — Emblemata moralia et aeconomica — Phyllis — Galathee ofte harder minneklachte]. *Tot Rotterdam by Pieter van Waesberge*, 1627, in-4, figures, veau brun (*Rel. anc.*).

Ouvrage orné de nombreuses figures gravées sur cuivre. La plupart sont gravées par *J. Swelinck*, d'après *Adr. van Venne*.
Reliure défraîchie.

611. MACCIUS (Paulus). Emblemata moralia ære incisa et versibus ital. explicata (A la fin :) *Bononiæ, Clemens Ferronius*, 1628, pet. in-4, vélin (*Rel. anc.*).

Ouvrage orné d'un frontispice, d'une figure de la Vierge et de 81 figures d'emblèmes gravées à l'eau-forte.
Le titre imprimé manque.

612. CÆREMONIALE EPISCOPORUM, jussu Clementis VIII reformatum ; Innocentis X auctoritate recognitum. *Parisiis, impensis societatis typographicæ librorum.....*, 1633, in-fol. réglé, veau brun, dos orné, tr. dor. (*Rel. anc.*).

Édition ornée de nombreuses figures gravées en taille-douce.
On a collé une figure sur le titre recouvrant une partie du texte.
Reliure moderne avec plats anciens aux armes du cardinal de RICHELIEU.

613. BURGUNDIA (Antonius a). Mundi lapis Lydius sive vanitas per veritatē falsi accusata et convicta. *Antverpiae, typis Joan. Cnobbari*, 1639, in-4, vélin blanc à recouv. (*Rel. anc.*).

Titre gravé par Dieppenbeck et 50 jolies figures d'emblèmes, gravées par *André Pauli*.
Beau tirage des figures.

614. ROLLOS (Petrus). Musarum mathemata dulciloquis Euterpae

flatibus resona, variis amorum distichis venustissime decorata.....,
& emblematum figuris cohonestata, per Petrum Rollos aeris inci-
sorem inventa, & in lucem novissime edita, 1639. 2 part. en 1 vol.
pet. in-4 oblong, veau brun, fil. à froid, tr. marb. (*Petit, succ. de
Simier*).

> Recueil de figures emblématiques, gravées sur cuivre, accompagnées
> de vers latins et allemands. Il est précédé d'un titre imprimé. La pre-
> mière partie, comprenant 58 planches, la plupart chiffrées, a pour titre
> gravé *Vita Corneliana*, et la seconde partie de 7 planches est précédée
> d'un titre gravé : *Euterpae Suboles*.

615. **SAAVEDRA FAJARDO** (Don Diego). Idea de un principe poli-
tico christiano, representada en cien empresas. *En Monaco, en la
emprenta de Nicolao Enrico, 1640*, in-4, vélin à recouv. (*Rel. anc.*).

> Titre gravé par *Sadeler*, et figures d'emblèmes dans le texte gravées
> en taille-douce.
> Mouillures à plusieurs feuillets.

616. **GOTTFRID** (Lud.). Historische Chronica, oder Beschreibung
der fürnemsten Geschichten | etc. Mit viel schönen Contrafaicturen
und geschichtmässigen Kupfferstücken an den Tag gegeben und
veriegt durch Matthaeum Merianum. *Gedruckt zu Franckfurt am
Mayn in Wolffgang Hoffmanns Buchdruckerey*, 1642. In-fol.,
figures, cartonn., tr. rouges.

> Frontispice gravé d'après le dessin de *Joachim Sandrart*, nombreuses
> figures de sujets historiques, dans le texte, gravées par *Math. Merian*,
> 1 carte, 30 planches avec petits portraits et 3 plans hors texte.
> Raccommodages à plusieurs marges. Titre et frontispice doublés.

617. **SCHOONHOVIUS** (Florentius). Emblemata partim moralia
partim etiam civilia. Cum latiori eorundem eiusdem auctoris interpretatione. *Amstelodami. Apud Joannem Janssonium. 1648*. Pet.
in-4, figures, veau marb., tr. marb. (*Rel. anc.*).

> Figures d'emblèmes, gravées sur cuivre, dans le texte.
> Le titre est rogné du côté droit jusqu'à la marque du cuivre.

618. **VISSCHER** (Nic.-Joh.). Theatrum biblicum hoc est historiae
sacrae veteris et novi testamenti tabulis aeneis expressae. Opus
praestantissimorum huius ac superioris seculi pictorum atq; sculp-
torum, summo studio conquisitum et in lucem editum per Nico-
laum Iohannis Piscatorem. Anno 1650, 2 vol. in-fol. oblong, veau
brun, dos orné, tr. jasp. (*Rel. anc. fatiguées*).

> 2 titres et 464 planches par *Martin de Vos, Michael de Coxij, G. Mos-
> tart, M. Hemskerk, Crispin van Broec, A. Tempeest, P. de Jode, Adam
> van Oort, Joh. Strada, P. Bril*, etc., gravées par *J. Sadeler, C. Rycke-
> mans, Harman Muller, Adrian Collart* et autres.
> Mouillures.

619. **LAGNIET** (Jacques). Recueil des plus illustres proverbes, divi-
sés en trois livres ; le premier contient les proverbes moraux, le

second les proverbes joyeux et plaisans ; le troisième représente la
vie des gueux..... *A Paris, s. d.* (1657-1663), in-4, veau marb., fil.,
fleurons aux angles, dos orné, tr. rouges (*Rel. du* xviiie *siècle*).

Ce recueil renferme 172 planches dont voici le détail :
Proverbes moraux : 49 planches numérotées 1 à 60 (les pl. 1, 8, 13,
15, 17, 24, 25, 33, 34, 48, 49 et 57 manquent). — *Proverbes joyeux* :
37 planches numérotées 1 à 42 (les pl. 2, 9, 21, 31 et 41 manquent).
— *Le Tableau et la vie exemplaire de ces deux amys* ; 24 pl. numérotées
44 à 72, plus le titre (les pl. 48, 49, 52, 61, 62 et 71 manquent). —
Vie des gueux ; 28 pl. numérotées 1 à 30 (les pl. 17 et 28 manquent).
— *Wlespiegel* ; 24 planches non numérotées. — *Mauvais ménage* : 10 pl.
non numérotées.

Exemplaire fatigué ; plusieurs planches sont fortement réparées ou remontées.

620. LAGNIET (Jacques). Recueil des plus illustres proverbes. *Paris*,
1657-1663. In-4, cart., tr. jasp.

Ier livre : planches n°s 1-3, 5, 7, 10, 12-33, 34, 36-39, 41-50.
IIe livre : planches n°s 1, 3-6, 8-10, 12-13, 15-24, 26, 27, 29, 33-
38, 42.
IIIe livre : planches n°s 1, 2, 4-11, 13-16, 18-30.
Ensemble 99 planches.

Quelques-unes sont raccommodées sur les coins ou marges ; d'autres
sont légèrement tachées de couleurs ; les planches 33 et 34 du deuxième
livre sont trouées.

621. LAGNIET (Jacques). Recueil des plus illustres proverbes. *Paris*
(1657-1663). In-4, demi-rel. bas. noire.

Ier livre : planches n°s 5-8, 11-14, 16, 17, 19-23, 25, 26, 28, 30, 31,
33, 34, 36, 39, 41, 43-49, 50.
IIe livre : pl. 2-4, 6, 9-13, 15-17, 20, 21-26, 29-32, 34, 35, 38-41.
IIIe livre : pl. 1, 2, 4-11, 13, 14, 16, 18-23, 25-27.
Ensemble 84 planches.

Toutes les planches ont été rognées au filet ou à la marque du cuivre
et montées sur papier moderne. Elles ne sont pas reliées dans l'ordre.

622. LAGNIET (Jacques). Recueil des plus illustres proverbes, mis
en lumière par Jacques Lagniet à Paris (1657-1663). In-4, veau
brun, dos orné (*Rel. anc. fatiguée*).

L'exemplaire comprend :
Ier livre : 59 planches chiff.
IIe livre : 75 planches chiff. 1-48 et 50-76.
IIIe livre : 30 planches chiff.
Ulespiegle (IVe livre) : 35 planches.
28 feuilles avec deux cuivres sur chacune.
51 planches non chiff.
Ensemble 278 planches.

Les 24 dernières planches sont rognées au filet et remontées, dont
deux cachées par d'autres estampes collées dessus.
1 planche pliée est abîmée au pli.

623. ESOPE. Figures diverses tirées des fables d'Esope et d'autres,

expliquées par R. D. F. (Raphael du Fresne) (A la fin :) *A Paris,
de l'imp. de Claude Cramoisy*, 1659, in-4, demi-rel. chagrin noir
(*Rel. mod.*).

> Frontispice et 139 figures par *Gilles Sadeler*, gravées en taille-douce.
> Les figures primitives des pages 63, 65, 71, 73, 75, 81, 91, 95, 105,
> 193, 203, 207, 209, 217, 223, 227, 233, 235, 239, 241, 251, 263 et
> 265 ont été couvertes par d'autres.
> Titre raccommodé.

624. EMBLEMATA amatoria. Afbeeldinghen van Minne. **Emblèmes
d'amour**. *Amsterdam by Willem Janszoon inde vergulde Zonne-
wyser*, 1611, pet. in-4 oblong, mar. rouge, compart. de fil. à la Du
Seuil, dos orné, tr. dor. (*Hardy*).

> 30 jolies planches d'emblèmes gravées en taille-douce avec le texte en
> trois langues : français, latin et hollandais.

625. MAIR (Paul-Hektor). Geschlechter Buch : darinn der löblichen
kayserlichen Reichs Statt Augspurg so vor Fünffhundert und mehr
Jahren hero | daselbst gewohnet | und bis auff acht abgestorben
etc. *In Verlegung Johann Wilhelm Ammon vnd Wilhelm Serlin. Gedruckt zu Franckfurt bei Nicolaus Kuchenbecker*, 1661. Figures. —
RUDOLPHI (J.-A.). Heraldica curiosa, welche der Wappen Ursprung
Wachsthum Fortgang..... zeiget | Samt deren umständliche Be-
schreibung. Etc. *Nürnberg | verlegts Johann Leonhard Buggel,*
1698. Front. et 15 planches gravées. — Ens. 2 ouvrages en 1 vol.
in-fol., vélin à recouvr. (*Rel. anc.*).

> I. Réimpression d'un ouvrage sur les familles patriciennes d'Augs-
> bourg, paru la première fois en 1550.
> Elle est ornée des 150 grandes figures, tirées avec les anciens bois, gra-
> vées par un maître anonyme au monogramme CW (Nagler, *Monogr.* II,
> n° 818 — Bartsch IX, p. 165, lit faussement GW). Ces figures repré-
> sentent des chevaliers armés de toutes pièces accompagnés d'écus d'ar-
> moiries. Sur le titre un autre bois ancien gravé par *Christoph Maurer*
> (Nagler, *Monogr.* IV, 1699). Sur un titre secondaire, encadrement gravé
> par *Jost. Amman.*
> II. Ouvrage sur le blason, renfermant 15 planches hors texte, avec
> 2 000 blasons environ, gravé sur cuivre.
> Le premier ouvrage est relié à la suite du deuxième.
> La figure de la page 87 du *Geschlechterbuch* a été grossièrement peinte
> en partie.

626. CONQUESTE DE CHARLEMAGNE (La) grand roy de France
et des Espagnes. Avec les faicts & gestes des douze Pairs de
France et du grand Fierabras, etc. *A Lyon. Chez Jean Carteron*.
1664. Pet. in-4, de 112 pp. chiff., figures, dos et coins mar. rouge,
tête dorée (*Petit*).

> Édition ornée de figures tirées avec des bois du xv° et du xvi° siècles.
> Titre taché. Le dernier feuillet qui était endommagé (le texte est
> atteint) a été raccommodé.

627. GESSI (Berlingiero). La Spada di honore. *In Bologna, per l'Erede di Domenico Barbieri*, 1671, in-4, vélin (*Rel. anc.*).

> Frontispice gravé par *Tintus*, aux armes de Cosme III de Médicis, portrait de Gessi par *Rigus Afner*, gravé par *Tintus*, et 10 planches d'emblèmes, gravées en taille-douce dans des encadrements.

628. WICQUEFORT (Abr. de). Advis fidelle aux véritables hollandois, touchant ce qui s'est passé dans les villages de Bodegrave et Swammerdan, et les cruautés inouies que les françois y ont exercées, avec un mémoire de la dernière marche de l'armée du roy de France en Brabant et en Flandre. *S. l.* (*La Haye*), 1673, in-4, vélin (*Rel. anc.*).

> Ouvrage imprimé par Jean et Daniel Steucker, de La Haye, orné de 8 grandes planches hors texte de *Romain de Hooghe*, gravées à l'eau-forte.

629. MITELLI (Giuseppe). Le Ventiquattr' hore dell' humana felicità consacrate all' em^{mo} Princ^e Card. di Gio. Nicola Conti. Invenzione, disegno ed intaglio di Giuseppe Mª Mitelli, pittore bolognese. *Bologna*, 1675, in-4, dos et coins mar. rouge, fil., tête dor.

> 1 frontispice et 25 curieuses estampes gravés à l'eau-forte, avec deux quatrains au bas de chaque planche.

630. OVIDE. Metamorphoses en rondeaux imprimez et enrichis de figures par ordre de sa majesté et dediez a Monseigneur le Dauphin. *A Paris de l'imprimerie royale*, 1676. In-4, figures, veau brun, tr. jasp. (*Rel. anc.*).

> L'ouvrage contient un frontispice dessiné par *Ch. Le Brun*, gravé par *Seb. Le Clerc*, et 226 vignettes gravées par *S. Le Clerc* et *F. Chauveau*.

631. THEUERDANCK. *Ulm Schultes*, 1679, in-fol., figures, vélin, tr. roug. (*Rel. mod.*).

> Exemplaire auquel manque le commencement jusqu'au cahier B inclus et les derniers feuillets.
> Ce fragment contient 102 figures gravées sur bois, par *Hans Burgkmair, Leonhard Beck, Hans Schäuffelin, Weiditz* et autres. Ces figures sont tirées sur les bois originaux.

632. KRUL (L.-H.). Pampiere wereld ofte wereldsche uiffeninge, waer in begrepen zijn meest alle de rijmen en werken van J.-H. Krul. *Tot Amsteldam* (by de weduwe von Jan Jacobsz Schipper) n't iaer 1681, pet. in-4, fig., veau marb., petite dent., dos orné, tr. marb. (*Rel. anc.*).

> Nombreuses et jolies figures gravées en taille-douce, dans le texte. La première (page 11) est de Rembrandt et connue sous la désignation *l'Heure de la mort* (Bartsch, 108).

633. VALVASOR (Joh. Weichard). Theatrum mortis humanæ tripartitum. Figuris aeneis illustratum. Das ist: Schau-Bühne dess

menschlichen Todts in drey Theil. Mit schönen Kupffer-Stichen
geziehrt vnd an Tag gegeben. Durch Joannem Weichardum Val-
vasor. *Getruckt zu Laybach | vnd zu finden bey Johann Baptista
Mayr | in Saltzburg | Anno* 1682, pet. in-4. broché, non rogné.

> L'ouvrage, précédé d'un frontispice gravé, est divisé en 3 parties. La
> première comprend une danse des morts avec 54 figures gravées sur cui-
> vre, copiées d'après les figures de *Holbein* de l'édition du *maitre A*, pu-
> bliée à Cologne. La deuxième partie, traitant des différents genres de
> mort, contient des figures gravées par *Joh. Koch*. La troisième partie
> peint les tourments des damnés avec des figures du même artiste.
> Légères mouillures aux premiers feuillets.

634. LUYCHEN (Giovan). Il Teatro della crudelta praticata nelli piu
severi tormenti del mondo, cioe sin dalla crocifissione di nostro
signore Giesu Cristo. *In Venezia, per Girolamo Albrizzi*, 1696, in-
fol., dos et coins veau brun (*Rel. anc.*).

> Suite d'un titre imprimé et de 104 planches de format pet. in-4. obl.,
> dessinées et gravées par *G. Luychen*, et remontées sur papier ancien,
> in-fol.

635. ICONOLOGIE ou la science des emblemes devises, &c. Qui ap-
prend à les expliquer, dessiner et inventer. Enrichie & augmentée
d'un grand nombre de figures avec des moralités, tirées la pluspart
de Cesar Ripa. Par J.(ean) B.(audoin) de l'Académie françoise. *A
Amsterdam, chez Adrian Braakman*, 1698, 2 vol. in-12, figures,
veau rouge, filet noir, fers à froid, dent. int., tr. dor. (*Rel. roman-
tique*).

> L'ouvrage contient 2 frontispices gravés et 80 planches chiff. hors
> texte, chacune contenant 6 figures.

636. POPELS (Joan.). Crepundia moralisata authore M. Joanne Popels, pictore antverpiensi ; deliniata R^do Domino Dño Joanni Ger-
laco Van den Bogaert Abbatiæ S. Michaelis. *S. l. n. d.*, in-4,
oblong, veau vert., pet. dent., dos orné (*Rel. mod.*).

> Recueil de 32 planches gravées d'emblèmes, y compris le titre : les
> planches, dont les personnages sont des enfants, sont signées *Joan. Po-
> pels invent. ex. Ant. Coget fecit.*
> On a relié à la suite 41 planches diverses par *Seb. Leclere, V. Los,
> V. Lichen* et *Merian*, représentant des scènes de chasses, des navires, des
> scènes champêtres et autres.
> Exemplaire de Ricardo Heredia, avec son ex-libris à l'intérieur du
> recueil.

637. CENT NOUVELLES NOUVELLES (Les). Suivent les cent nouvelles, contenant les cent histoires nouveaux qui sont moult plaisans à raconter, en toutes bonnes compagnies ; par manière de
joyeuseté ; avec d'excellentes figures en taille-douce gravées sur
les desseins du fameux Mr. Romain de Hooge. *A Cologne (Hollande)*,

chez Pierre Gaillard, 1701, 2 vol. pet. in-8. veau marb., fil, dos
orné. dent. int., tr. dor. (*Rel. anc.*).

> Frontispice par *R. de Hooghe*, gravé par *G. Van der Gouwen*, 100
> figures à mi-page, 1 vignette et 1 cul-de-lampe, par *Romain de Hooghe*.
> PREMIER TIRAGE.

638. SPIEGEL der schoonste courtisanen in hare Kleedingen en
Veranderingen van deszelfs Dersierselen naar yders Tyt... *Gedrukt
na de Copye van Parys*, 1708, pet. in-8, de 32 feuillets (y compris
le titre) numérotés avec les chiff. pairs seulement et 4 pp. chiff.
(pages 1 à 8), carton. vélin, fil. (*Rel. anc.*).

> Cet ouvrage renferme 29 portraits finement gravés en taille-douce.
> Chaque planche est accompagnée d'un quatrain en français.

639. LUIKEN (Jan). Het leerzaam huisraad, vertoond in vyftig kon-
stige figuuren, met godlyke spreuken en stichtelyke verzen, door
Jan Luiken. *Te Amsterdam, by de Wed. P. Arentz en K. vander
Sys*, 1711, in-8, figures, vélin (*Rel. anc.*).

> L'auteur traite, en forme poétique, de tous les objets de ménage, su-
> jets expliqués d'ailleurs par les 50 curieuses figures qui offrent d'inté-
> ressantes scènes d'intérieur.

640. LUIKEN (Joannes). De schriftuurlyke geschiedenissen en ge-
lyknissen, van het oude en nieuwe verbond ; vertoonende drie hon-
derd zeven en dertig konstige figuuren. Verrykt met bybelse ver-
klaaringen en stichtelyke Verzen, door Joannes Luiken. *Te
Amsteldam, by de Wed: Pieter Arentz, en Kornelis vander Sys,
1712*, 2 vol. in-4, figures, demi-rel. chagrin brun, tête marb.,
ébarbés.

> 2 frontispices et 337 figures dans le texte, gravées par *Luiken*, expli-
> quant les faits et paraboles de la Sainte Ecriture, accompagnées d'un
> texte en vers par le graveur.

641. LA MOTTE (M. de). Fables nouvelles, dédiées au roy par M. de
La Motte... avec un discours sur la fable. *A Paris, chez Grégoire
Dupuis*, 1719, in-4, veau brun (*Rel. anc.*).

> 1 frontispice par Coypel gravé par Tardieu et 100 vignettes par *Coy-
> pel, Gillot, Edelink, B. Picart et Ranc*.
> Exemplaire fatigué. Cassure raccommodée aux pages 209 et 341.

642. BODENEHR (Gabriel). [Grotesche capricciose : oder Neueröff-
nete Carnevals-Redoutte]. *S. l. n. d. (Augsbourg, vers 1720)*, in-
folio, cartonn., tr. jasp.

> Recueil de 50 estampes, chiff. 1-50 et signées *Gabriel Bodenehr fecit
> et excudit Aug. Vind*.
> Elles représentent des figures grotesques destinées à servir de modèles
> pour costumes de carnaval. Ces figures se trouvent dans des encadre-
> ments ornementaux, qui sont tirés de cuivres séparés.
> Les figures sont accompagnées de vers allemands.

Il existe un titre frontispice qui manque à cet exemplaire.

Les planches 7, 16, 18, 22, 23, 24, 48, courtes de marges ou rognées à la marque du cuivre, ont été remontées en plein. La planche 50 est remargée.

Les planches ne sont pas reliées dans l'ordre.

On a relié à la fin du volume 8 autres planches, dont 4, gravées par *Firens* et chiff. 2-5, représentent des travestissements (2 figures par planche). Elles sont rognées et montées.

643. RADEMAKER (Abr.). Kabinet van nederlandsche outheden en gezichten : vervat in 300 Konstplaaten, verzamelt, getekent en in 't Koper gebragt door den konstryken Abraham Rademaker. *Te Amsterdam, br Willem Barents*, 1725, 2 vol. pet. in-4, vélin (*Rel. anc.*).

Texte explicatif en hollandais, en français et en anglais, et 300 jolies petites planches de vues et monuments, gravées en taille-douce.

644. DANSE MACABRE (La Grande) des hommes et des femmes, historiée et renouvellée de vieux gaulois, en langage le plus poli de notre temps. *A Troyes, chez Jean-Antoine Garnier, s. d.* (1728), in-4, cartonné.

Impression troyenne ornée de nombreuses figures gravées sur bois tirées avec les bois du xve siècle.

645. MONTFAUCON (Dom Bernard de). Les Monumens de la monarchie françoise qui comprennent l'histoire de France avec les figures de chaque règne que l'injure des tems a épargnées. *A Paris, chez Gandouin et Giffart*, 1729-1733, 5 vol. in-fol., veau brun, tr. marb. (*Rel. anc.*).

Exemplaire bien complet du portrait et des 306 planches.
Quelques mouillures et reliures vernies.

646. DEMARNE. Histoire sacrée de la Providence et de la conduite de Dieu sur les hommes, depuis le commencement du monde jusqu'aux temps prédits dans l'Apocalypse, tirée de l'ancien et du nouveau Testament, représentée en 500 tableaux gravez d'après Raphaël et autres grands maitres, et expliquée par les paroles même de l'Ecriture, en latin et en françois. *A Paris, chez l'auteur*, 1730, 3 vol. gr. in-4, veau brun, tr. rouges (*Rel. anc.*).

3 titres gravés, portrait de Marie Leczinska d'après *Vanloo*, 500 planches gravées par *Demarne*, et quelques feuillets de texte gravé.

647. SCHEUCHZER (Joh. Jacob). Kupfer-Bibel in welcher die Physica Sacra, oder beheiligte Natur-Wissenchafft derer in heil Schrifft vorkommenden natürlichen Sachen deutlich erklärt und bewährt von Joh. Jacob Scheuchzer. *Augspurg und Ulm, Gedruckt bey Christian Ulrich Wagner*, 1731, 4 vol. in-fol., veau marb., tr. rouge (*Rel. anc.*).

Tomes I à IV, renfermant 650 planches. Le 4e volume est incomplet de la fin et la planche 38 manque. Cachet sur les titres.

648. LA FONTAINE. Contes et nouvelles en vers, par M. de La
Fontaine. Nouvelle édition corrigée, augmentée et enrichie de
tailles-douces dessinées par M. Romain de Hooge. *A Amsterdam,
chez N. Etienne Lucas*, 1732, 2 vol. in-8, veau jasp., dos orné, tr.
rouges (*Rel. anc.*).

Figures à mi-page, tirées dans le texte.

649. OVIDE. Les Métamorphoses d'Ovide, en latin, traduites en
françois, avec des remarques, et des explications historiques, par
M. l'abbé Banier. Ouvrage enrichi de figures en taille-douce, gravées par B. Picart, et autres habiles maîtres. *Amsterdam, chez
R. et J. Wetstein & G. Smith*, 1732, 2 tomes en 1 vol. gr. in-fol.,
mar. olive, fil., dos orné, tr. dor. (*Rel. anc. fatiguée*).

L'ouvrage contient 1 frontispice gravé et 132 grandes figures dans
le texte gravées sur cuivre. La vignette, en tête de la dédicace, contient
un médaillon avec le portrait de Louis XV.
Mouillures vers la fin du volume et sur 2 ff. au commencement (pp.
35-38).

650. PICART (Bernard). Impostures innocentes, ou recueil d'estampes d'après divers peintres illustres, tels que Raphael, Le
Guide, Carlo Maratti, Le Poussin, Rembrandt, etc., gravées à leur
imitation, et selon le goût particulier de chacun d'eux, et accompagnées d'un discours sur les préjugés de certains curieux, touchant la gravure, par Bernard Picart, avec son éloge historique et
le catalogue de ses ouvrages. *A Amsterdam, chez la veuve de Bernard Picart*, 1734, in-fol., cartonn. demi-bas. fauve.

1 fleuron sur le titre, 1 portrait de B. Picart, gravé par *J. van der
Schley*, d'après *Des Angles* et 67 planches contenant 78 sujets.
Reliure fatiguée.

651. CENT NOUVELLES NOUVELLES (Les). Avec d'excellentes
figures en taille-douce, gravées sur les dessins du fameux Mr. Romain de Hooge & retouchées par feu B. Picart le Romain. *A Cologne, chez Pierre Gaillard*, 1736, 2 vol. pet. in-8, basane, fil., dos
orné, tr. rouges (*Rel. anc.*).

Nombreuses vignettes, tirées dans le texte.
Ex-libris de Samuel Wolff à chaque volume.

652. CERVANTES (Michel de). Vida y hechos del ingenioso hi-
dalgo Don Quixote de la Mancha, compuesta por Miguel de Cervantes Saavedra en quatro tomos. *En Londres, por J.-R. Tonson*,
1738, 4 tomes en 2 vol. in-4, veau fauve, dent., dos orné, dent.
int., tr. dor.

1 portrait et 68 figures par *Vanderbank*, gravées en taille-douce par
Vertue et *Van der Gucht*.

653. LUIKEN (Jean). Théâtre des Martyrs, représenté en tailles-

douces par le célèbre Jean Luiken. *S. l., se vend chez M. Schagen*, 1738, in-4 oblong, dos et coins veau brun, non rogné (*Rel. anc.*).

> Titre gravé et 104 planches.
> Légendes en français et en hollandais.

654. UFFIZIO della settimana santa..... Nuova edizione rivista, ed accresciuta dall' autore. *In Roma, appresso Giovanni Maria Salvioni stampator*, 1742, in-8, mar. rouge, fil., pièces d'armoiries sur le dos, pet. dent. int., tr. dor. (*Rel. anc.*).

> 12 planches gravées en taille-douce par *Frey, Van Westerhout, Schedl,* etc., etc.
> Armes du prince de Soubise sur le dos de la reliure.

655. MONTFAUCON (Dom Bern. de). Thrésor des antiquitez de la couronne de France, représentées en figures d'après leurs originaux. *A La Haye, chez Pierre de Hondt*, 1745, 2 vol. in-fol., demi-rel. chagrin orange, non rognés (*Rel. mod.*).

> Ces deux volumes renferment toutes les planches des « *Monuments de la monarchie françoise* ».

656. TASSO (Torquato). La Gerusalemme liberata, con le figure di Giambatista Piazzetta. *In Venezia*, 1745. *Stampata da Giambatista Albrizzi Q. Girol.* In-fol., figures, vélin, fil. à froid, tr. jasp. (*Rel. anc.*).

> L'édition contient 1 frontispice, 1 portrait de Marie-Thérèse d'Autriche, gravé par F. Polanzani d'après Piazzetta, 20 planches hors texte, un en-tête et une vignette finale pour chacun des 20 chants (la grande vignette du chant VIII est tirée hors texte) et 1 grand cul-de-lampe hors texte à la fin du volume.
> Edition originale ayant, sur les 20 planches, des dédicaces, qui, dans la contrefaçon de la même année, sont remplacées par des légendes.
> Le n° 14 a été omis dans le numérotage des feuillets.

657. DECKER (Paulus). Repraesentatio belli ob successionem in regno hispanico..... intra 14. annos... gesti. etc. *Augsbourg, héritiers de Jeremie Wolff. S. d.* Gr. in-folio, veau brun, tr. jasp. (*Rel. anc., défraîchie*).

> Titre gravé, 1 f. de texte imprimé, et 56 planches, gravées par *C. Rembshart, Mart. Engelbrecht, G. Stein, J.-B. Probst, J.-A. Corvinus,* sur les dessins de *P. Decker père et fils.*
> Elles représentent les événements les plus remarquables de la guerre de succession. Chaque figure se trouve dans un riche encadrement.
> Exemplaire fatigué ; le dos de la reliure est moderne.

658. TABLEAUX des vertus et des vices, tirez sur le dessin des plus illustres fables de l'antiquité. *A Paris, chez Pierre Mariette le fils, s. d.*, pet. in-fol., parchemin blanc (*Rel. anc.*).

> Titre gravé dans un bel encadrement et 24 planches gravées par *C. Blomart, David, Mathan, Lasne.*

659. FIELDING. Histoire de Tom Jones ou l'enfant trouvé. Traduction de l'anglois de M. Fielding par Mʳ De La Place. *Londres et Paris*, 1751, 4 vol. in-12, demi-bas. fauve, tr. jasp. (*Rel. anc.*).

> 1 frontispice et 15 figures par *Gravelot*, gravées par *Aveline, Chedel, Fessard* et *Pasquier*.

660. LA MARTINIÈRE (Bruzen de). Fables héroïques renfermant les plus saines maximes de la politique et de la morale ; avec des discours historiques..... à l'usage du prince des Asturies..... *A Amsterdam et à Berlin, chez Jean Neaulme*, 1754, 2 vol. pet. in-8, veau marb., fil., tr. rouges (*Rel. anc.*).

> Ouvrage orné de 60 figures non signées, gravées en taille-douce et tirées dans le texte.

661. BOCCACE. Il Decamerone di M. Giovanni Boccaccio. *Londra* (*Paris*), 1757, 5 vol. in-8, front., figures et culs-de-lampe de Gravelot, Boucher, Cochin et Eisen, basane verte, pet. dent. sur les plats, dos orné, tr. dor. (*Rel. anc.*).

> La figure XIII du tome IIᵉ qui manque a été remplacée par la planche XIV qui est en double.
> Les figures, tirées sur papier vélin, sont très faibles comme tirage.

662. BOUDARD (J.-B.). Iconologie tirée de divers auteurs. Ouvrage utile aux gens de lettres, aux poètes, aux artistes, et généralement à tous les amateurs de beaux-arts. *A Parme, chez l'auteur*, 1759, 3 vol. pet. in-fol., veau marb., pet. dent., dos orné, tr. dor. (*Rel. anc.*).

> Cet ouvrage est orné de 629 figures dans le texte (en français et en italien) gravées en taille-douce.

663. RACINE. Œuvres. *A Paris*, 1760, 3 vol. in-4, veau marb., fil., dos orné, tr. dor. (*Rel. anc.*).

> Portrait par *Daullé*, 1 fleuron sur chaque titre, 12 figures, 13 vignettes et 60 culs-de-lampe, par *de Sève*, gravés par *Aliamet, Baquoy, Flipart, Legrand*, etc.
> La reliure a été vernie.

664. GABBIANI (Ant. Domenico). Raccolta di cento pensieri diversi, fatti intagliare in rame da Ignazio Enrico Hugford. *In Firenze, Nella Stamperia Moückiana*, 1762, in-fol., cartonné.

> Recueil de 100 planches, gravées par *Gregori, Cipriani, Pacini*, et autres, tirées en différents tons.

665. LA FONTAINE. Contes et nouvelles en vers par M. de La Fontaine. *A Amsterdam*, 1762, 2 vol. pet. in-8, veau jaspé, dos orné, tr. dor. (*Rel. anc.*).

> Tirage d'essai de l'édition des « *Fermiers généraux* ». Exemplaire dans lequel on a inséré les portraits de *La Fontaine* d'après *Rigaud*, d'*Eisen* d'après *Vispré*, gravés par *Ficquet* et de *Choffard*, en cul-de-lampe fait

par lui-même ; les figures d'*Eisen*, les vignettes et culs-de-lampe de *Choffard* en TIRAGE A PART.

Le *Cas de conscience* est découvert et la figure du *Diable de Papefiguière* est en deux états : couverte et découverte.

On a ajouté à l'exemplaire 7 des figures refusées.

666. DORAT. Les Baisers, précédés du Mois de mai. *La Haye et Paris, chez Delalain*, 1770, frontispice, figure, 1 f., vignettes et culs-de-lampe par Eisen et Marillier. — La Déclamation théâtrale, poème didactique en quatre chants. *A Paris, chez Delalain*, 1771, 1 frontispice et 4 figures par Eisen. — Fables nouvelles. *La Haye et Paris, chez Delalain*, 1773, 2 vol., 2 frontispices, 1 figure, 99 vignettes et 99 culs-de-lampe, par Marillier. — Lettres d'une Chanoinesse de Lisbonne à Melcour. Ma Philosophie, Idylles de Saint-Cyr. *La Haye et Paris, chez Delalain*, 1771, 3 figures, 3 vignettes et 2 culs-de-lampe, par Marillier. — Mes Fantaisies. *Ibid., id.*, 1770, front., 1 fleuron et cul-de-lampe par Eisen. — Les Sacrifices de l'amour. *Ibid., id.*, 1772, 2 vol., 2 figures par Marillier. — Les Malheurs de l'inconstance..... *Ibid., id.*, 1772, 2 vol., 2 figures par Quéverdo. — Ens. 10 vol. in-8, veau porphyre, fil., dos orné, tr. dor. (*Rel. anc.*).

667. DORAT. Œuvres. *Paris, chez Delalain*, 1770-1792, 20 tomes en 12 vol. pet. in-8, veau jasp., dos orné, tr. marb. (*Rel. anc.*).

Nombreuses figures et vignettes par *Eisen*, *Marillier* et *Quéverdo*.

668. SAINT NON (L'abbé de). Recueil de Griffonnis, de Vues, Paysages, fragments antiques et Sujets historiques, gravés tant à l'eau-forte qu'au lavis par Mr l'abbé de Saint Non..... d'après différents Maîtres de l'Ecole Italienne et de l'Ecole française. *S. l. n. d.*, 297 planches de différents formats tirées sur 158 feuilles en 1 vol. gr. in-folio, cartonn., non rogné (*Cart. anc.*).

Guilmard, p. 224, n° 24 ne cite que 294 planches.

Exemplaire très frais de ce beau recueil d'estampes, gravées par *de Saint Non*.

Elles représentent de beaux paysages, dont plusieurs vues d'Italie, dessinés par *Le Prince*, (*Hubert*) *Robert* et *Fragonard*, des fragments de peintures existant dans les églises et palais d'Italie, dessinés par *Fragonard*, des figures de genre d'après Rembrandt, Loutherbourg, Greuze, 6 planches de costumes napolitains (caricatures), des fresques d'Herculanum et des sculptures antiques.

Déchirure dans la marge d'une feuille.

Sur la garde la note ancienne : *Réservez pour Mr Vismeru (?) amateur honoraire à Peau.*

669. GESSNER. Contes moraux et nouvelles idylles de D... (Diderot) et Salomon Gessner. *A Zuric, chez l'auteur*, 1773. — Œuvres de Salomon Gessner, traduits (*sic*) de l'allemand. Tome II. *Ibid., id.*, 1777, 2 tomes en 1 vol. in-4, demi-rel. veau fauve, non rogné (*Rel. anc.*).

PREMIER TIRAGE.

Edition illustrée de 2 titres gravés, 19 (sur 20) figures, 6 vignettes et 33 culs-de-lampe, dessinés et gravés à l'eau-forte par *Gessner*.
La 10ᵉ figure du tome II manque.

670. LEVAYER DE BOUTIGNY. Tarsis et Zélie. Nouvelle édition. *A Paris, chez Musier fils*, 1774, 3 vol. gr. in-8, dos et coins veau fauve, tr. jasp. (*Rel. anc.*).

3 frontispices par *Moreau, Cochin* et *Eisen*, gravés par *Gaucher, Ponce* et *Née*, 3 fleurons sur le titre, gravés par *Née*, et 20 vignettes par *Eisen*, gravées par *Helman, de Longueil, Masquelier, Massard*, etc.

671. BERQUIN. Idylles. *A Paris, chez Ruault*, 1775, pet. in-8, veau marb., fil., dos orné, tr. dor. (*Rel. anc.*).

Tome Iᵉʳ seul contenant 1 titre dessiné et gravé par *Marillier* et 12 figures chiff. hors texte, dessinées par *Marillier*, gravées par *De Launay, E. De Ghendt, N. Ponce*, etc.

672. LA BEAUMELLE. Commentaires sur la Henriade par feu M. de La Beaumelle, revu et corrigé par M. Fréron. *A Paris, chez Le Jay*, 1775, in-4, demi-rel. mar. vert. dent. sur les plats, dos orné, tr. dor. (*Rel. anc.*).

Titre-frontispice de *Marillier*, gravé par *A. de Saint-Aubin*.
On y a ajouté 11 figures de *Moreau* et de *Marillier* ; elles sont remontées de format in-4.

673. TREITZSAURWEIN (Marx). Der Weiss Kunig. Eine Erzehlung von den Thaten Kaiser Maximilian des Ersten. Von Marx Treitzsaurwein auf dessen Angeben zusammengetragen, nebst den von Hannsen Burgmair dazu verfertigten Holzschnitten. Herausgegeben aus dem Manuscripte der kaiserl. königl. Hofbibliothek. *Wien auf Kosten Joseph Kurzböckens*, 1775, in-fol., demi-rel. veau brun (*Rel. mod.*).

Première publication de ce texte, relatant les principaux événements de la vie et du règne de l'empereur Maximilien Iᵉʳ.
Elle contient les 237 beaux bois de *Hans Burgkmair, Hans Springinglklee* et *Hans Schäuffelin*, tirés tous sur les bois originaux.
Les premiers feuillets du texte et quelques planches sont légèrement moisis sur la marge latérale.

674. CERVANTÈS. Les principales aventures de l'admirable don Quichotte représentées en figures par Coypel, Picart le Romain et autres habiles maîtres. *A Liège, chez J.-F. Bassompierre*, 1776, in-fol., veau marb., fil., tr. marb. (*Rel. anc.*).

31 figures dessinées par *Coypel, Cochin, Fremolières*, etc., gravées par *Bernard Picart, J. Schley, P. Taujé*, etc.
Exemplaire imprimé sur GRAND PAPIER.

675. LAUJON. Les A-Propos de société ou chansons de M. L... *S. l.* (*Paris*), 1776, 2 vol. avec musique notée, 2 frontispices, 1 figure (sur 2), 2 vignettes et 2 culs-de-lampe (la figure du tome I manque).
— LES A-PROPOS de la Folie, ou chansons grotesques, grivoises et

annonces de parade. *S. l. (Paris)*, 1776, 1 vol. avec musique notée,
1 frontispice, 1 figure, 1 vignette et 1 cul-de-lampe par Moreau. —
Ens. 3 vol. in-8, dos et coins mar. La Vall., tête dor., ébarbés
(*Rel. mod.*).

676. RECUEIL des meilleurs contes en vers. *Londres (Paris, Cazin)*,
1778. Tomes I-III, 3 vol. in-18, fig. à mi-page, mar. bleu foncé,
dent. à petits fers, dos orné, dent. int., tr. dor. et marb. (*Smeers*).

> Tomes I-II, contenant les Contes et nouvelles en vers par M. de La
> Fontaine. — Tome III : Contes et nouvelles en vers par Voltaire, Ver-
> gier, Sénecé, Perrault, Moncrif, et le P. Ducerceau.
> Le tome IV ne s'y trouve pas.

677. VOLTAIRE. Romans et contes de M. de Voltaire. *A. Bouillon,
aux depens de la Société typographique*, 1778, 3 vol. in-8, mar.
rouge, fil., dos orné, tête dor., non rognés.

> 1 portrait gravé par *Cathelin*, d'après *La Tour*, et 57 figures par *Ma-
> rillier, Martini, Monnet* et *Moreau*, gravées par *Baquoy, Chatelain, Denys,
> Dambrun*, etc., etc.
> Le portrait et toutes les figures ont de petites marges et sont remon-
> tées à plat (sauf la figure de la page 8 du tome III) sur papier vélin
> moderne.

678. LA CHAU (l'abbé de) et LE BLOND (l'abbé). Description des
principales pierres gravées du cabinet de S. A. S. Monseigneur le
duc d'Orléans, premier prince du sang. *A Paris, chez Pissot*, 1780-
1784, 2 vol. pet. in-fol., cartonnés.

> 1 fleuron sur chaque titre, 2 vignettes en tête, 178 planches de pierres
> gravées par *Saint-Aubin* et 54 culs-de-lampe dessinés et gravés par *Saint-
> Aubin*.
> Le frontispice manque et les 7 planches de médailles spintriennes ne
> se trouvent pas dans cet exemplaire.

679. FROMAGEOT. Annales du règne de Marie-Thérèse, impératrice
douairière, reine de Hongrie et de Bohême, archiduchesse d'Autriche, etc., continuées jusqu'à sa mort. *A Paris, chez Nyon et La
Porte*, 1781, in-8, veau marb., fil., tr. marb. (*Rel. anc.*).

> Portrait de Marie-Thérèse gravé par *Cathelin*, d'après *Ducreux*, 2 por-
> traits en médaillon, gravés par *Gaucher*, d'après *Moreau*, et 4 figures
> par *Moreau*, gravées par *Duclos, de Launay, Prévost* et *Simonet*.

680. RECUEIL de 28 planches, gravées par Saint-Non, en partie
sur les dessins de Fragonard, provenant du Voyage pittoresque...
des royaumes de Naples et Sicile, par J.-Cl. Richard, abbé de
Saint-Non. *Paris*, 1781-1786. En 1 vol. in-folio, demi-rel. veau
fauve, tr. jaunes.

> 17 planches in-fol. représentant des sculptures, bas-reliefs et bronzes
> antiques.
> 10 planches in 4, gravées à la manière du lavis, en bistre, sur les
> dessins de Fragonard, représentant des sculptures et bronzes antiques.
> Courtes de marges et remontées en châssis.
> Mouillures sur les marges de la suite in-folio.

681. TWELVE prints, representing the surprising events in the life and adventures of Robinson Crusoe. *London printed for and sold by Carington Bowles,* 1783, in-4, monté sur onglets, veau marb., dent., dos orné, tr. jasp. (*Rel. anc.*).

    Suite complète de 12 curieuses planches gravées à l'eau-forte.

682. LE CLERC (Sébastien). Œuvres choisies. *Paris, Lamy,* 1784, 9 suites en 1 vol. in-4, demi-bas. marb. (*Rel. anc.*).

    239 figures au trait ou ombrées, toutes numérotées, tirées sur 74 planches.
    Divers costumes français du règne de Louis XIV. — Petits paysages. — Vues de plusieurs petits endroits des faubourgs de Paris. — Suites de chevaux et paysages, etc.

683. GRAVELOT ET COCHIN. Iconologie ou traité de la science des allégories à l'usage des artistes en 350 figures gravées d'après les dessins de MM. Gravelot et Cochin ; avec les explications à chaque sujet. *A Paris, chez Le Pan. S. d.,* 4 vol. in-8, toile verte, fil. à froid, tr. rouges (*Rel. mod.*).

    L'exemplaire contient, en dehors du texte, le titre général, 1 frontispice contenant le portrait de Cochin, 1 portrait de Gravelot, 2 (sur 4) titres gravés et 178 (sur 204) figures.
    Les titres des tomes II et IV et 26 figures manquent.
    Trou dans la marge du cuivre du frontispice qui contient le portrait de Cochin. Une planche, abîmée à la marge, est doublée. Mouillures aux marges de quelques planches et feuillets de texte.
    Le texte n'est pas tout à fait complet.

684. GESSNER (Salomon). Œuvres [traduction en français par Huber Meister et Brutté de Loirelle]. *Paris, chez Herissant et Barrois, s. d.* (1786-1793), 2 vol. in-4, veau marb., pet dent., tr. jaunes (*Rel. anc.*).

    Tomes I et II (sur 3) ornés de 2 titres gravés, de 2 frontispices et de 62 figures par *Le Barbier,* gravées par *Baquoy, Dambrun, Delignon, Gaucher, Halbou,* etc., etc.

685. FASTES de la Révolution française depuis 1787 jusqu'à l'attaque de la Convention. *A Paris, chez Marel, s. d.,* in-fol. oblong, demi-rel. chagrin noir, plats toile.

    Suite de 50 planches gravées par *Duplessi-Bertaux* et *Niquet,* d'après *Meunier-Girardet, Prieur, Swebach, Ozanne* et *Fragonard.*
    La couverture sert de titre au recueil.

686. RESTIF DE LA BRETONNE. Les Parisiennes, ou XI caractères généraux pris dans les mœurs actuelles, propres à servir à l'instruction des personnes du sexe : tirés des mémoires du nouveau Lycée des mœurs. *A Neuchâtel, et se trouve à Paris, chez Guillot,* 1787, 4 vol. in-12, demi-rel. veau fauve, tr. jasp. (*Rel. mod.*).

    20 figures non signées.

687. SAINTE BIBLE (La) contenant l'Ancien et le Nouveau Testament, traduite en françois sur la vulgate par M. Le Maistre de Saci. *A Paris, chez Defer de Maisonneuve,* 1789-an XII (1804), 12 vol. in-8, cartonn. ancien en papier.

> Édition ornée de 300 figures par *Marillier* et *Monsiau* [204 pour l'Ancien et 96 pour le *Nouveau Testament*], gravées par *Dambrun, Delignon, Delvaux, Dupréel, de Ghendt, Patas, Petit, Ponce, Trière, Sarin,* etc., etc.
> Exemplaire NON ROGNÉ.

688. ANNÉE DES DAMES NATIONALES (L'), ou histoire, jour-par-jour, d'une femme de France. *Genève,* 1792-1794, 6 tomes (sur 12) en 3 vol. in-12, figures, demi-rel. bas. fauve. tr. jaunes (*Rel. anc.*).

> Tomes III à VIII (mars-août).
> Ces 6 tomes contiennent 16 figures.

689. LA FONTAINE (M. de). Contes et nouvelles en vers par M. de La Fontaine. *A Paris, chez Chevallier,* 1792, 2 vol. in-8, fig. d'Eisen et culs-de-lampes de Choffard, veau fauve, fil., dos orné, tr. dor. (*Rel. mod.*).

> Cette édition renferme les 2 portraits et les figures de l'édition des fermiers-généraux.
> 1 figure (celle de l'arbre] manque à *La gageure des trois commères.*

690. FLORIAN. Galatée, roman pastoral, imité de Cervantès par M. de Florian..... *A Paris, chez Defer de Maisonneuve,* 1793, gr. in-4, veau marb., dent . plats, dos orné, tr. dor. (*Rel. anc.*).

> Édition ornée de 4 figures en couleurs gravées par *Cazenave* et *Colibert,* d'après *Monsiau.*

691. NOUVEAU TESTAMENT (Le) en latin et en français, traduit par Sacy. Edition ornée de figures gravées sur les dessins de Moreau le jeune. *A Paris, de l'Imp. de Didot jeune,* 1793-1798, 5 vol. in-8, basane verte, pet. dent., dos orné, tr. jaunes (*Rel. anc.*).

> 4 frontispices et 108 jolies figures par *Moreau* gravées par *Baquoy, Dambrun, de Longueil, Simonet,* etc.
> Le cinquième volume renferme les *Actes des Apôtres.*

692. LA FONTAINE. Contes et nouvelles en vers. *A Paris, de l'Imp. de P. Didot l'aîné,* an III, 1795, 2 vol. in-4, dos et coins chagrin rouge, tr. jasp. (*Rel. mod.*).

> Exemplaire renfermant la suite de 20 estampes de *Fragonard.*
> Les 3 planches suivantes sont en épreuves AVANT la lettre :
> 1" *Joconde, Le Pardon.* — 2" *La fiancée du roi de Garbe, La Cassette.* — 3° *Le Baiser rendu.*
> L'exemplaire est court de marges.

693. SCHERZI poetici e pittorici (publiés par Giov. Gher. de Rossi)

Roma 1794 (A la fin:) *Parma co' tipi Bodoniani,* 1795, in-8, figures, veau marb., tr. dor. (*Rel. de l'époque*).

> 1 titre et 40 planches gravées sur cuivre et coloriées dans le genre étrusque. Elles ont été exécutées par *Fr. Rosaspina,* d'après les planches gravées au simple trait par le portugais *Tekeira,* pour l'édition de Rome de 1794. Un texte en regard des planches contient des poésies.

694. LA FONTAINE. Fables de La Fontaine, avec figures gravées par MM. Simon et Coiny. *A Paris, chez Bossange, Masson et Besson,* an IV (1796), 6 vol. in-18, bas. fauve, dos orné (*Rel. mod.*).

> 1 frontispice et 274 (sur 275) figures.
> Les 3 derniers feuillets du tome premier et la planche 170 manquent.

695. SAINT-LAMBERT. Les Saisons, poème. *A Paris, de l'Imp. de P. Didot l'aîné,* an IV-1796, in-4, demi-rel. bas. rouge, tr. jasp.

> 4 figures par *Chaudet,* gravées par *Morel.*

696. VADÉ (J.-J.). Œuvres poissardes de J.-J. Vadé suivies de celles de L'Ecluse..... *Paris, chez Defer de Maisonneuve,* an IV, 1796, in-4, dos et coins mar. rouge à longs grains, dos orné, tr. jaunes (*Rel. de l'époque*).

> Un des 100 exemplaires sur papier vélin contenant les 4 figures dessinées par *Monsiau* et gravées en couleurs par *Clément* en épreuves AVANT la lettre.

697. GESSNER (Salomon). Œuvres. *A Paris, chez Ant.-Aug. Renouard,* an VII-1799, 4 vol. in-8, veau marb., fil. et pet. dent., tr. dor. (*Rel. anc.*).

> 3 portraits et 48 figures par *Moreau,* gravées par *Baquoy, Delvaux, de Ghendt, Lemire,* etc.
> Papier vélin.

698. GOYA (Francesco). [Caprichos inventados y grabados al agua fuerte, por Francesco Goya y Lucientes pintor. *Madrid, vers 1799*]. Pet. in-fol., toile noire, tr. jasp. (*Rel. mod.*).

> ANCIEN TIRAGE des 80 planches chiff., y compris le portrait de Goya.

699. GOYA. Les Eaux-fortes de Francisco Goya. Los Caprichos, gravures fac-similé de M. Segui y Riera. Notice biographique et étude critique accompagnées de pièces justificatives par Antoine de Nait. *Paris, Boussod, Valadon et Cⁱᵉ,* 1888, in-4, monté sur onglets, cartonn. demi-toile grise, tête dor., ébarbé.

> 80 eaux-fortes.

700. AUDEBERT (J.-B.). Histoire naturelle des singes et des makis.

A Paris, chez Desray, an VIII (1800), in-fol., demi-rel., veau marb.,
tr. marb. (*Rel. de l'époque*).

> Ouvrage orné de 61 (sur 63) planches dessinées et gravées par *Aude-
> bert*.
> Les 2 planches de figures anatomiques manquent.
> Reliure très fatiguée.

701. HIRTH (Georges). Les grands illustrateurs. Trois siècles de vie
sociale, 1500-1800, publié par Georges Hirth. *Leipzig et Munich,
G. Hirth, s. d.*, 6 vol. in-4, demi-rel. veau fauve, ébarbés.

> Reproductions des œuvres des principaux artistes de 1500 à 1800,
> avec explications en allemand et en français.

702. HOGARTH. The Works of William Hogarth, from the original
plates restored by James Heath, with the addition of many subjects not before collected : to which are prefixed, a biographical
essay on the genius and productions of Hogarth, and explanations
of the subjects of the plates, by John Nichols. *London, printed for
Baldwin and Cradock, s. d.*, gr. in-fol., dos et coins mar. rouge,
tr. dor.

> Texte et réimpression de 116 grandes planches gravées à l'eau-forte.

703. MIRYS (S.-D.). Figures de l'histoire de la République romaine,
accompagnées d'un précis historique. Ouvrage exécuté par ordre
du gouvernement pour servir à l'instruction publique, d'après les
dessins de S.-D. Mirys. *A Paris, chez le citoyen Mirys*, an VIII,
in-4, monté sur onglets, dos et coins chagrin rouge, tête dor., non
rogné.

> Ouvrage orné d'un frontispice et de 180 jolies figures à mi-page,
> avec texte gravé au-dessous, dessinées par *Mirys*, gravées par *Baquoy,
> Simonet, Dambrun, Patas*, etc.
> Exemplaire lavé.

704. GROSE (François). Principes de caricatures, suivis d'un essai
sur la peinture comique. Traduit en français, avec des augmenta-
tions. *A Paris, chez Aug. Renouard*, an X-1802, gr. in-8, cuir de
Russie, dent. sur les plats, dos orné, tr. dor. (*Rel. de l'époque*).

> Ouvrage orné de 28 planches de caricatures dessinées par *Fr. Grose*
> et *Woodward* et gravées à l'eau-forte par *G. Grohmann*.

705. ARIOSTO (Lodovico). Orlando furioso. *In Parigi, appresso
Fantin*, 1803-1804, 4 vol. in-4, dos et coins mar. rouge, tête dor.,
ébarbés (*Rel. mod.*).

> Cet exemplaire est orné d'un portrait de l'Arioste par *Eisen*, gravé par
> *Ficquet* et de 57 figures par *Cochin*, gravées par *de Launay, Lingée* et
> *Ponce*.

706. TERNISIEN-D'HAUDRICOURT. Fastes de la nation française,
ou tableaux pittoresques gravés par d'habiles artistes, accompagnés

d'un texte explicatif, etc. *Paris, chez Potier*, 1805-1813, 2 vol. in-4, mar. rouge à longs grains, dent., dos orné, doubl. et gardes de tabis bleu, tr. dor. (*Reliures de l'époque*).

190 figures, dessinées par *Swebach, Lafitte, Crépin*, gravées par *Dupréel, Pourvoyeur, Couché fils, Bertaux, Quéverdo* et autres.
L'ouvrage a principalement trait aux guerres qui ont suivi la Révolution de 1789 et aux campagnes de Napoléon.
Les volumes ont des marges de différentes grandeurs.

707. APOLLON ET LES MUSES, calendrier pour l'année 1807, dédié et présenté à sa Majesté l'Impératrice & Reine Joséphine. *A Paris, chez Chaise J*ne (1806), in-4, figures, cartonn.

Ce calendrier contient un titre gravé et 10 planches hors texte dessinées par *Lafitte* et gravées par *Chaponnier*. Elles représentent des médaillons, contenant les bustes d'Apollon et des muses dans des entourages ornés.
Mouillures.

708. BEAUTIES OF STERNE (The) : comprising his humorous and descriptive tales, letters, etc., etc. Embellished by caricatures, by Rowlandson, from original drawings by Newton. *London, printed for Th. Tegg*, 1809, in-12, cartonné, non rogné.

Orné de 2 caricatures gravées à l'eau-forte d'après *Rowlandson*, et coloriées.

709. PINELLI (Bartolomeo). L'Eneide di Virgilio, tradotta da Clemente Bondi. Inventata ed incisa all' acquaforte da Bartolomeo Pinelli, romano. *In Roma, presso Luigi Fabri*, 1811, in-fol. oblong, demi-rel. chagrin vert, tr. jasp.

Titre et 50 planches gravées à l'eau-forte.
Ces planches sont une des meilleures productions de *Pinelli*.

710. PISTRUCCI (Filippo). Iconologia ovvero immagini di tutte le cose principali a cui l'umano talento ha finto un corpo, di Filippo Pistrucci, colla traduzione francese di Sergent Marçeau. *Milano, presso Paolo Antonio Tosi e Comp.*, 1819-1821, 2 vol. in-4, cartonn. demi-toile verte, non rognés.

Texte italien et traduction française par Sergent Marceau.
Exemplaire contenant les 240 planches coloriées.

711. GILLRAY (James). Recueil de 85 caricatures politiques et sur les mœurs, estampes gravées sur cuivre sur les dessins de Gillray, et coloriées. *London, John Miller & Blackwood Edinburg*. En 1 vol. pet. in-folio oblong, dos et coins, basane brune.

Les estampes sont accompagnées d'un texte descriptif, qui, incomplet, ne va que jusqu'à la page 164.
Cassures à différentes planches pliées.

712. GILLRAY (James). The Works of James Gillray from the ori-

ginal plates, with the addition of many subjects note before collected. *London, printed for Henry G. Bohn, s. d., 2 vol. gr. in-fol.,* dos et coins mar. rouge, tr. dor.

Recueil de 627 caricatures d'après *Gillray*, tirées sur 175 feuillets.

713. BERNERI (Giuseppe). Il Meo Patacca o vero Roma in feste nei trionfi di Vienna. Poema giocoso nel linguaggio romanesco. Edizione seconda arricchita di num. 52. tavole. inventate ed incise da Bartolomeo Pinelli Romano. *In Roma 1823. Dai torchj di Lino Contedini.* In-fol. oblong, demi-rel. veau vert, ébarbé.

Réimpression d'un poème facétieux en dialecte romain écrit en 1685. Elle contient 52 planches hors texte. gravées sur cuivre par *B. Pinelli.*

714. CRUIKSHANK (George). Points of humour; illustrated by the designs of George Cruikshank, *London : published by C. Baldwyn,* 1823-1824. 2 parties en 1 vol. in-8. figures, demi-rel. veau fauve, tr. jasp. (*Koehler*).

L'ouvrage contient 20 planches hors texte. gravées à l'eau-forte et coloriées. Vignettes gravées dans le texte.

715. COLLECTION (A select) of humourous engravings, caricatures &c. by various artists. *S. l. n. d.* 1 titre calligraphique gravé et 176 planches remontées en châssis en 1 vol. gr. in-fol. mar. grenat à longs grains, dentelle, compart. de fil. dor. et de petites dent. à froid, dos orné, fil. int., tr. dor. (*Rel. angl.*).

Estampes coloriées de *Th. Lane, R. Cruikshank, Loraine, Smith, J. Gilray, Shortshanks,* etc.. en différents formats. remontées à une ou plusieurs par feuille.
La reliure est de 1830 environ.

716. ARNAULT (A.-V.). Vie politique et militaire de Napoléon. Ouvrage orné de planches lithographiées d'après les dessins originaux des premiers peintres de l'école française. exécutés par les plus habiles artistes. *A Paris, à la Librairie historique,* 1826, 5 vol. gr. in-fol.. demi-rel. mar. rouge à longs grains, non rognés (*Rel. de l'époque*).

Le titre du premier volume et la planche 8 (*Pont de Lodi*) manquent. mais par contre cet exemplaire renferme 4 planches non décrites à la table.
Mouillures et cassures fortement réparées à plusieurs planches et feuillets de texte.

717. CRUIKSHANK. Illustrations of time. *London. published, May 1 st., 1827, by the Artist, sold by J. Robins et C°,* in-fol. oblong. demi-rel. chagrin rouge. plats toile, tr. jasp.

Un titre et 36 planches gravées à l'eau-forte. représentant 196 sujets humoristiques.

718. **TURPIN DE CRISSÉ** (Le comte). Souvenirs du golfe de Naples, recueillis en 1808, 1818 et 1824. *A Paris*, 1828, in-fol., demi-rel. mar. vert, dos orné (*Rel. de l'époque*).

> Volume renfermant 1 frontispice, 2 cartes, 10 vignettes et 36 planches gravées au burin par *Devilliers, Schroeder, Lemaître*, etc., tirées sur papier de Chine.

719. **JAIME** (E.) Musée de la caricature ou recueil des caricatures les plus remarquables publiées en France depuis le xiv⁰ siècle jusqu'à nos jours... avec un texte historique et descriptif par MM. Ch. Nodier, E. Jaime, Jules Janin, Léon Gozlan, etc. *A Paris, chez Delloye*, 1838, 2 vol. in-4, demi-rel. bas. fauve, tr. jasp. (*Rel. de l'époque*).

> Le titre du tome I manque.

720. [**MUSÉE** de la caricature, ou recueil des caricatures les plus remarquables publiées en France depuis le quatorzième siècle jusqu'à nos jours, etc. *Paris, chez Delloye*, 1838.] In-4, demi-rel. mar. vert à longs grains, tr. jaunes.

> 60 livraisons (sur 80) de cet ouvrage, contenant 171 planches qui se suivent (sans les planches 91 et 167) et les textes des livraisons.
> Les titres et les couvertures ne s'y trouvent pas.

721. **FRANÇAIS PEINTS PAR EUX-MÊMES** (Les). Encyclopédie morale du dix-neuvième siècle. *Paris, L. Curmer*, 1841-1850, 8 vol. in-8, cartonn. toile grise, non rognés.

> Exemplaire sans le *Prisme*, renfermant les planches coloriées. Il manque 5 planches et le portrait de Napoléon au tome V, 1 planche à chacun des tomes II et III de la « Province ».

722. **LACROIX** (Paul) et **SÉRÉ** (Ferdinand). Le Moyen âge et la Renaissance, histoire et description des mœurs et usages, du commerce et de l'industrie, des sciences, des arts, des littératures et des beaux-arts en Europe. Dessins fac-simile par M. A. Rivaud. *Paris*, 1848-1851, 5 vol. in-4, demi-rel. chagrin rouge, plats toile, tr. dor.

> Nombreuses planches hors texte, en noir et en couleurs, et nombreuses figures dans le texte gravées sur bois.

723. **OVERBECK** (Frédéric). L'Evangile illustré. Quarante compositions de Frédéric Overbeck, gravées par les meilleurs artistes de l'Allemagne. *Dusseldorff et Paris, A.-W. Schulgen, s. d.* (1851), in-fol. oblong, demi-rel. chagrin rouge, plats toile.

> Texte latin, français, allemand et anglais, et 40 planches hors texte, gravées sur acier et tirées sur Chine.
> Mouillures.

724. **TALLIS'S** history and description of the Crystal palace, and the exhibition of the world's industry in 1851; illustrated by

beautiful steel engravings, from original drawings and daguerreotypes, by Beard, Mayall, etc., etc. *London and New-York, J. Tallis & Co., s. d.* (1851), 3 vol. in.4, dos et coins mar. vert, tr. jasp.

Ouvrage orné de 142 planches gravées sur acier.

725. SPRÜCHWÖRTER (Deutsche) und Spruchreden in Bildern und Gedichten. Ausgeführt im lithographischen Institut von Arnz & Comp. *Düsseldorf. Verlag von Arnz & Comp., s. d.* (vers 1852). In-4, figures, toile brune, dos chagrin brun, tr. jasp.

La première partie de l'ouvrage comprend les proverbes en images et contient 1 frontispice et 20 planches, lithographies originales de *R. Jordan, W. Camphausen, H. Pittler, L. Erdmann* et autres (Nagler. *Monogr.* II, 822 ; III, 1411 ; IV, 1044). A la suite viennent des proverbes, poésies anciennes et modernes.
Taches de rousseur.

726. IMITATION DE JÉSUS-CHRIST. *Paris, L. Curmer*, 1856. Appendice. Notice de M. Jules Janin. Auteurs présumés de l'Imitation, par M. l'abbé Delaunay. Histoire de l'ornementation des manuscrits, par M. Ferdinand Denis. Etc., etc. *Id.*, 1858. — Ens. 2 vol. in-4, demi-rel. chagrin noir, plats toile, non rognés.

Frontispice, titres ornés, bordures historiées pour la préface, encadrements à chaque page, et 4 planches hors texte — le tout en chromolithographie.
L'*Appendice* contient les 4 photographies hors texte. L'avis préliminaire manque.

727. PELLASSY DE L'OUSLE (J.). Histoire du Palais de Compiègne. Chroniques du séjour des souverains dans ce palais, écrites d'après les ordres de l'Empereur. *Paris, Imp. impériale*, 1862, gr. in-4, dos et coins mar. bleu, non rogné.

Ouvrage orné de figures dans le texte gravées sur bois et de planches hors texte, tirées sur Chine, gravées par *Guillaumot, Aug. Ribault, F. Grisart*, etc.

728. LONGUS. Daphnis et Chloé. Traduction d'Amyot, complétée par P.-L. Courier. 43 compositions au trait par Léopold Burthe. Préface par Amaury Duval. *Paris, Hetzel*, 1863, in-fol., cartonn. toile rouge, fers spéciaux, tr. jasp. (*Cartonn. de l'éditeur*).

729. ÉVANGILES (Les) des dimanches et fêtes de l'année suivis de prières à la Sainte-Vierge et aux Saints. Texte revu par M. l'abbé Delaunay, *Paris, L. Curmer*, 1864, 3 vol., dont 1 de texte, in-4, dos et coins mar. rouge, tête dor., non rognés.

Édition ornée de bordures, d'encadrements et de miniatures reproduites en chromolithographie.
Le texte (*Appendice*) est orné de petites photographies collées et d'encadrements gravés sur bois.

730. DRANER. Les Soldats de la République. L'Armée française
en campagne. *Paris, au bureau de l'Eclipse, s. d.*, titre et 31 lithographies coloriées. — Souvenirs du siège de Paris. Les Défenseurs
de la Capitale. *Ibid., id., s. d.*, titre et 31 lithographies coloriées.
— Ens. 2 albums en 1 vol. in-4, demi-rel. chagrin vert, plats
toile, tr. jasp.

> Cassure à une planche.

731. VÉRON (Eugène). La troisième Invasion. Texte par M. Eugène
Véron. Eaux-fortes par M. Auguste Lançon. *Paris, Librairie de
l'Art et Ch. Delagrave*, 1876-1877, 2 vol. in-fol., demi-rel. chagrin
grenat, tr. jasp.

> Exemplaire nº 1, imprimé sur papier vélin.
> Cet ouvrage renferme 154 eaux-fortes et 15 cartes ou plans relatifs à
> la guerre franco-allemande de 1870-1871.

732. LACROIX (Paul). Vie militaire et religieuse au moyen âge et à
l'époque de la Renaissance. *Paris, Firmin Didot et Cⁱᵉ*, 1877. —
Sciences et lettres au moyen âge et à l'époque de la Renaissance.
Ibid., id., 1877. — Mœurs, usages et costumes au moyen âge et à
l'époque de la Renaissance. *Ibid., id.*, 1878. — Les Arts au moyen
âge et à l'époque de la Renaissance. *Ibid., id.*, 1880. — Ens. 4
vol. gr. in-8, dos et coins chagrin vert, tête dor., ébarbés.

> Chaque volume est orné de chromolithographies et de gravures sur
> bois.

733. LACROIX (Paul). Les Arts au moyen âge et à l'époque de la
Renaissance. *Paris, Firmin Didot et Cⁱᵉ*, 1877. — Vie militaire et
religieuse au moyen âge et à l'époque de la Renaissance. *Ibid., id.*,
1876. — Mœurs, usages et costumes au moyen âge et à l'époque de
la Renaissance. *Ibid., id.*, 1878. — Ens. 3 vol. gr. in-8, brochés.

> Chaque volume est orné de chromolithographies et de gravures sur
> bois.

734. LACROIX (Paul). xviiⁱᵉ siècle. Institutions, usages et costumes.
Lettres, sciences et arts. France. 1590-1700. *Paris, Firmin Didot
et Cⁱᵉ*, 1880-1882, 2 vol. — xviiⁱᵉ siècle. Institutions, usages et costumes. Lettres, sciences et arts. France. 1700-1789. *Ibid., id.*,
1878, 2 vol. — Ens. 4 vol. gr. in-8, dos et coins mar. rouge, tête
dor., non rognés.

> Chaque volume est orné de chromolithographies et de gravures sur
> bois.
> 1 volume est broché et un autre est dans la reliure en toile des édi-
> teurs.

735. YRIARTE (Charles). La Vie d'un patricien de Venise au xviᵉ
siècle d'après les papiers d'état des Frari. Avec 136 gravures et 8
planches ; reproductions des monuments du temps et des fresques
de Paul Véronèse. *Paris, Rothschild, s. d.*, in-8, demi-rel. chagrin

La Vall. clair, plats toile, fers spéciaux, tête dor., ébarbé (*Rel. de l'éditeur*).

736. YRIARTE (Charles). Florence. L'histoire. Les Médicis. Les humanistes. Les lettres. Les arts. Orné de 5oo gravures et planches. Deuxième édition. *Paris, J. Rothschild*, 1881, in-4, cartonn. toile, fers spéciaux, tr. dor. (*Rel. de l'éditeur*).

737. CHAMPIER (Victor). Les anciens Almanachs illustrés. Histoire du calendrier, depuis les temps anciens jusqu'à nos jours. *Paris, Frinzine et Cie*, 1886, in-fol. en feuilles dans le cartonnage de publication.

> Ouvrage orné de 5o planches hors texte en noir et en couleurs reproduisant les principaux almanachs illustrés ou gravés par *Léonard Gaultier, Crispin de Passe, Lepautre, Gravelot, Cochin, Debucourt*, etc., etc.

738. GRANDES SCÈNES HISTORIQUES (Les) du xvie siècle. Reproduction fac-simile du recueil de J. Tortorel et J. Perrissin, publiée sous la direction de M. Alfred Franklin. *Paris, Fischbacher*, 1886, gr. in-4, cartonn. toile grise, fers spéciaux, tête dor., non rogné (*Cartonn. des éditeurs*).

739. VANITY FAIR. March 1886. — October 1889. (*London, Vincent Brooks Day & Son Lith.*) In-fol., dos et coins basane fauve, tr. jasp.

> Recueil de 179 chromolithographies, représentant les portraits-charges des hommes du monde politique, de finance, de la société mondaine de Londres.

740. STAAL (Mme de). Mémoires de Madame de Staal (Mademoiselle Delaunay). Un portrait et trente compositions de C. Delort, gravés au burin et à l'eau-forte par L. Boisson. Préface de R. Vallery-Radot. *Paris, L. Conquet*, 1891, in-8, broché.

> Exemplaire (n° 390) imprimé sur papier vélin du Marais.

11. — ARTS INDUSTRIELS

(Meubles. — Verrerie. — Céramique. — Tapisserie, etc.)

741. BESSON (Jacques). Théâtre des instrumens mathématiques et méchaniques ; avec l'interprétation des figures d'icelui, par François Beroald, plus en ceste dernière édition ont esté adioustées additions à chacune figure. *A Lyon, par Jaques Chouët*, 1594, in-fol., parchemin (*Rel. anc.*).

> Curieux ouvrage orné de 6o planches gravées à l'eau-forte, dont quelques-unes sont attribuées à *R. Boyvin*.
> Modèles de treuils, scies, carrosses, pompes à incendie, lutrin, tours, etc., etc.
> Le titre est orné d'un bel encadrement gravé sur bois.

742. BOCKLER (Georg.-And.). Theatrum machinarum novum, exhibens aquarias, alatas, jumentarias, manuarias ; pedibus, ac ponderibus versatiles, plures, et diversas molas..... Ex Germania in Latium recens translatum opera R. D. Henrici Schmitz. *Coloniae Agrippinae, sumpt. Pauli Principis,* 1662, in-fol., veau fauve, dos orné, tr. marb. (*Rel. anc.*).

> Frontispice et 154 planches de machines diverses, gravées en taille-douce.

743. DUPONT-AUBERVILLE. Art industriel. L'Ornement des tissus. Recueil historique et pratique. *Paris, Ducher et Cie,* 1877, in-fol., en feuilles, dans le cartonnage de publication.

> Texte et 100 planches en chromolithographie.

744. JOUSSE (Mathurin). L'Art de charpenterie de Mathurin Jousse, corrigé & augmenté de ce qu'il y a de plus curieux dans cet art, & des machines les plus necessaires à un charpentier. Par Mr D. L. H. (de la Hire). Le tout enrichi de figures et tailles-douces. *A Paris, chez Thomas Moette, 1702,* in-folio, veau brun, tr. jasp. (*Rel. anc.*).

> L'ouvrage comprend 2 ff. prélim., 208 pages de texte, enrichi de figures gravées sur bois, et 7 planches hors texte gravées en taille-douce.
> Les cahiers Z et Aa (pp. 125-134) ont été transposées après la page 142.

745. LABARTE (Jules). Histoire des arts industriels au moyen âge et à l'époque de la Renaissance. Deuxième édition. *Paris, Vve A. Morel et Cie,* 1872-1875, 3 vol. in-4, demi-rel. chagrin bleu, tête dor., ébarbés.

> Cette édition est ornée de 85 vignettes dans le texte, gravées sur bois et de 81 planches hors texte, la plupart en chromolithographie.
> Envoi autographe de l'auteur sur le faux-titre du tome I.

746. MEUBLES RELIGIEUX et civils conservés dans les principaux monuments et musées de l'Europe, ou choix de reproductions des plus remarquables spécimens exécutés pendant le cours du moyen âge, de la Renaissance et des règnes de Louis XIII, Louis XIV, Louis XV et Louis XVI. Dessins par Asselineau. Texte par Daniel Ramée, architecte. *Paris, A. Lévy,* 1864, 2 vol. in-fol., en feuilles, dans les cartonnages de publication.

> 153 lithographies tirées sur Chine.

747. MEUBLES RELIGIEUX et civils conservés dans les principaux monuments et musées de l'Europe. *Paris, A. Lévy,* 1874, 2 vol. in-fol., en feuilles dans des cartons.

> 150 (sur 153) planches gravées et lithographiées, tirées sur Chine.
> Les planches 34, 40 et 126 manquent.

748. UNGEWITTER (G.-G.). Meubles du moyen-Age. Plans, éléva-

tions, coupes et détails, dessinés par G.-G. Ungewitter. *Paris,
A. Morel et Cie, s. d.*, in-fol., demi-rel. toile brune.

> 1 frontispice et 48 planches représentant des chaises, tables, armoires,
> divans, fauteuils, lits, bibliothèques, etc.

749. WILLIAMSON (E.). Les Meubles d'art du mobilier national.
Choix des plus belles pièces conservées au garde-meuble et dans
les palais nationaux de l'Elysée, du Louvre, de Versailles, de Tria-
non, de Fontainebleau, de Compiègne et de Pau. *Paris, Baudry et
Cie, s. d.*, in-fol., en feuilles, dans le cartonn. de publication.

> Tome II seul renfermant 47 planches en héliogravure, avec texte
> explicatif.

750. ZONCA (Vittorio). Novo Teatro di machine et edificii per varie
e sicure operationi cō le loro figure tagliate in rame e la dichiara-
tione e dimostratione di ciascuna. Al Illmo Sig^{re}..... Nicolo de La-
zara conte del Palù cav. del Grā Collare di S. Michele. *1656. In
Padova appresso Fran^{co} Bertelli*. Pet. in-fol., d'un titre gravé, 2
ff. prélim., 1 planche hors texte et 60 ff. mal paginés, vélin, 2 fil.,
fleurs de lis aux angles, tr. jasp., attaches de soie (*Rel. de l'époque*).

> Exemplaire aux armes de Nicolo de LAZARA. comte del PALU, auquel
> l'ouvrage est dédié.
> Dans le texte des planches gravées sur cuivre.

---

751. CAPRONNIER (J.-B.). Collection des quatorze vitraux qui
ornent la cathédrale de Tournay. Recueil publié d'après les dessins
de J.-B. Capronnier. *Bruxelles, Imp. des Beaux-Arts*, 1849, gr. in-
fol., cartonn., dos et coins toile rouge.

> Recueil de 14 grandes lithographies coloriées.

752. DELANGE (Carle). Recueil de toutes les pièces connues jus-
qu'à ce jour de la faïence française dite de Henri II et Diane de
Poitiers, dessinées par Carle Delange et publiées par MM. Henri et
Carle Delange. *Paris*, 1861, in-fol., dos et coins mar. vert, ébarbé.

> Très bel ouvrage, devenu très rare, tiré à 150 exemplaires (n° 103)
> sur papier de Hollande ; il est orné d'un frontispice et de 51 (sur 52)
> lithographies coloriées. — La planche du Biberon de la collection du
> prince Galitzin, de Moscou, ne se trouve pas dans cet exemplaire ; elle
> manque d'ailleurs à presque tous les exemplaires ; le dessin n'ayant pu
> être obtenu par l'éditeur avant la publication de l'ouvrage.

753. DELANGE (Carle) et BORNEMAN (C.). Monographie de l'œuvre
de Bernard Palissy, suivie d'un choix de ses continuateurs ou imi-
tateurs, dessinée par MM. Carle Delange et C. Borneman, et ac-

compagnée d'un texte par M. Sauzay et M. Henri Delange. *Paris*, 1862, in-fol., dos et coins mar. vert, non rogné.

Très bel ouvrage, tiré à 300 exemplaires (n° 10) sur papier de Hollande ; il est orné d'un portrait de Bernard Palissy et de 100 lithographies coloriées ; une est en double.

754. DELANGE (Carle) et BORNEMAN (C.). Recueil de faïences italiennes des xv⁰, xvɪ⁰ et xvɪɪ⁰ siècles, dessiné par MM. Carle Delange et C. Borneman, et accompagné d'un texte par M. A. Darcel et M. Henri Delange. *Paris*, 1869, in-fol., monté sur onglets, demi-rel. chagrin rouge, non rogné.

Ouvrage tiré à 300 exemplaires et orné de 100 belles planches lithographiées en couleurs.

755. GARNIER (Édouard). Histoire de la verrerie et de l'émaillerie. Illustration d'après les dessins de l'auteur; gravure de Trichon. *Tours, Alfred Mame et fils*, 1886, gr. in-8, cartonn. toile bleue, fers spéciaux, tr. dor. (*Cartonn. des éditeurs*).

Planches hors texte en chromolithographie et figures dans le texte gravées sur bois.

756. JACQUEMART (Albert). Histoire de la céramique. Étude descriptive et raisonnée des poteries de tous les temps et de tous les peuples. Ouvrage contenant 200 figures sur bois par H. Catenacci et J. Jacquemart. 12 planches gravées à l'eau-forte par Jules Jacquemart et 1000 marques et monogrammes. *Paris, Hachette et Cⁱᵉ*, 1873, gr. in-8, broché.

Le dos du volume est brisé.

757. LÉVY (Edmond), de Rouen. Histoire de la peinture sur verre en Europe et particulièrement en Belgique, avec planches par J.-B. Capronnier. *Bruxelles, Tircher*, 1860, 2 parties en 1 vol. in-4, demi-rel. toile bleue, non rogné.

La seconde partie traite des vitraux de Belgique.
Cet ouvrage est orné de 22 (sur 37) chromolithographies.
Les planches 1, 5, 6, 7, 8, 12, 16, 18, 20, 21, 22, 25, 30, 35 et la planche supplémentaire n° 2 manquent.

---

758. ARMAND (T. Prior). Histoire de Saint-Rémi. *Paris*, 1846, gr. in-fol., demi-rel. mar. vert, plats toile.

Album seul, bien complet, composé de 11 planches de tapisseries gravées à l'eau-forte et coloriées ; les 10 premières représentent la vie de Saint Rémi, et la 11ᵉ, la ville de Reims.

759. GUICHARD (Ed.) et DARCEL (A.). Les Tapisseries décoratives du garde-meuble (Mobilier national). Choix des plus beaux

motifs. *Paris, Baudry, s. d.,* 2 vol. in-fol., montés sur onglets, demi-rel. bas. verte.

100 planches reproduites en héliogravure.

760. GUIFFREY (J.), MÜNTZ (E.) et PINCHART (Al.). Histoire générale de la tapisserie. *Paris,* 1878, in-fol., en feuilles.

Nous possédons seulement 17 (1 à 17) livraisons avec 72 photographies.
Il n'a paru que 25 livraisons de cet ouvrage.

761. GUIFFREY (Jules). Histoire de la tapisserie, depuis le moyen âge jusqu'à nos jours. *Tours, Alfred Mame et fils,* 1886, gr. in-8, dos et coins mar. rouge, tête dor., ébarbé.

4 chromolithographies et nombreuses planches hors texte et dans le texte, gravées sur bois.

762. LEBERTHAIS (C.) et PARIS (Louis). Toiles peintes et tapisseries de la ville de Reims, ou la mise en scène du théâtre des confrères de la Passion. *Paris, chez le Vte H. de Bruslart,* 1843-1880, 2 vol. in-4, cartonn. demi-toile rouge et atlas in-fol., cartonn. demi-toile bleue, non rognés.

L'atlas renferme seulement 30 (sur 32) planches gravées, tirées sur Chine, en noir.
L'adresse du libraire a été grattée sur le titre de l'atlas.

763. LE BRUN (Ch.). Devises pour les tapisseries du Roy, où sont représentez les quatre élemens et les quatre saisons de l'année, peintes en miniature par I. Bailly, et gravées par S. Le Clerc. *A Paris, de l'Imp. de C. Blageart,* 1668, in-fol., bas. fauve (*Rel. anc.*)

Cet ouvrage contient : un frontispice gravé, un titre imprimé, un titre gravé dans un bel encadrement, 1 feuillet explicatif imprimé, 32 ff. avec les figures des devises et 8 grandes planches représentant les tapisseries, gravées par *Seb. Leclerc,* d'après *Ch. Lebrun.*
Exemplaire fatigué.

II. — ART MILITAIRE. — MARINE

764. CÉSAR. Livre premier |et second| de Caesar renouvellé par le
S. Gabriel Simeon florentin. Reveu & diligemment corrigé avec le
Second de nouveau adiousté par Françoys de S. Thomas, A Mon
Seigneur de Mandelot. *A Lyon, chez Jean Saugrain commis.*, 1570.
(A la fin du second livre :) *Acheué d'Imprimer le dernier iour de
Decembre 1569. Par Jean Marcorelle.* 2 part. en 1 vol. pet. in-8,
chag. rouge, dos orné, tr. dor. (*Rel. mod.*).

> Exemplaire complet malgré la mauvaise pagination du second livre
> (voir l'advertissement de l'imprimeur).

765. GIFFART (Pierre). L'Art militaire françois, contenant l'exercice
& le maniement des Armes, tant des Officiers que des Soldats, représenté par des figures en taille-douce dessinées d'après nature.
Avec un petit abrégé de l'exercice comme il se fait aujourd'hui. *A
Paris, chez Pierre Giffart, graveur du roy*, 1698. Pet. in-8, figures,
dos et coins vélin, tr. jasp. (*Rel. anc.*).

> L'ouvrage comprend un frontispice gravé, 7 ff. prélim., 178 pp.
> chiff., contenant 85 figures.
> On a collé sur la figure XXVIII une copie un peu différente de cette
> même figure.
> Exemplaire très court.

766. JACOBI VON WALLHAUSEN (Johann). Kriegskunst zu Fuss |
Darinn gelehret und gewiesen werden : I Die Handgrieff der Muss-
quet vnd dess Spiesses |..... II Das Exercitium, oder wie man es
nennet | das Trillen | mit einem Fähnlein..... III. Schöne newe
Batailie, oder Schlachtordnungen..... IV. Der Vngerischen biss-
hero geführten Regimenten Kriegs-Disciplin zu Fuss etc. Gedruckt
zu Oppenheim | bei Hieronymo Gallero, *in Verlegung Johann Theod.
de Bry*, 1615. Pet. in-fol., figures, vélin, tr. jasp. (*Rel. anc.*).

> Catalogue Lipperheide, n° 2068.
> Non cité par Gelli et Vigeant.

Ouvrage sur les manœuvres des troupes à pied et le maniement du
mousquet et de l'espadon.

Il contient 1 titre gravé et 35 planches hors texte, gravées sur cuivre,
dont 3 représentent de nombreuses figures de mousquetaires et lanciers,
copies réduites d'après *de Gheyn.*

767. MARZIOLI (Francesco). Precetti militari consacrati all' immor-
tal nome dell' Altezza Sereniss. di Ferdinando Maria duca dell' una
e dell' altra Baviera..... (A la fin :) *In Bologna, per l'Erede di Domenico Barbieri, appresso Gio. Francesco Davico detto il Turrini*, 1673,
in-fol., demi-rel. bas fauve, dos orné, tr. jaunes (*Rel. anc.*).

Intéressant ouvrage orné d'un beau titre gravé avec sujets allégori-
ques, d'un portrait de Ferdinand Marie et de 64 planches gravées en
taille-douce (17 pour le maniement de la pique, 10 pour le mousquet,
28 pour les exercices et évolutions militaires, et 9 pour les formations
en bataille).

768. MOUVEMENTS du Régiment de la Marche Prince depuis l'année 1752 (jusqu'en 1783). Manuscrit pet. in-8, de 82 ff. écrits,
vélin (*Rel. anc.*).

Manuscrit de l'époque.
Notices en forme de journal.
Ce régiment s'appelait le Nivernois avant 1753.

769. ORDONNANCE du roi, portant règlement sur la constitution de
l'infanterie, et spécialement sur la formation et la solde de l'infanterie françoise, du 17 mars 1788. — Règlements arrêtés par le roi,
pour l'habillement et l'équipement de ses troupes, des 21 février
1779 et 1er octobre 1786. — Ordonnance du Roi, portant règlement sur l'administration de tous les corps, tant d'infanterie, que
cavalerie, dragons et hussards ; sur l'habillement, les recrues, ren-
gagements et remontes, la discipline, la subordination, etc., etc.,
du 25 mars 1776. — Ordonnance du roi, portant règlement sur
l'administration et la comptabilité, tant des appointemens et soldes,
que des masses dans les régimens de cavalerie, du 20 juin 1788. —
Instruction sur les modèles de registres, tableaux et états joints à
l'ordonnance des masses pour l'infanterie, du 20 juin 1788. — Règlement provisoire concernant le service intérieur, la police et la
discipline des troupes d'infanterie, du 1er juillet 1788. — Ens. 1
vol. pet. in-fol., demi-rel. bas. fauve (*Rel. anc.*).

Le règlement du 1er octobre 1786 est orné de 6 grandes planches de
broderies, galons et boutons.

770. PRAISSAC (Le Sr du). Les discours militaires, dediez à Sa Majesté. Dernière (seconde) édition. Reveuë, corrigée, & augmentée
par l'Autheur. *A Paris, chez la vefue M. Guillemot, & S. Thiboust,*
1614. 1 frontispice gravé, 4 ff. prél. et 215 pp. chiff., fig. — Les
Questions militaires. *Ibid., Id.*, 1614. 62 pp. chiff., et 1 f. non
chiff. — Briefve methode pour resoudre facilement toute question
militaire proposée. *Ibid., Id.*, 1614. 14 pp. chiff. et 1 f. avec fig.,

gravée sur cuivre. — Les Epistres, contenant des briefves leçons sur diverses matières. *Ibid., Id.*, 1614, 66 pp. chiff. et 1 f. non chiff. — Ens. 4 parties en 1 vol. in-8, vélin. (*Rel. anc.*).

Ces quatre traités de Praissac ont des titres et paginations séparés, mais ils forment un seul ouvrage, d'après l'avis de l'imprimeur.
La première partie contient des figures gravées sur bois.

771. STEVIN (Symon). La Castrametation descrite par Symon Stevin, de Bruges, selon l'ordonnance et usage... de Maurice prince d'Orange. Seconde édition reueuë & corrigée. *A Leyden, chez Matthieu et Bonaventure Elzevier*, 1618. — Nouvelle maniere de fortification par escluses. *Ibid., id.*, 1618. — Ens. 2 ouvrages en 1 vol. in-fol., vélin (*Rel. anc.*).

Le second ouvrage est orné de nombreux plans de fortification. Le premier renferme le portrait de Maurice de Nassau et les blasons des états des provinces unies, gravés sur cuivre.

772. VALTURIUS. En tibi lector Robertum Valturium, ad illustrem heroa Sigismundum Pandulphum Malatestam Ariminensium regem de re militari libris XII, multo emaculatius, ac picturis, quæ plurimæ in eo sunt, elegantioribus expressum, quam cum Veronæ inter initia artis chalcographicæ anno 1483 invulgaretur. *Parisiis, apud Christ. Wechelum*, 1532, in-fol., dos et coins veau brun, tr. jaunes (*Rel. anc.*).

Cet ouvrage est orné de belles figures gravées sur bois ; copiées sur celles de l'édition de Vérone 1472.

773. VEGECE. Flaue Uegece Rene homme noble et illustre | du fait de guerre : et fleur de cheualerie. Quatre liures. Sexte Jule Frontin | homme consulaire | des Stratagemes | etc. Aelian de lordre et instruction des batailles, etc. Traduicts fidellement de latin en francois : & collationez (par le polygraphe humble secretaire & historien du parc dhonneur [Nicolas Volkier, de Bar-Le-Duc]) etc. *Imprimé a Paris par Chrestian Wechel, 1536*, in-fol., goth., de 6 ff. prélim., 160 ff. paginés, 1 f. pour la marque et 1 f. blanc, figures, vélin vert, tr. jasp. (*Rel. anc. fatiguée*).

Edition ornée de nombreuses et grandes figures gravées sur bois.

---

774. ALLARD (Carel). Nieuwe hollandse scheeps-bouw, waar in vertoond word een volmaakt schip..., Benevens de Afbeeldingen van alle de voornaamste vlaggen, die men in zee ontmoet ; in meer als tachtig kopere plaaten ; etc. *Tot Amsteldam, by Carel Allard*, 1695, pet. in-4, figures, veau brun, tr. marb. (*Rel. anc.*).

Cet ouvrage qui donne des renseignements sur la construction d'un bateau et la dénomination de ses parties, contient 1 planche non chiff. et 82 planches chiff., gravées en taille-douce, représentant les pavillons de mer des diverses nations.

775. BAUGEAN. Collection de toutes les espèces de bâtimens de guerre et de bâtimens marchands qui naviguent sur l'Océan et dans la Méditerranée, dessinée d'après nature et gravée par Baugean. *A Paris, chez l'auteur, Bance et Fantin,* 1814, in-4 oblong, demi-rel. bas. fauve, tr. jaunes (*Rel. de l'époque*).

> 15 pp. de texte et 72 planches gravées en taille-douce.
> On y joint: 11 planches (1 à 11) du premier cahier de vaisseaux, dessinés par Ozanne, in-8 oblong, en feuilles.

776. BAUGEAN. Collection de toutes les espèces de batimens marchands qui naviguent sur l'Océan et dans la Méditerranée, dessinée d'après nature et gravée par Baugean ; composée de 72 planches et accompagnée d'un texte explicatif. *A Paris, chez Jean, s. d.* (1814), in-4, oblong, demi-rel. basane brune, tr. jasp.

> 60 (sur 72) eaux-fortes.
> Une couverture de livraison (abîmée) sert de titre.
> Le titre, le texte et les planches 1-12 manquent.

777. BAUGEAN. Recueil de petites marines, représentant des navires de diverses nations, et de toutes espèces, sous différentes voilures ; intérieurs d'arsenaux, travaux des ports, costumes de pêcheurs, de matelots et principales professions attachées à la marine... *Se vend à Paris, chez Ostervald,* 1817, pet. in-4 oblong, dos et coins bas. grenat. tr. jasp.

> 77 pages de texte et 150 planches gravées à l'eau-forte.
> Les pp. 67 à 74 de texte qui manquaient ont été remplacées par une copie manuscrite

778. DESCRIPTION OF THE MARITIME PARTS OF FRANCE, containing a particular account of all the fortified towns. forts. harbours, bays, and rivers, with their tides, currents, soundings. shoals, etc., also of all manufactures, and articles of Commerce, and of the most remarkable invasions, sieges, and the sea-fights, which have happened on or near that coast... *London, printed for Faden and Jefferys,* 1774, 1 vol. de texte et un atlas, in-4. oblong, demi-rel. bas. fauve.

> L'atlas renferme 87 cartes et plans gravés par *Jefferys.*

779. ÉTAT GÉNÉRAL et alphabétique de toutes les munitions et marchandises qui se consomment dans les ports de Brest, Rochefort et Toulon, avec l'indication des lieux d'où on les tire pour chacun de ces ports et le prix commun qu'elles y sont paiées, soit en paix soit en guerre... *S. l. n. d.,* in-fol. de 132 ff. non chiff., mar. vert, fil., dos et angles ornés, pet. dent. int.. tr. dor. (*Rel. anc.*).

> Intéressant registre manuscrit d'une bonne écriture relatant les dépenses faites dans les ports de Brest, Rochefort, Toulon : avec les prix des munitions et marchandises en temps de paix [année 1777] et en temps de guerre [année 1782].

780. HOBIER. De la construction d'une gallaire, et de son équipage. *A Paris, par Denys Langlois*, 1622, in-8, de 3 ff. prél. et 64 pages, cartonné.

> Orné de 2 grandes planches, pliées gravées sur cuivre.

781. JANSZOON (Guillaume). Le Flambeau de la navigation, monstrant la description et delineation de toutes les costes, et havres de la mer occidentale, septentrionale et orientale ; selon les instructions des plus entendus autheurs, des escrits de marine et déclarations des plus experimentez pilotes... *A Amsterdam, chez Jean Jeansson*, 1620, 3 parties en 1 vol., in-4 oblong parchemin (*Rel. anc.*).

> Cet ouvrage est orné de nombreuses figures dans le texte gravées sur bois, dont 2 avec pièces mobiles et de 42 cartes gravées en taille-douce.

782. MEDINA (Pietro de). L'Arte del navegar in laqual si contengono le regole, dechiarationi, secreti, & auisi, alla bona nauegation necessarij... & tradotta de lingua Spagnola in volgar Italiano, à beneficio, & utilita de ciascadun navigante. *In Vinetia ad instantia di Gioanbattista Pedrezano*, 1554, in-4, vélin (*Rel. anc.*).

> Édition ornée de petites figures descriptives dans le texte.

783. MOUTTON (J.). Les Pauillons et Les Etendars Des Mers Suiuant La diuersitte des Nations. Manuscrit in-4, de 94 ff., figures, basane brune, compart. de fil., tr. jasp (*Rel. du XVII siècle*).

> Manuscrit de la deuxième moitié du xvii° siècle (après 1665) d'une bonne écriture.
> Les figures de pavillons, qui occupent la première moitié de l'ouvrage, sont peintes en différentes couleurs.
> La dédicace qui est adressée à « Monsieur Charles Bosquet conseiller du Roy controlleur de la marine au port de Toulon » est signée par l'auteur. En face de la dédicace les armes de Bosquet occupant la page entière.
> La deuxième moitié du volume contient un portulan. C'est dans cette partie que l'auteur mentionne la prise de la ville de Sarcelle en Barbarie par l'armée de France en 1665, ce qui nous permet de fixer la date approximative du manuscrit.
> On lit à la fin du volume une notice suivante, écrite au crayon :
> *Ce liure appartient a M' Begon jntendant Du Haure de grace mort à la puardure 18 janvier 1747 jnt. des armées naualles. Lequel liure ma été donné par mademoiselle Begon.*
> CHASTULÉ, *chanoine à Blois 5 may 1750.*

784. OZANNE. Nouvelles vues perspectives des ports de France tirées de la collection dessinée pour le Roi en 1776. Par M. Ozanne Ingénieur de la Marine. *A Paris chez le Gouaz graveur*, in-fol. oblong, cartonn. papier rose, non rogné (*Cart. anc.*).

> Belle collection de 63 vues des ports de la France et de ses colonies, gravées par Y. *Le Gouaz* sur les dessins d'Ozanne.

Le recueil est précédé d'une feuille de table gravée (in-8), contenant le titre ci-dessus.

Ces 63 planches sont celles qui sont désignées comme mises au jour, au moment où la table fut imprimée. Le recueil complet contient, d'après Brunet, 81 planches et une carte.

Belles épreuves de premier tirage, avant qu'on ait ajouté certains passages dans les légendes (des vues de ports de France) et avant le numérotage.

On y a joint 3 autres planches du même recueil, dont une double, des vues du port de Cette (en état postérieur) et de la rade de Toulon. La troisième est la vue du port d'Antibes.

Ces trois épreuves sont médiocres et brunies.

785. OZANNE. Marine militaire ou recueil de différens vaisseaux qui servent à la guerre, suivis des manœuvres qui ont le plus de rapport au combat, ainsi qu'à l'attaque et la deffense des ports. *A Paris, chez Chéreau, s. d.*, gr. in-8, veau marb., tr. rouges (*Rel. anc.*).

50 planches gravées avec explication, également gravée, au-dessous des figures.

786. OZANNE. Marine militaire, in-4, demi-rel. basane.

Même édition, exemplaire de format in-4.

787. PARIS. Essai sur la construction navale des peuples extra-européens, ou collection de navires et pirogues construits par les habitants de l'Asie, de la Malaisie, du Grand Océan et de l'Amérique, dessinés et mesurés par M. Paris, capitaine de corvette, pendant les voyages autour du monde de l'Astrolabe, la Favorite et l'Artémise. *Paris, Arthus Bertrand, s. d.*, fort vol. in-fol., demi-rel. chagrin brun, ébarbé.

1 vol. de texte et 1 atlas de 132 planches gravées ou lithographiées. Les 2 vol. sont reliés ensemble.

III. — EXERCICES GYMNASTIQUES.

788. MERCURIALIS (Hieronymi) de Arte gymnastica libri sex, in quibus exercitationum omnium vetustarum genera, loca, modi, facultates, et quidquid deniq. ad corporis humani exercitationes pertinet, diligenter explicatur. Secunda editione aucti, et multis figuris ornati. *Venetiis, apud Juntas*, 1573. in-4, vélin (*Rel. anc.*).

> Ouvrage estimé.
> Cette édition est ornée de figures gravées sur bois.
> Notes marginales d'une écriture ancienne.

---

789. ANSALONE (Antonino). Il Cavaliere del signor Antonino Ansalone Messinese, descritto in tre libri, nel primo de' quale si ragiona delle preminenze, che hanno ottenuto i cavalieri : nel secondo de' giuochi... nel terzo del modo, come si debba comparire negli spettacoli, e nelle mascherate. *In Messina, nella stamperia di Pietro Brea*, 1629. Pet. in-4, figures, basane brune (*Rel. anc. fatiguée*).

> L'ouvrage contient 1 planche hors texte gravée sur cuivre par *Antonino Donia*, représentant un chevalier en pleine armure, et 3 planches tirées dans le texte.

790. FLAMINIO DELLA CROCE. L'Essercitio della cavalleria et d'altre materie del capitano Flaminio della Croce. *In Anversa, appresso Gulielmo Lesteenio*, 1629, pet. in-fol. parchemin (*Rel. anc.*).

> Cet ouvrage est orné de 15 planches gravées en taille-douce, représentant des exercices et évolutions de cavalerie.
> Exemplaire de Huzard ; il est précédé d'une note manuscrite relative à l'ouvrage.

791. MELZO (Fr. Lodovico). Regole militari sopra il governo e servitio particolare della cavalleria. *In Anversa, appresso Gioachimo Trognaesio*, 1611, pet. in-fol., demi-rel. vélin (*Rel. anc.*).

> Frontispice et 16 grandes planches gravées à l'eau-forte, représentant des exercices et évolutions de cavalerie.

792. PLUVINEL (Antoine de). L'Instruction du Roy en l'exercice de
monter à cheval.... le tout enrichy de grandes figures en taille-
douce..... dessinées et gravées par Crispian de Pas le jeune. *A Paris, chez Pierre Rocolet,* 1627, in-fol., vélin crème, tr. jasp. (*Rel.
anc.*).

> Cette édition est ornée d'un frontispice (à la date de 1629) de 1 (sur
> 4) portrait et de 49 (sur 57) figures gravées en taille-douce par *Crispin
> de Pas.*
> Les planches 8, 29, 31, 44, 45, 49, 54, 57 manquent.
> Des 4 portraits il n'y a que celui de Louis XIII.
> Exemplaire très fatigué.

793. RIDINGER (Joh. Elias). Recueil de 35 estampes, dessinées par
Joh. Elias Ridinger, gravées par son fils Martin Elias et par son
gendre Joh. Gottfried Seuter (*Augsbourg,* vers 1752). Pièces pliées
et montées sur onglets, en 1 vol. gr. in-4. demi-rel. basane brune
(*Rel. anc.*).

> Ces estampes représentent des chevaux de différentes races, sur des
> fonds de paysages. 5 pièces appartiennent à la suite : *Türkischer Pfer-
> deauffputz* et sont précédées du frontispice imprimé.
> Mouillures sur les marges.

794. VALLET (L.). Le Chic à cheval. Histoire pittoresque de l'équi-
tation. Préface de M. Henri Lavedan. Ouvrage illustré de plus de
300 gravures dont 50 en couleurs, d'après les dessins de l'auteur.
Paris, Firmin Didot et Cie, 1891, in-4, dos et coins chagrin rouge,
tête dor., ébarbé.

795. WINTERI (Georgii Simonis) Bellerophon, sive eques peritus.
Hoc est artis equestris accuratissima institutio. *Norimbergae, sum-
tibus Wolfgangi Mauritii Endteri,* 1678, in-fol., parchemin (*Rel.
anc.*).

> Ouvrage recherché et rare ; il est orné d'un frontispice gravé par C.-
> N. Schurk, et de 219 planches chiffrées 1-114 et 1-104.
> Texte latin et allemand.

---

796. AGRIPPA (Camillo). [Trattato di scientia d'arme, con un dia-
logo di filosofia di Camillo Agrippa Milanese] (A la fin :) *Stampata
in Roma per Antonio Blado M.D.LIII.* (1553). Pet. in-4, de 3 (sur
4) ff. prélim. dont 1 planche hors texte, 70 ff. chiff., 1 f. non chiff.
et 1 f. blanc, figures, vélin, tr. jasp. (*Rel. anc., déreliée*).

> Gelli, p. 6. — Vigeant, p. 23.
> Première édition de cet ouvrage recherché.
> Il contient 2 planches de la grandeur de la page (f. 4 prélim. et f. 63).
> Sur la première on voit Agrippa assis au milieu de ses élèves ; la se-
> conde planche montre les Romains et Vénitiens se disputant le célèbre

professeur d'escrime. 55 planches intercalées dans le texte ont rapport à la science de l'escrime. Le tout est gravé sur cuivre. Une note manuscrite du Tasse dans un exemplaire de cet ouvrage attribuait les figures à Michel Ange.

Le titre manque.

797. MAROZZO (Achille). Opera nova de Achille Marozzo, bolognese, mastro generale de larte de larmi (A la fin :) *Stampata in Venetia per Gioãne Padouano ad instantia de Marchior Sessa,* 1550, in-4, de 8 ff. prélim. et 148 ff. chiff., figures, vélin (*Rel. anc.*).

Vigeant, p. 90. — Gelli, p. 137.

Troisième édition de cet important ouvrage sur l'escrime, publié la première fois en 1536.

Elle contient un grand nombre de figures de la grandeur de la page gravées sur bois.

La plupart sont signées d'un b, chiffre attribué, sous réserve par Nagler, Monogr. I, 1612, à *Francesco Barattini.*

Le cahier G est transposé après le cahier H.

Taches et piqûres de ver au commencement et à la fin du volume.

798. MAROZZO (Achille). Arte dell' armi. Ricorretto et ornato di nuoue figure in rame. *In Venetia, appresso Antonio Pinargenti,* 1568, in-4, demi-rel. bas. fauve (*Rel. anc.*).

Édition ornée d'un grand nombre de figures gravées à l'eau-forte.

799. PISTOFILO (Bonaventura). Il Torneo. *In Bologna, per il Ferrone,* 1627, in-4, parchemin (*Rel. anc.*).

Première édition.

Ce livre est orné d'un titre gravé, du portrait de Pistofilo et de 117 planches gravées en taille-douce par *Coriolano,* représentant le maniement de la lance et de l'épée.

---

800. CASTELLAMONTE (le comte Amedeo di). La Venaria reale ; palazzo di piacere, e di caccia, ideato dall' A. R. di Carlo Emmanuel II duca di Sauoia, re di Cipro, etc. *In Torino, per Bartolomeo Zapatta,* 1674, in-4, bas. brune, dos orné, tr. jasp.

Souhart, p. 89.

Ouvrage recherché pour les 66 planches hors texte y compris les 3 frontispices ; elles sont gravées par *G. Tasnière,* les vues d'édifices, de monuments et jardins d'après *G.-F. Baroncello,* les peintures d'après *J. Mielle.*

Souhart qui n'énumère que 65 planches ne signale pas le troisième frontispice gravé placé après la page 92.

Le premier frontispice est doublé. Raccommodages aux grandes planches.

801. OLINA (Giov. Pietro). Uccelliera overo discorso della natura, e proprieta di diversi uccelli, e in particolare di que' che cantano.

Con il modo di prendergli, conoscergli, allevargli, e mantenergli. E
con le figure cavate dal vero, e diligentem^te intagliate dal Tempesta,
e dal Villamena. *In Roma, presso M. Angelo de Rossi*, 1684, pet.
in-fol., figures, demi-rel., dos basane fauve.

> L'ouvrage comprend un titre gravé dans un encadrement, 4 ff. pré-
> lim., 70 (sur 72) ff. mal chiff., et 6 ff. de table.
> Il contient de nombreuses figures d'oiseaux et de sujets de chasses, de
> la grandeur de la page, gravées à l'eau-forte par *Antonio Tempesta*
> (Bartsch, n°s 969-1014) et par *Villamena*.
> Les ff. 8 et 9 manquent.

802. RAIMONDI (Eugenio). Delle Caccie di Eugenio Raimondi
Bresciano, libri quattro aggiuntovi in questa nuova impressione il
quinto libro della Villa. (À la fin de la table:) *In Napoli, per La-
zaro Scoriggio*, 1626, in-4, vélin (*Rel. anc.*).

> Ouvrage recherché orné de nombreuses planches dans le texte gravées
> en taille-douce représentant des scènes de chasse.
> Petit trou à la première planche.

---

803. RAMEAU. Le Maitre à danser, qui enseigne la manière de faire
tous les différens pas de la danse dans toute la régularité de l'art,
et de conduire les bras à chaque pas. Enrichi de figures en taille-
douce, servans de démonstration pour tous les différens mouvemens
qu'il convient de faire dans cet exercice. *A Paris, chez Jean Vil-
lette fils*, 1734, in-8, veau brun, tr. rouges (*Rel. anc.*).

> 56 planches gravées en taille-douce dont la grande planche du bal ;
> elles portent des numéros qui ne se suivent pas.
> La fin de l'errata manque.

IV. — OUVRAGES RELATIFS A PARIS.

804. AVELINE. Recueil de 103 planches de vues de villes diverses
(Eglises, châteaux, monuments, etc.) en 1 vol. in-fol. oblong,
demi-rel. bas. fauve,

> 35 vues de Paris. — 15 vues de Saint-Germain, Fontainebleau, Ver-
> sailles, Marly, Saint-Cloud, etc. — 10 vues de Rouen, Nantes, Avi-
> gnon, Saint-Malo, Tours, Marseille, etc. — 43 vues diverses d'Italie,
> d'Espagne, de Suède, d'Autriche, etc., etc.
> Toutes ces vues, dont quelques-unes sont remontées, sont de Pérelle ;
> 66 ont été coloriées, les autres sont en noir ; quelques-unes sont en
> mauvais état.

805. BALDUS. Palais du Louvre et des Tuileries. Motifs de décorations tirés des constructions exécutées au nouveau Louvre et au
palais des Tuileries sous la direction de M. H. Lefuel, architecte
de l'empereur. *Paris, E. Baldus, s. d.*, 3 vol. in-fol., en feuilles dans
des cartons.

> Recueil de 300 planches en héliogravure ; l'ordre numérique des
> planches n'est pas régulier.

806. BONNARDOT (A.). Études archéologiques sur les anciens plans
de Paris des xvi*, xvii* et xviii* siècles. *Paris, Deflorenne,* 1851,
in-4, demi-rel. chagrin grenat.

> Ouvrage devenu rare, tiré seulement à 200 exemplaires.

807. BONNARDOT (A.). Dissertations archéologiques sur les anciennes enceintes de Paris suivies de recherches sur les portes for-
tifiées qui dépendaient de ces enceintes. *Paris, J.-B. Dumoulin,*
1852, in-4, demi- rel. chagrin grenat, ébarbé.

> Tirage à 200 exemplaires.

808. CALLIAT (Victor). Parallèle des maisons de Paris, construites
depuis 1830 jusqu'à nos jours, dessiné et publié par Victor Calliat

architecte. *Paris, Bance*, 1850, in-fol., demi-rel. toile bleue, tr. jasp.

> 126 planches gravées au trait par *Hibon, Niel, Maurage, Le Coq, Olivier*, etc., etc.

809. CLÉMENCE NORMAND, père et fils. Les principaux monuments, palais, maisons de Paris. Deuxième édition. *Paris*, 1845, in-8, cartonné.

> Ouvrage orné de vignettes dans le texte gravées sur bois et de 110 planches hors texte de vues, de monuments. — Les planches qui manquent n'ont pas été publiées.

810. DECLOUX et DOURY. Histoire archéologique, descriptive et graphique de la Sainte-Chapelle du Palais. *Paris, A. Morel*, 1865, in-fol., monté sur onglets, demi-rel. chagrin rouge, tête dor., non rogné.

> 48 pp. de texte et 25 planches, dont 20 en chromolithographie et 5 gravées à l'eau-forte, tirées sur Chine.

811. DESCRIPTION de la ville et des fauxbourgs de Paris en vingt planches, dont chacune représente un des vingt quartiers suivant la division qui en a esté faite par la déclaration du roy du 12 décembre 1702, rendue en exécution de l'édit du mois de décembre 1701, avec un détail exact de toutes les abbaïes et églises, des couvents, communautez, collèges, etc., dressée et gravée sous les ordres de M. d'Argenson. *A Paris, chez Jean de La Caille*, 171'. in-fol., veau marb., dos orné, tr. rouges (*Rel. anc.*).

> 1 plan général et 20 plans.

812. DESNOS. Atlas chorographique, historique et portatif des élections du royaume ; généralité de Paris, divisée en ses 22 élections et représentée dans toutes ses parties par autant de cartes particulières, d'une manière chorographique et complète, avec le nombre des paroisses et des feux, la position des villes, bourgs, villages, hameaux, etc., accompagnées d'une description... par l'abbé Regley. *A Paris, chez Savoye, Despilly et autres*, 1763, in-4, veau marb., tr. marb. (*Rel. anc.*).

> Frontispice avec la statue de Louis XV, titre gravé, 24 cartes coloriées avec texte et 8 plans de Paris.

813. FÉLIBIEN (Dom Michel). Histoire de l'Abbaye royale de Saint-Denys en France, contenant la vie des abbez qui l'ont gouvernée depuis onze cens ans ; les hommes illustres qu'elle a donnez à l'Eglise et à l'Etat ; les privilèges accordez par les souverains pontifes et par les évêques, etc., etc. *A Paris, chez Frédéric Léonard*, 1706, in-fol., veau jasp., dos orné, tr. rouges (*Rel. anc.*).

> Ouvrage estimé, orné de nombreuses planches hors texte.

814. FORGEAIS (Arthur). Notice sur des plombs historiés trouvés

dans la Seine. *Paris, chez l'auteur*, 1858-1866, 5 vol. — **Numisma-**
tique des corporations parisiennes, métiers, etc., d'après les plombs
historiés, trouvés dans la Seine. *Ibid., id.*, 1875, 1 vol. — Ens. 6
vol. in-8, demi-rel. chagrin La Vall., non rognés.

> Nombreuses figures dans le texte gravées sur bois.

815. GARNIER (Charles). Le nouvel Opéra de Paris. *Paris, Durcher
et Cie*, 1878-1881, 2 vol. gr. in-8 de texte et 6 albums gr. in-fol.,
demi-rel. chagrin grenat.

> Voici la description des 6 albums : *Bronzes, candélabres, lustres, tor-
> chères, appliques, lampadaires,* 15 photographies. — *Peintures décora-
> tives, plafonds, panneaux, voûtes, tympans,* 20 photographies. — *Sculp-
> ture ornementale, chapiteaux, tympans, panneaux, médaillons, masques,
> cartouches, pilastres, frises, etc.,* 45 photographies. — *Statues décora-
> tives, groupes et bas-reliefs,* 35 photographies. — *Monographie,* 2 vol.,
> 1 portrait de Ch. Garnier et 100 planches gravées à l'eau-forte et en
> chromolithographie.

816. GOURDON DE GENOUILLAC (H.). Paris à travers les siècles.
Histoire nationale de Paris et des Parisiens depuis la fondation de
Lutèce jusqu'à nos jours. *Paris, F. Roy*, 1881, 5 vol. gr. in-8 et 1
album de même format, demi-rel. bas. verte, tr. jasp.

> L'ouvrage est orné de nombreuses planches hors texte gravées sur
> bois.
> L'album renferme 105 planches coloriées de costumes ; les planches
> 29, 30, 40, 52, 59 et 60 manquent.

817. KRAFFT (J.-Ch.) et RANSONNETTE (N.). Plans, coupes, élévations des plus belles maisons et des hôtels construits à Paris et
dans les environs. *Paris, de l'Imp. de Clousier, s. d.* (1801-1802),
in-fol., dos et coins veau vert, tr. jasp. (*Rel. de l'époque*).

> Exemplaire imprimé sur PAPIER DE HOLLANDE.
> Cet ouvrage est orné de 120 planches (plans, vues, coupes et jar-
> dins), gravées à l'eau-forte par *Ransonnette*, accompagnées d'un texte
> explicatif en français, en anglais et en allemand.

818. KRAFFT (J.-Ch.) et THIOLLET. Choix des plus jolies maisons
de Paris et de ses environs. Edifices et monuments publics. Nouvelle édition revue et mise en ordre, contenant maisons particulières et petits hotels, maisons à loyer et à boutiques, maisons de
commerce..... Portes cochères et portes d'entrées des maisons et
édifices publics de Paris. *Paris, Bance*, 1849, in-fol., demi-rel.
toile bleue, tr. jasp.

> Texte et 218 planches, dont 158 pour les maisons et 60 pour les
> portes cochères.
> Mouillures.

819. LASSUS et VIOLLET-LE-DUC. Monographie de Notre-Dame
de Paris et de la nouvelle sacristie de MM. Lassus et Viollet-le-
Duc, contenant 63 planches gravées par MM. Hibon, Ribault, Nor-

mand, etc., 12 planches photographiques de **MM. Bisson frères,** 5 planches chromolithographiques, de **M. Lemercier,** précédée d'une notice historique et archéologique par M. Celtibère. *Paris, A. Morel, s. d.,* in-fol. en feuilles dans un carton.

820. LENOIR (Albert). Statistique monumentale de Paris. *Paris,* 1846 et ann. suiv., gr. in-fol., en feuilles dans 2 cartons.

241 planches de cette publication.

821. MARTIAL (A.-P.). Ancien Paris. 300 feuilles. *Paris,* 1866, 3 vol. in-fol., cartonn. toile verte, fers spéciaux, tr. jasp.

297 (sur 300) eaux-fortes par *A.-P. Martial.*
Les planches 98, 99 et 100 manquent.

822. MONICART (J.-B. de). Versailles immortalisé par les merveilles parlantes des batimens, jardins, bosquets, parcs, statues, groupes, termes et vases de marbre, de pierre et métaux, pièces d'eaux..... composé en vers libres françois par le sieur Jean-Baptiste de Monicart, avec une traduction en prose latine par le sieur Romain Le Testu. *A Paris, chez Estienne Ganeau et Jacques Quillau,* 1720, 2 vol. in-4, veau marb., tr. marb. (*Rel. anc.*).

Tomes I et II seuls publiés.
Cet ouvrage est orné de nombreuses planches gravées par *Surugue, Cochin, Faubonne,* etc.

823. MOURA (Dr). La Butte des Moulins, avec documents archéologiques et administratifs inédits. Eaux-fortes de A.-P. Martial. *Paris, Vve Cadart,* 1877, in-fol., en feuilles, dans le cartonnage de publication.

Exemplaire n° 6, imprimé sur papier de Hollande, contenant les 22 eaux-fortes avec la lettre.

824. PARIS à travers les âges, aspects successifs des monuments et quartiers historiques de Paris depuis le xiiie siècle jusqu'à nos jours, fidèlement restitués d'après les documents authentiques par M. F. Hoffbauer, texte par MM. Edouard Fournier, Paul Lacroix, A. de Montaiglon, A. Bonnardot, Jules Cousin, Franklin, etc., etc. *Paris, Firmin-Didot et Cie,* 1875-1882, 14 livraisons in-fol., en feuilles dans des cartons.

Ouvrage orné de nombreuses figures dans le texte, gravées sur bois et de planches hors texte en noir et en couleurs.

825. PARIS A TRAVERS LES AGES. Aspects successifs des monuments et quartiers historiques de Paris, depuis le xiiie siècle jusqu'à nos jours fidèlement restitués d'après les documents authentiques, par M. Hoffbauer. Texte par MM. Edouard Fournier, Paul Lacroix, A de Montaiglon, A. Bonnardot, Jules Cousin, Franklin, Valentin Dufour, etc. *Paris, Firmin-Didot & Cie,* 1875-1882, 2 vol. gr. in-4, montés sur onglets, demi-rel. chagrin bleu, ébarbés.

826. PARIS DANS SA SPLENDEUR. Monuments, vues, scènes historiques, descriptions et histoire. Dessins et lithographies par MM. Philippe Benoist, Jules Arnout, Bayot, Lalaisse, etc. Texte par MM. Audiganne, Bailly, L. Enault, P. Mérimée, Viollet-le-Duc, etc. *Paris, Henri Charpentier*, 1861, 3 vol. in-fol., demi-rel. chagrin grenat, plats toile, tr. jasp.

> Ouvrage illustré de 100 lithographies à 2 teintes.
> La planche 8 est détachée de la reliure.
> Cassures à quelques planches.

827. PÉRAU (L'abbé). Description historique de l'Hôtel royal des Invalides. Avec les plans, coupes, élévations geometrales de cet édifice, & les peintures & sculptures de l'église, dessinées & gravées par le sieur Cochin. *A Paris, chez Guillaume Desprez*, 1756, in-fol., figures, veau marb., tr. roug. (*Rel. anc.*).

> L'ouvrage contient 106 (sur 108) planches hors texte, y compris le frontispice, et 2 grandes vignettes dans le texte.
> Les planches 40 et 41 manquent. Tache au coin du bas à toutes les feuilles.

828. PERELLE. Recueil de 313 planches représentant des vues de Paris et des principaux châteaux des environs, publiées *à Paris. chez M. Langlois, s. d.*, reliées en 1 vol. in-fol. oblong, vélin vert, tr. jasp. (*Rel. anc.*).

> *Vues des plus beaux batimens de France* : 21 planches y compris le titre (le titre est remonté). — *Les places, portes, fontaines, églises et maisons de Paris* : 45 planches y compris le titre. — *Vues des belles maisons des environs de Paris* (S¹-Cloud : 15 pl. y compris le plan. — Meudon : 10 planches, etc.). 38 pl. y compris le titre. — *Vues des plus beaux endroits de Versailles* (Versailles : 54 pl. y compris le titre et le plan. — Marly, 7 pl.). 61 pl. — *Vues des belles maisons de France* (Fontainebleau, 11 pl. y compris le plan. — Chantilly, 54 pl. y compris le titre et le plan., etc.). 124 pl. y compris le titre. — *Vues de Rome et des environs* : 24 planches y compris le titre.
> 76 de ces planches sont tirées sur 38 feuillets.

829. PERELLE. Recueil de 237 vues sur 200 planches représentant des vues de Paris et des principaux châteaux des environs, publiées à *Paris, chez M. Langlois, s. d.*, reliées en 1 vol. in-fol. oblong, veau marb. (*Rel. anc.*).

> *Vues des belles maisons de France* (Paris), 15 planches sur 11 feuillets, y compris le titre. — *Les Places, portes, fontaines, églises et maisons de Paris*, 35 planches y compris le titre. — *Vues des belles maisons des environs de Paris*, 38 planches sur 31 feuillets, y compris le titre. — *Vue dès plus beaux endroits de Versailles*, 35 planches sur 33 feuillets, y compris le titre. — *Vues diverses de Clagny, Marly, Chaville, Sceaux, Vaux-le-Vicomte, Fontainebleau, Chantilly*, etc., 52 planches sur 47 feuillets, sans titre. — Diverses vues de Chantilly, 36 planches sur 18 feuillets y compris le titre. — Vues diverses de Monceaux, Ancy le

Franc, Chambord, etc., 8 planches sur 7 feuillets sans titre. — Vues de Rome et des environs, 18 planches, y compris le titre.

La reliure est très fatiguée et les planches sont fortement atteintes de taches d'eau et de moisissures.

830. PERNOT (F.-A.). Le vieux Paris. Reproductions des monuments qui n'existent plus dans la capitale, d'après les dessins de F.-A. Pernot; lithographiés par Nouveaux et Asselineau. *Paris, Jeanne et Dero-Becker*, 1838 et 1839, in-fol., demi-rel. basane verte.

Texte explicatif, 1 plan de Paris et 80 lithographies sur 60 feuilles.

831. PERROT (A.-M.). Petit atlas pittoresque des quarante-huit quartiers de la ville de Paris. *Paris, chez E. Garnot*, 1834, in-4, cartonn. de l'éditeur.

Cet atlas est orné de 48 plans gravés représentant les 48 quartiers de Paris.

Chaque plan est orné d'une vue gravée d'un monument de Paris.

832. PLAN DE PARIS commencé l'année 1734, dessiné et gravé sous les ordres de messire Michel-Étienne Turgot... achevé de graver en 1739. *Paris*, 1739, in-fol., veau marb., dent. fleurdelisée, fleurs de lis aux angles, tr. dor. (*Rel. anc.*).

Reliure aux armes de la ville de Paris.
Plan d'assemblage et 20 planches.

833. SAINT-VICTOR (de). Atlas du tableau historique et pittoresque de Paris, depuis les Gaulois jusqu'à nos jours. *Paris, Ch. Gosselin*, 1822-1827, in-4, demi-rel. bas. fauve, tr. jasp. (*Rel. de l'époque*).

Atlas seul sans titre, renfermant 215 planches gravées à la manière du lavis.
Mouillures.

834. SAUVAL (Henri). Histoire et recherches des antiquités de la ville de Paris. *A Paris, chez Ch. Moette*, 1724, 3 vol. in-fol., demi-rel. bas. rouge, tr. marb. (*Rel. mod.*).

Exemplaire très mouillé et taché de moisissure ; il ne renferme pas *l'histoire des amours des rois de France*.

835. VUES des plus beaux édifices publics et particuliers de la ville de Paris dessinées par Durand, Garbizza, et Mopillé, architectes, et gravées par Janinet, J.-B. Chapuis, etc. *S. l. n. d.* (1806-1809), in-4 oblong, demi-rel., dos basane brune, coins vélin (*Rel. de l'époque*).

1 planche non chiff., contenant le titre et 88 planches chiffrées 1-88.
Les planches 32, 50 et 79 ont une petite cassure dans la marge.

V. — VOYAGES

836. BARLÆUS (Casp.). Rerum per octennium in Brasilia et alibi nuper gestarum, sub præfectura illustriss. comitis J. Mauritii Nassoviæ... historia. *Amstelodami, ex typographeio Joannis Blaeu,* 1647, gr. in-fol., vélin à recouv., dent., angles et dos orné. tr. jasp. (*Rel. anc.*).

> Ouvrage rare.
> Édition ornée d'un frontispice, d'un portrait de Jean Maurice de Nassau par *Th. Matham* et de 47 (sur 55) planches ou cartes géographiques gravées en taille-douce par *J. van Brosterhuizen* et *S. Savry*, d'après les dessins de *Frans Post*.
> L'ouvrage contient en outre une relation du voyage de Brouwer et Herckmans au Chili.
> Mouillures.

837. BEAUVAU (Henry de). Relation journalière du voyage du Levant, faict et descrit par haut et puissant seigneur Henry de Beauveau... Reveu augmenté et enrichi par l'autheur de pourtraicts des lieux les plus remarquables. *A Nancy, par Jacob Garnich,* 1615. in-4, bas. jasp., tr. rouges (*Rel. anc.*).

> Édition la plus recherchée, elle est ornée de nombreuses planches dans le texte, gravées sur cuivre.
> Marge du titre raccommodée.

838. CHENAVARD (A.-M.). Voyage en Grèce et dans le Levant fait en 1843 et 1844. *Lyon, Imp. de Louis Perrin,* 1858, in-fol., monté sur onglets, dos et coins veau fauve, non rogné.

> 1 carte, 1 plan et 78 planches gravées sur acier.

839. CHOISEUL-GOUFFIER. Voyage pittoresque de la Grèce. *A Paris,* 1782-1809, 2 tomes en 3 vol. in-fol., cartonnés, non rognés.

> Ouvrage orné de 3 frontispices, 2 cartes, 1 portrait et de 284 planches.

840. CLOET (de). Voyage pittoresque dans le royaume des Pays-Bas.

Bruxelles, de l'imp. lithogr. et typogr. de J.-B.-A. Jobard, 1825, 2 tomes en 1 vol. in-4 oblong, demi-rel. bas. fauve, tr. jasp.

> Carte et 201 lithographies de vues de villes, châteaux, abbayes, monuments divers.

841. COTOVICUS (Joannes). Itinerarium Hierosolymitanum et Syriacum, in quo variarum gentium mores et instituta, insularum, regionum, urbium situs... una cum eventis, quae auctori terra mariq. acciderunt, dilucidè recensentur. Accessit synopsis reipublicae venete. *Antverpiae, apud Hier. Verdussium*, 1619, in-4, vélin (*Rel. anc.*).

> Ouvrage estimé, devenu rare ; il est orné de nombreux plans, cartes et figures gravés en taille-douce.
> Sur le titre une vue de Jérusalem.

842. DAPPER. Description exacte des isles de l'archipel et de quelques autres adjacentes dont les principales sont Chypre, Rhodes, Candie, Samos, Chio, etc., comprenant leurs noms, leur situation, leurs villes... *A Amsterdam, chez Georges Gallet*, 1703, in-fol., veau marb., tr. rouges (*Rel. anc.*).

> Ouvrage orné de nombreuses planches (vues, cartes, plans) hors texte gravées en taille-douce.

843. DEBRET (J.-B.). Voyage pittoresque et historique au Brésil, ou séjour d'un artiste français au Brésil depuis 1816 jusqu'en 1831 inclusivement, époques de l'avènement et de l'abdication de S. M. D. Pedro I, fondateur de l'empire brésilien. *Paris, Firmin Didot frères*, 1834-1839, 3 vol. in-fol., en feuilles dans les cartonnages de publication.

> Ouvrage orné d'un portrait, de 153 planches en lithographie et de 3 cartes.
> Les pp. 49 à 52 de texte du tome II manquent.

844. DEMIDOFF. Voyage dans la Russie méridionale et la Crimée, par la Hongrie, la Valachie et la Moldavie, exécuté en 1837, sous la direction de M. Anatole de Demidoff, par MM. de Sainson, Le Play, Huot, Leveillé, de Nordmann, Rousseau et du Ponceau, dessiné d'après nature et lithographié par Raffet. *A Paris, publié par Gihaut frères, s. d.* (1838-1848), in-fol., dos et coins mar. rouge, tr. jasp.

> 64 pages de texte explicatif et 100 lithographies ; quelques-unes sont tirées sur papier de Chine.

845. DESCRIPTION DE L'ÉGYPTE, ou recueil des observations et des recherches qui ont été faites en Égypte pendant l'expédition de l'armée française. Seconde édition dédiée au roi. *Paris, Imp. de C.-L.-F. Panckoucke*, 1820-1831, 23 tomes en 25 vol. in-8 de texte, veau marb., dent., tr. marb., et 11 vol. gr. in-fol. de planches.

demi-rel. mar. rouge à longs grains, tr. jaunes (*Rel. de l'épo-que*).

Le 26ᵉ vol. (tome 24 de texte) manque.

ATLAS GÉOGRAPHIQUE, 1 vol., renfermant 1 frontispice, 1 tableau d'assemblage, une carte de l'Egypte en 3 feuilles, 1 planche d'alphabets, 47 cartes, 16 planches d'inscriptions, 1 planche de médailles et 2 planches de graphiques. — ANTIQUITÉS, 5 vol., renfermant 1 frontispice colorié et 419 planches. — HISTOIRE NATURELLE, 3 vol., renfermant 244 planches. — ETAT MODERNE, 2 vol., renfermant 170 planches.

La planche I du 2ᵉ vol. de l'*Etat moderne* manque.

846. DESCRIPTION DE L'ÉGYPTE, ou recueil des observations et des recherches qui ont été faites en Egypte pendant l'expédition de l'armée française. Seconde édition dédiée au roi. *Paris, Imp. de C.-L.-F. Panckoucke*, 1820-1831, 11 vol. gr. in-fol., demi-rel. veau fauve, ébarbés (*Rel. de l'époque*).

Même ouvrage sans le texte : il manque : le frontispice, la carte en 3 feuilles et les 2 planches de graphiques à l'atlas géographique, ainsi que la 1ʳᵉ planche du 1ᵉʳ vol. des *Etats modernes* et le frontispice des *Antiquités*.

Les 16 planches d'inscriptions et la planche de médailles, qui doivent se trouver dans l'*Atlas géographique*, ont été reliées dans le tome V des *Antiquités*.

847. HOMMAIRE DE HELL (Xavier). Voyage en Turquie et en Perse exécuté par ordre du gouvernement français pendant les années 1846, 1847 et 1848. *Paris, P. Bertrand*, 1859, gr. in-fol., monté sur onglets, demi-rel., mar. vert, tête dor., ébarbé.

Atlas historique et scientifique renfermant 119 lithographies.
Nous ne possédons pas les 4 vol. de texte.

848. HOUEL (Jean). Voyage pittoresque des isles de Sicile, de Malte et de Lipari, où l'on traite des antiquités qui s'y trouvent encore, des principaux phénomènes que la nature y offre : du costume des habitans, et de quelques usages. *A Paris, de l'Imp. de Monsieur*, 1782-1784, 2 vol. in-fol., veau racine, comp. de fil. et dent., dos orné, tr. dor. (*Rel. anc.*).

Tomes I et II, imprimés sur papier vélin, renfermant 142 planches tirées en bistre.
L'ouvrage complet se compose de 4 volumes.

849. LABORDE (Léon de). Voyage en Orient (Asie mineure et Syrie), par MM. Alexandre de Laborde, Becker, Hall et Léon de Laborde. *Paris, Firmin Didot frères*, 1837-1838, 2 parties en 1 vol. gr. in-fol., monté sur onglets, demi-rel. chagrin vert, plats toile, tr. jasp.

Recueil de 163 (sur 180) planches lithographiées à deux teintes, la plupart à deux sujets par planche.
Sans le texte.

850. LA SALLE (Ach.-Et. Gigault de). Voyage pittoresque en Sicile, dédié à son Altesse royale Madame la Duchesse de Berry (par Achille-Etienne Gigault de la Salle). *Paris, de l'imp. de P. Didot l'aîné*, 1822-1826, 2 vol. gr. in-fol., demi-rel. bas. verte, non rognés (*Rel. de l'époque*).

> Bel ouvrage imprimé sur papier vélin, orné d'une carte et de 92 planches gravées à l'eau-forte et coloriées.

851. LAVALLÉE (Joseph). Voyage pittoresque et historique de l'Istrie et de la Dalmatie, rédigé d'après l'itinéraire de L.-F. Cassas. *Paris*, an X (1800)-1802, in-fol., demi-rel. chagrin noir, tr. jasp.

> Ouvrage orné d'un titre gravé, d'un frontispice, d'une carte et de 66 planches gravées par *Née, Filhol, Desmaisons*, etc., d'après les dessins de *Cassas*.

852. LINSCHOT. Histoire de la Navigation de Jean Hugues de Linscot hollandois et de son voyage es Indes orientales : contenante diverses descriptions des pays, costes, havres, rivières, caps, et autres lieux jusques à présent descouvertes par les portugais..... avec annotations de Bernard Paludanus docteur en medécine..... à quoy sont adjoustées quelques autres descriptions tant du pays de Guinée, et autres costes d'Ethiopie, que des navigations des hollandois vers le nord au Vaygat et en la nouvelle Zembla. Le tout recueilli et descript par le mesme de Linscot en bas alleman, et nouvellement traduict en francois. *A Amstelredam, de l'imp. de Theodore Pierre*, 1610, in-fol., veau brun, fil. (*Rel. anc.*).

> PREMIÈRE ÉDITION de cette traduction française, imprimée à Francfort chez les De Bry, selon M. Muller ; elle est ornée de 2 cartes (sur 8) et de nombreuses figures dans le texte gravées en taille-douce.
> Exemplaire fatigué auquel il manque 6 cartes.

853. ROGER (Abraham). La Porte ouverte, pour parvenir à la connoissance du paganisme caché; ou la vraye représentation de la vie, des mœurs, de la religion, et du service divin des Bramines, qui demeurent sur les costes de Chormandel, et aux pays circonvoisins. Traduit en françois par le sieur Thomas La Grue. *A Amsterdam, chez Jean Schipper*, 1670, in-4, front. et fig., mar. rouge, fil., dos orné, tr. marb. (*Rel. anc.*).

> Piqûre de vers à la fin du volume.

854. SAINT-NON (J.-Cl. Richard, abbé de). Voyage pittoresque ou description des royaumes de Naples et de Sicile. *A Paris*, 1781-1786, 4 tomes en 5 vol. in-fol., veau marb., fil., dos orné, tr. dor. (*Rel. anc.*).

> Exemplaire bien complet renfermant la planche des *Phallus* et les 14 planches de médailles des villes de Sicile.

855. SAINT-NON (J.-C. Richard de). Voyage pittoresque à Naples et en Sicile. Nouvelle édition, corrigée, augmentée et mise dans

un ordre meilleur par P.-J. Charrin. *Paris, Houdaille*, 1836, 4 vol.
in-8 et 2 atlas gr. in-fol., dos et coins veau bleu, tr. marb. (*Rel.
de l'époque*).

> Les 2 atlas renferment ensemble 557 (sur 558) planches gravées à
> l'eau-forte.
> La planche 202 manque.

856. SEMEDO (Le P. Alvarez) Histoire universelle du grand royaume
de la Chine..... Traduite en nostre langue par Louis Coulon..... A
Paris, chez Sébastien Cramoisy, 1645, in-4, mar. noir, compart.
de fil. à la Du Seuil, dos orné, tr. dor. (*Rel. anc.*).

> Reliure fatiguée aux armes de Louis XIV.
> Sur le feuillet de garde se trouve l'ex-libris, à toutes marges, de Le
> Maire, gravé par *Brenet*.

857. TAYLOR (Baron J.). Voyage pittoresque en Espagne, en Portugal et sur la côte d'Afrique, de Tanger à Tétouan. *Paris, Gide
fils*, 1822. 3 vol., dont 2 de planches, gr. in-8.

> 165 planches gravées sur acier. — Le titre du volume de texte
> manque.
> Les planches sont en feuilles, dans les cartonnages de publication et
> le volume de texte est broché.

858. THÉVET (André). Cosmographie de Levant par F. André
Thevet d'Angoulesme. Revue et augmentée de plusieurs figures.
A Lion, par Jan de Tournes et Guil. Gazeau, 1556, in-4, fig., mar.
bleu à longs grains, fil. à froid, tr. dor. (*Rel. mod.*).

> Cette seconde édition, imprimée par Jean de Tournes, renferme une
> relation des mœurs et coutumes des pays du Levant, etc.
> Elle est ornée d'un grand nombre de jolies figures sur bois.
> Notes marginales à l'encre.
> La marge inférieure du titre, qui est fatigué, est refaite.

859. VAILLANT. Voyage autour du monde exécuté pendant les années 1836 et 1837 sur la corvette La Bonite. Relation du voyage
par M. A. de La Salle. *Paris, Arthus Bertrand*, 1845-1852, 3 vol.
in-8 de texte et atlas in-fol., demi-rel. veau fauve, tr. jasp.

> Relation historique seule.
> L'atlas renferme 100 lithographies.

860. VILLAMONT. Les Voyages du seigneur de Villamont, chevalier
de l'ordre de Hierusalem, gentil-homme du pays de Bretaigne. Di-
visez en trois livres. Seconde édition. *A Paris. Par Claude de
Monstr'oeil et Jean Richer*. 1596, in-8, veau marbré (*Rel. anc.*).

> Voyages en Italie, Grèce, Turquie, lieux saints, etc.
> Légères mouillures.

VI. — LIVRES ANCIENS ET MODERNES DANS TOUS LES GENRES

861. **ALMANACH ROYAL**, année bissextile 1780. *A Paris, Imp. par d'Houry*, 1780, in-8, mar. rouge, fil., fleurs de lis aux angles, dos fleurdelisé, tr. dor. (*Rel. anc.*).

> Reliure fatiguée aux armes de Louis XVI.

862. **ALTESERRA** (Ant.-Dadinus). De ducibus, et comitibus provincialibus Galliae libri tres. Accessit de origine & statu feudorum, pro moribus Galliae liber singularis. *Tolosae, apud Arnaldum Colomerium 1643.* In-4, demi-rel. chagrin violet.

863. **ATLAS DE MER** (L') ou monde aquatique remontrant toutes les côtes de la mer, à scavoir de la partie connüe de l'univers, avec une générale et exacte description d'icelles ; fort propre et commode pour tous maistres, capitaines de navires et pilots ; comme aussi marchands et autres ; pour s'en servir sur leurs comptoirs. Nouvellement mis en lumière. *A Amsterdam, chez Henri Donker*, 1689, in-fol. vélin blanc, comp. de fil. et ornements dorés sur les plats, tr. dor. (*Rel. anc.*).

> Cet atlas renferme un titre en hollandais orné d'un sujet allégorique gravé et colorié ; 4 feuillets de texte en français, 52 cartes marines, gravées et coloriées, et 17 pp. de texte hollandais.
> Tous les feuillets de texte sont remargés ; un titre, de petit format, en français a été collé au verso du titre hollandais.

864. **BARCLAY** (J.). L'Argenis de J. Barclay. Traduction nouvelle, enrichie de quantité de figures. Dernière édition. *Paris, chez Toussaint Quinet*, 1638. In-8, vélin à recouvr. (*Rel. anc.*).

> Figures dans le texte.
> Légères mouillures sur les marges.

865. **BEBEL** (Heinricus). Opera Bebeliana sequentia ℂ Triumphus Veneris..... ℂ Hecatostichon de victoria Caesaris Bohemica ℂ Hecatostichon contra bella civilia Germanorum ℂ Hecatosticha que-

rela ducatus Mediolanēsis ad Germanos. Etc. (A la fin :) *Phorce in aedibus Thomae Anshelmi Badensis Anno M.D.IX.* (1509). *Mense Augusto* de 4 ff. prélim., 105 ff. non chiff. (dont le f. J₆ blanc) et 1 f. pour la marque. — BEBEL (H.). In hoc libro continentur Haec Bebeliana opuscula noua. Epistula ad cancellarium de laudibus & philosophia veterum Germanorum..... Libri facetiaꝛ iucūdissimi..... Prouerbia germanica in latinitatem reducta. Etc., etc. (A la fin :) *Argentine Ioannes Grüninger imprimebat. I Adelpho castigatore. Año seculi huius. M.D.IX.* (1509) *Pasche.* de 72 ff. non chiff. — SOPHE-RUS (Gervasius). Henrici quarti ro. imperatoris bellum contra Saxones heroico carmine descriptum. Etc. (A la fin :) *Nouis excussum typis id operis in lucem primus prodire fecit propriis impensis : Honestis vir Ioannes Grüninger ciuis Argentinus Anno salutis M.D.VIII* (1508), de 16 ff. non chiff. — Ens. 3 ouvrages en 1 vol. in-4, ais de bois, dos recouvert de peau de truie estampée à froid, ébarbé (*Rel. de l'époque*).

> A l'intérieur du premier plat ex-libris du xvi° siècle gravé sur bois et anciennement colorié.
> Il contient les initiales C. B. C'est peut-être l'ex-libris d'un membre de la famille Bebel.
> Le dernier cahier du deuxième ouvrage est relié à la fin du volume.

866. BONFINII (Antonii) rerum Ungaricarum decades quatuor cum dimidia. Quarum tres priores, ante annos XX. Martini Brenneri bistriciensis industria editae, iamque diversorum aliquot codicum manuscriptorum collatione multis in locis emendatiores : Quarta vero decas, cum quinta dimidia, nunquam antea excusae. Ioan. Sam-buci..... opera ac studio nunc demum in lucem proferuntur. *Basi-leae, ex officina Oporiniana*, 1568, in-fol., ais de bois, recouvertes de veau fauve estampé, tr. rouges (*Rel. anc.*).

> Notes marginales d'une écriture ancienne. Mouillures ; le dos de la rel. est réparé.

867. BRUZEN DE LA MARTINIÈRE. Le grand dictionnaire géogra-phique, historique et critique. *A Paris, chez P.-G. Le Mercier*, 1739-1741, 6 vol., mar. rouge, fil., dos orné, tr. dor. (*Rel. anc.*).

868. CARTA EGECUTORIA (Real) de la ylustre familia de los Lu-nas. Document rédigé en 1610. Manuscrit pet. in-folio de 74 ff., miniatures, mar. rouge, compart. de fil., ornés de fleurons, tr. dor. et ciselées (*Rel. anc. espagnole*).

> Manuscrit sur vélin, écrit en caractères sémigothiques. Il est orné de trois grandes miniatures, peintes en or et couleurs, chacune occupant une page entière.
> Sur la première on voit, dans la partie supérieure, la Ste-Vierge sur un fond architectural. Dans le bas de la page, agenouillés, en prière, trois membres de la famille de Luna, dont deux sont désignés, savoir : *el doctor Iuā Gomez de Luna Salas* et *doña Frācisca*.

La deuxième miniature représente les armes de la famille et la troisième St Ferdinand, terrassant les infidèles.

Le manuscrit contient, en plus, 35 grandes initiales peintes en or sur un fond de couleur orné de rinceaux en or ou argent.

Sur le feuillet 71 une fort belle initiale, contenant le portrait du roi Philippe III, assis dans un fauteuil.

869. FAMIGLIE celebri italiane. *Milano, dalla tipografia del dottore Giulio Ferrario,* 1824-1840, 8 vol. in-fol., figures, demi-reliures basane verte, non rog.

Ouvrage contenant un grand nombre de planches gravées, représentant des monnaies et médailles, des monuments, des portraits, tirés de fresques ou tableaux. Surtout ces derniers, qui sont bien coloriés, sont très remarquables. Dans le texte les blasons coloriés des familles mentionnées.

Les volumes n'ont pas de titre. On a relié en tête de chacun, en guise de titre, une couverture de livraison.

870. FAVYN (André). Traictez des premiers officiers de la couronne de France soubz noz roys de la premiere, seconde et troisieme lignée. *A Paris, par Fleury Bourriquent,* 1613. Pet. in-8, vélin (*Rel. anc.*).

Ecriture et cachet de bibliothèque sur le titre.

871. FER (N. de). L'Atlas curieux ou le monde représenté dans des cartes générales et particulières du ciel et de la terre divisé tant en ses quatre principales parties que par états et provinces et orné par des plans et descriptions des villes capitales et principales, et des plus superbes edifices qui les embelissent, comme sont les églises, les palais, les maisons de plaisance, les jardins, les fontaines, &c. *A Paris, chez l'auteur,* 1705. In-folio oblong, veau brun, tr. marb. (*Rel. anc.*).

Ouvrage entièrement gravé comprenant 295 planches (titre, table, plans et cartes, vues et texte).

872. FONTANON (Antoine). Les édicts et ordonnances des rois de France, depuis Louis VI, dit Le Gros, jusques à présent ; avec les modifications, vérifications et déclarations sur iceux ; et de nouveau reveuz, corrigez et augmentez de plusieurs belles ordonnances anciennes et nouvelles par Gabriel Michel. *A Paris,* 1611. 4 tomes en 3 vol. in-fol., veau marb., dos orné, tr. rouges (*Rel. anc.*).

Sur le titre de chaque volume se trouve une jolie vue de Paris, gravée sur cuivre.

873. GOUSSANCOURT (Mathieu de). Le Martyrologe des Chevaliers de S. Jean de Hierusalem, dits de Malte, contenant leurs éloges, armes, blasons, preuves de chevalerie, etc. Gravé par Michel Van-Lochom. *A Paris, chez François Noel et la vefue de Guil-*

laume Le Noir, 1643. 2 tomes en 1 vol. in-folio, peau de daim (Rel. anc. défraîchie).

Ouvrage orné de nombreux blasons gravés en taille-douce par *Van-Lochom.*

Le feuillet Zzz₃ du tome premier manque. Légères mouillures vers la fin du volume.

A l'intérieur du premier plat la note manuscrite : *ce Livre apartient au Com^{de} de Polastron 1778.*

874. GUIFFREY (Jules). Inventaire général du mobilier de la Couronne sous Louis XIV (1663-1715), publié pour la première fois sous les auspices de la Société d'encouragement pour la propagation des livres d'art. *Paris,* 1885-1886, 2 vol. gr. in-8, brochés.

Nombreuses illustrations hors texte et dans le texte, gravées sur bois.

875. HISTOIRE LITTÉRAIRE de la France où l'on traite de l'origine et du progrès, de la décadence et du rétablissement des sciences parmi les Gaulois et parmi les François ; du goût et du génie des uns et des autres pour les lettres en chaque siècle..... par des religieux bénédictins de la Congrégation de St. Maur. Nouvelle édition entièrement conforme à la précédente, par M. Paulin Paris. *A Paris, Librairie de Victor Palmé,* 1865-1875, 16 vol. in-4, dos et coins chagrin grenat, ébarbés.

Le dernier volume renferme la table.

876. HYSTOIRE (La Treselegante Delicieuse Melliflue et tresplaisante) du tresnoble victorieux ⁊ excellentissime Roy Perceforest | Roy de la grant Bretaigne etc. etc. *Nouuellemēt Imprime a Paris. Mil. v. cēs. xxxj. (1531) Egidivs Gormontivs.* (A la fin du VIe volume :) *Imprime nouuellement a Paris | et fut acheue ce present volume le. xviii. iour du moys de Decembre | Mil cinq cens. xxxii* (1532) (Au verso du dernier feuillet la marque de Francois Regnault). 6 tomes en 3 vol. pet. in-folio, veau brun, dent. et fil. à froid, dos orné, dent. int., tr. rouges.

Exemplaire bien complet.
Le titre de chaque tome est encadré d'une large bordure à sujets qui se répète. La bordure du 5e tome, qui est de l'édition de Galliot Du Pré, est différente et contient le nom et la marque de ce libraire.
Sur le verso du deuxième feuillet du même tome se voit une grande figure, représentant un combat de chevaliers (elle est en partie coloriée).
Voici la collation des 6 tomes :
I. 4 ff. prélim. et 158 ff. faussement chiff. 1-164.
II. 4 ff. prélim., dont le dernier blanc, et 152 ff. chiff.
III. 2 ff. prélim., 159 ff. chiff. et 1 f. blanc.
IV. 2 ff. prélim., 149 ff. faussement chiff. 1-159 et 1 f. blanc (collé sur le verso blanc du dernier feuillet de texte).
V. 2 ff. prélim. et 113 ff. chiff.
VI. 2 ff. prélim., 124 ff. chiff. et 1 f. blanc (collé sur le dernier feuillet dont il cache la marque).

Le titre du tome premier est doublé sur la marge latérale. Le dernier feuillet du tome sixième est légèrement abîmé.

Quelques légères mouillures. Une forte mouillure sur 20 ff. du tome quatrième.

877. L'HOSPITAL (Mich. de). Michaelis Hospitalii Galliarum cancellarii... epistolarum seu sermonum libri sex [editi a Guido Fabro, J. Aug. Thuano et Scæv. Sammartano]. *Lutetiæ, apud Mamertum Patissonium.* 1585. in-4. vélin *(Rel. anc.).*

Mouillures.

878. LA QUINTINYE (de). Instruction pour les jardins fruitiers et potagers, avec un traité des orangers et des réflexions sur l'agriculture. Nouvelle édition revue, corrigée et augmentée d'une instruction pour la culture des fleurs. *A Paris, par la Compagnie des libraires,* 1730, 2 vol. in-4, veau brun, tr. rouges *(Rel. anc.).*

Ouvrage estimé orné de 13 planches gravées hors texte.

879. LE ROUX DE LINCY. Recherches sur Jean Grolier, sur sa vie et sur sa bibliothèque, suivies d'un catalogue des livres qui lui ont appartenu. *Paris, L. Potier.* 1866. in-8. broché.

Exemplaire sans l'album.

880. NOSTRADAMUS (César de). L'Histoire et chronique de Provence de Caesar de Nostradamus, ou passent de temps en temp. et en bel ordre les anciens poetes, personnages et familles illustres qui ont fleuri despuis VC (600) ans, oultre plusieurs races de France, d'Italie, Hespagne, Languedoc, Dauphiné et Piémont y rencontrés, avec celles qui despuis se sont diversement annoblies, comme aussi les plus signalles combats et remarquables faicts d'armes qui s'y sont passez de temps en temps jusques à la paix de Vervins. *Imprimé à Lyon, chez Simon Rigaud, pour la Société Caldorienne,* 1614, in fol., veau fauve, fil., tr. jasp. *(Rel. anc.).*

Cette histoire est intéressante, surtout pour le récit que l'auteur y fait des troubles dont il avait été le témoin.

Reliure fatiguée.

881. OFFICE de la Semaine Sainte, latin et françois, à l'usage de Rome et de Paris. *A Paris, chez Ant. Dezallier,* 1708, in-8, mar. rouge, fil., dos orné fleurdelisé, tr. dor. *(Rel. anc.).*

Reliure très fatiguée aux armes de MARIE-ADÉLAÏDE DE SAVOIE, duchesse de Bourgogne.

882. ORTELIUS (Abraham). Theatre de l'univers, contenant les cartes de tout le monde. Avec une briève declaration d'icelles. Le tout reveu par le mesme autheur, 1598. (A la fin :) *A Anvers, de l'Imprimerie Plantinienne, pour Abraham Ortel autheur mesme de ce livre, 1598.* Gr. in-folio, mar. rouge, deux encad. de fil. ; aux angles,

deux P et deux G entrelacés ; sur le dos, semis des mêmes chiffres ;
coins renforcés par parchemin (*Rel. anc.*).

L'ouvrage comprend 6 ff. prélim., 118 (sur 119) doubles cartes chiffrées,
gravées sur cuivre, et 6 ff. de texte et tables. Le titre est gravé sur cuivre.
Sur le verso du deuxième feuillet un grand portrait d'Ortelius gravé
sur cuivre.

La carte 42 (Namur) manque.

Le titre, un peu abîmé et sale, est doublé en différents endroits.
Quelques légères mouillures et taches de cire.

La reliure est fatiguée et les gardes sont modernes.

883. **PLANCHER** (Dom Urb.) et **MERLE** (D.). Histoire générale et
particulière de Bourgogne, avec des notes, des dissertations et les
preuves justificatives, composée sur les auteurs, les titres originaux, les registres publics, etc... *A Dijon, chez Antoine de Fay,*
1739-1748, 3 vol. in-fol., veau jasp., fil., dos orné, tr. rouges (*Rel.
anc.*).

Aux armes de BOURGOGNE.

Ouvrage estimé, orné de nombreuses planches gravées en taille-
douce.

Nous ne possédons pas le 4e volume, publié en 1781.

884. **PONTANUS** (Joh. Isac.). Historiae Gelricae libri XIV. Praece-
dit ducatus Gelriae et comitatus Zutphaniae chorographica descriptio. *Harderwici Gelrorum excudit Nicol. a Wieringen sumptibus
Johannis Jansonii bibliopolae Amsterodamensis,* 1639. In-fol.,
figures, vélin à recouvrements, 2 fil., tr. dor. (*Rel. de l'époque*).

Histoire du pays de Gueldre contenant 1 titre gravé, 1 portrait, 5
cartes et 8 planches.

Bel exemplaire.

885. **RECUEIL CLAIRAMBAULT-MAUREPAS**. Chansonnier historique du xviii° siècle, publié avec introduction, commentaires, notes
et index par Emile Raunié. Orné de portraits à l'eau-forte par
Rousselle. *Paris, A. Quantin,* 1880-1884, 10 vol. pet. in-8, demi-
rel. chagrin rouge, tr. jasp.

886. **RELATION** de l'état de la religion dans la Cochinchine depuis
l'année 1674 jusques en l'année 1680 faicte par un grand vicaire
de Mgr l'évêque de Berithe qui y a faict mission pendant tout ce
temps là. Manuscrit pet. in-4, de 217 ff., vélin, dos recouvert de
basane.

Manuscrit de l'époque.

887. **RESPUBLICAE**. *Leyde, Elzevier,* 1627-1632. 17 vol. in-16, dont
14 vol. mar. rouge, fil., dos orné, tr. dor. (*reliures anciennes*), 1
vol. mar. rouge, fil. à froid (*rel. mod.*), 1 vol. vélin, 1 vol. veau
fauve aux armes de Mgr. de Beauvau, évêque de Narbonne (*rel.
anc.*).

Turquie, Suisse, Russie, Ecosse et Irlande, Belgique. Villes hanséa-

tiques, tomes I, III et IV. — Venise. — La Grèce ancienne. 2 vol. —
La République des Hébreux. — Principautés d'Italie. — Suède. —
Rome. — Bosphore. — Constantinople.

888. RÉUNION de 58 plaquettes, publiées à Viterbe, Rome, Bologne, Bracciano, Vicenze, Ronciglione, dont la plupart entre 1616
et 1627, sur des événements politiques, la Turquie, les guerres des
turcs, signes célestes, apparition de monstres marins, tremblements de terre, etc. En 1 vol. pet. in-8, vélin (*Rel. anc.*).

> Voici les titres des plaquettes ayant rapport à la France :
> Relatione della solenne cavalcata & entrata in Parigi del. Sig. Mau-
> ritio cardinal de Savoia. 1619. — Relatione della presa che anno fatto
> le galere di S. M. Christianissima re di Francia in Barberia, di 6 vas-
> celli di Turchi Corsari. — Riposta di Giacomo rè d'Inghilterra alla let-
> tera mandatali dalli heretici habitanti nella Rochella. 1621. — Rag-
> guaglio generale, dell' assedio della Rocella. 1622. — La reduttione
> delle terre e luoghi del Poussino, e Baya all' obedienza del re christia-
> nissimo. 1622. — La reduttione et intrata trionfale. del re christianis-
> simo, dentro la sua città di Monpoliere. 1622. — La rotta d'ottocento
> huomini del marchese della Forza. Con la presa di Tonino. 1622. —
> Avviso venuto per una stafetta all' … cardinal di Sourdis dal re chris-
> tianissimo fatta al campo di Aprimont sotto il di 18. di Aprile 1622.
> — L'espugnatione della città, e fortezza di Sommières contro il duca di
> Rhoano. La rotta delle sue truppe …. seguita alli 12. di Luglio 1625. —
> Seconda rotta delli rebelli heretici di Mont' Albano, data dall' esercito
> del re christianesimo. 1625. — L'espugnatione della città di Bonail in
> lingua d'oca, presa a viva forza d'assalto alli ribelli dalle armi chri tia-
> nissime. 1625. — Relatione della rotta data dal Sig. di Toiras …. a
> Monsù di Subisse capo d'heretici ribelli. 1625. — Relatione della vitto-
> ria del re christianissimo, havuta contra gl' Inglesi nell' Isola di Rè, alli
> 8. di Novembre 1627. — Relatione di quello è passato nell' armata
> della Maestà del Rè Christianissimo dalli 27. Maggio sino alli 7. Giu-
> gno 1672.

889. ROUSSEAU (J.-J.). La Botanique de J.-J. Rousseau, ornée de
65 planches imprimées en couleurs, d'après les peintures de
P.-J. Redouté. *Paris, Delachaussée, Garnery*, XIV-1805, in-4, dos
et coins chagrin La Vall., non rogné.

> Lettres élémentaires sur la botanique. Fragments pour un diction-
> naire des termes d'usage en botanique. 160 pp. de texte et 65 planches
> gravées en couleurs.

890. SCAPPI (Bartolomeo). Delle arte del cucinare con il mastro
di casa e trinciante (di Vincenzo Cervio). *Venetia, Combi*, 1643,
in-4, veau fauve, tr. jasp. (*Rel. anc.*).

> Titre gravé et 28 planches gravées à l'eau-forte.
> Exemplaire fatigué; le titre est doublé.

891. SHUCKFORD (Samuel). Histoire du monde sacrée et profane
depuis la création du monde jusqu'à la destruction de l'empire des
Assyriens à la mort de Sardanapale… pour servir d'introduction à
l'histoire des juifs du docteur Prideaux… Traduit de l'Anglois par

J.-P. Bernard. *A Leyde, chez Jean et Herm. Verbeek*, 1738-1752,
3 vol. pet. in-8, mar. rouge, fil., dos orné, dent. int., tr. dor. (*Rel
anc.*).

> Le tome premier de cet ouvrage est traduit par J.-P. Bernard, le
> second par Chaufepié, et le troisième par Toussaint.
> Bel exemplaire ; trois cartes gravées sur acier.

892. SUETONIUS TRANQUILLUS (Caius) [xii Caesares]. *Parisiis,
e typographia regia*, 1644, pet. in-12, mar. rouge à longs grains,
fil. et pet. dent., dos orné, doubl. et gardes de tabis bleu clair,
dent. int., tr. dor. (*Durville*).

> Jolie édition ornée d'un titre gravé et de 12 portraits en médaillon,
> gravés en taille-douce, représentant les douze Césars.

893. THEATRUM ITALLE in quo eius regna, dominia, ducatus in
genere et speciatim illorum provinciæ, tabulis accuratissimis, iam
de novo in lucem editis, describuntur. *Amstelodami, typis aeneis
Henrici Hondij, s. d.* (1631), in-fol., vélin, fil., fleurs de lis aux
angles, ornement au milieu, tr. roug. (*Rel. de l'époque*).

> Atlas contenant 1 titre et 1 f. de table imprimés et 62 grandes cartes
> gravées en taille-douce, montées sur onglets, (nombre conforme à la
> table).

894. TRÉSOR DE NUMISMATIQUE et de glyptique, ou recueil
général de médailles, monnaies, pierres gravées, bas-reliefs, etc.,
tant anciens que modernes, les plus intéressans sous le rapport
de l'art et de l'histoire, gravé par les procédés de M. Achille Collas,
sous la direction de M. Paul Delaroche, de M. Henriquel Dupont
et de M. Charles Lenormant (pour le texte). *Paris, chez Rittner et
Goupil*, 1836-1850, 13 vol. in-fol., demi rel. bas. bleue, avec titre
doré sur le plat de chaque vol.

> Nous possédons :
> *Sceaux des grands feudataires de la couronne de France*, 1 vol. avec
> 32 planches. — *Sceaux des rois et reines de France*, 1 vol. avec 28
> planches. — *Médailles coulées et ciselées en Italie aux XVe et XVIe siè-
> cles*, 2 vol. avec 84 planches. — *Médailles françaises depuis Charles VII
> jusqu'à Louis XVI*, 2 vol. avec 105 planches. — *Choix historique des
> médailles des papes, depuis le milieu du XVe siècle jusqu'à nos jours*, 1
> vol. avec 48 planches. — *Médailles de la Révolution française de 1789 à
> 1804*, 1 vol. avec 96 planches. — *Collection des médailles de l'Empire
> français et de l'empereur Napoléon*, 1 vol. avec 72 planches. — *Iconogra-
> phie des empereurs romains et de leurs familles*, 1 vol. avec 62 planches.
> — *Bas-reliefs du Parthénon et du temple de Phigalie*, 16 pl. — *Recueil
> général de bas-reliefs et d'ornemens, ou mélanges typoglyptiques*, 40 pl. en
> 1 vol. — *Numismatique des rois grecs*, 1 vol. avec 93 planches. — *Nou-
> velle galerie mythologique*, 1 vol. avec 52 planches.
> L'ouvrage complet se compose de 22 volumes.

895. WARDEN (William). Letters written on board his majesty's
ship the Northumberland, and at Saint Helena in which the con-

duct and conversations of Napoleon Buonaparte, and his suite, during the voyage, and the first months of his residence in that island, are faithfully described and related. *London, published for the author by R. Ackermann, s. d.*, in-8, cartonné, non rogné.

Portrait et fac-simile.

896. WIDEVILLE. Histoire et description, *Paris, Imp. de J. Claye*, 1874, gr. in-8, dos et coins chagrin rouge, tr. jasp.

Vue du château de Wideville en 1620 dessinée et gravée à l'eau-forte par *Guillaumot fils*.

897. ZANOBI DE MEDICI (Frate). Trattato utilissimo in conforto de condennati amorte per via di giustitia. *In Roma, appresso Valerio Dorico*, 1565, pet. in-4, d'un f. de titre et 46 ff. paginés, figure. vélin (*Rel. anc.*).

Sur le titre une belle figure, gravée sur bois, où l'on voit la tête de S. Jean Baptiste.

La partie du volume commençant à la page 60 est composée par M. Tullio Crispoldo da Riete.

Ces traités enseignent la manière de consoler les condamnés à mort. Cachet de bibliothèque et noms anciens sur le titre.

SUPPLÉMENT

898. AMICO (Bernardino). Trattato delle piante & immagini de sacri edifizi di Terra santa, disegnate in Jerusalemme secondo le regole della prospettiva & uera misura della lor grandezza dal R.-P.-F. Bernardino Amico de Gallipoli... *In Firenza, appresso Pietro Cecconcelli*, 1620. in-4, vélin (*Rel. anc.*).

> Édition ornée de 47 figures gravées en taille-douce exécutées sur 35 planches par Callot.

899. BONELLI (Georgio). Hortus romanus juxta systema tournefortianum paulo strictius distributus à Georgio Bonelli... *Romae, sumpt. Bouchard et Gravier*, 1772-1778, 5 vol. gr. in-fol., dos et coins parchemin (*Rel. anc.*).

> Tomes I à V, renfermant 4 portraits, 1 vue de Rome et 500 planches gravées et coloriées.
> L'ouvrage complet se compose de 8 vol.

900. BRIANVILLE (de). Histoire sacrée en tableaux, pour monseigneur le Dauphin, avec leur explication suivant le texte de l'Ecriture, et quelques remarques chronologiques. *A Paris, chez Charles de Sercy*, 1677, 3 parties en 1 vol. in-12, vélin à recouv. (*Rel. anc.*).

> Ouvrage estimé pour les nombreuses figures de *Seb. Le Clerc*, dont il est orné.

901. GELLERT (C.-F.). Fabelen en vertelsels, in nederduitsche vaerzen gevolgd. *Te Amsterdam, by Pieter Meijer*, 1781-1786, 3 vol., figures, dos et coins basane fauve, ébarbés (*Rel. anc.*).

> Traduction hollandaise des fables et contes de Gellert.
> Vignette répétée sur chaque titre, 1 frontispice et 140 figures hors texte dessinées par *J. Buys*, gravées par *N. v. d. Meer*, dont 53 au premier, 61 au deuxième et 26 au troisième volume.
> Exemplaire très frais.

902. DANTE. L'Enfer, avec les dessins de Gustave Doré. Traduction française de Pier-Angelo Fiorentino accompagnée du texte italien. *Paris, Hachette et Cie*, 1861, in-fol., parchemin blanc, fil., tr. jasp.

> PREMIER TIRAGE des illustrations de Doré.

903. LETAROUILLY (Paul). Édifices de Rome moderne, ou recueil

de palais, maisons, églises, couvents, et autres monuments publics
et particuliers les plus remarquables de la ville de Rome, dessinés
et mesurés par P. Letarouilly. *Liège, publié par D. Avanzo et Cie.
s. d., 1853*, 3 vol. gr. in-fol., demi-rel. chagrin brun, plats toile,
tr. jasp. et texte in-4 br.

> Cet exemplaire renferme 1 portrait, 1 frontispice, 1 plan et 354
> planches.

904. PFNOR (Rodolphe). Architecture et décoration des époques
Louis XIV, Louis XV et Louis XVI au palais de Fontainebleau,
dessinées, gravées et accompagnées d'un texte historique et descriptif. *Paris, Claesen et Durcher, 1885*, in-fol., en feuilles, dans
le cartonnage de publication.

> Troisième volume seul, sans le texte ; il renferme 80 planches, dont
> la plupart sont gravées à l'eau-forte, et d'autres en chromolitho-
> graphie.

905. PICARD (Bernard). Histoire générale des cérémonies, mœurs,
coutumes religieuses de tous les peuples du monde, représentées
en 243 figures dessinées de la main de Bernard Picard : avec des
explications historiques et curieuses, par M. l'abbé Banier et
M. l'abbé Le Mascrier. *A Paris, chez Rollin fils, 1741*, 7 vol. in-
fol., veau fauve, dos orné, tr. rouges (*Rel. anc.*).

> 243 figures dessinées et gravées par *Bernard Picart*.
> Cette édition a été publiée sous la direction littéraire de l'abbé Ba-
> nier, mais le texte est dû à l'abbé Le Mascrier, ainsi que les nouvelles
> dissertations ajoutées à l'ouvrage primitif (Brunet).

906. Livres en lots, la plupart illustrés et incomplets.

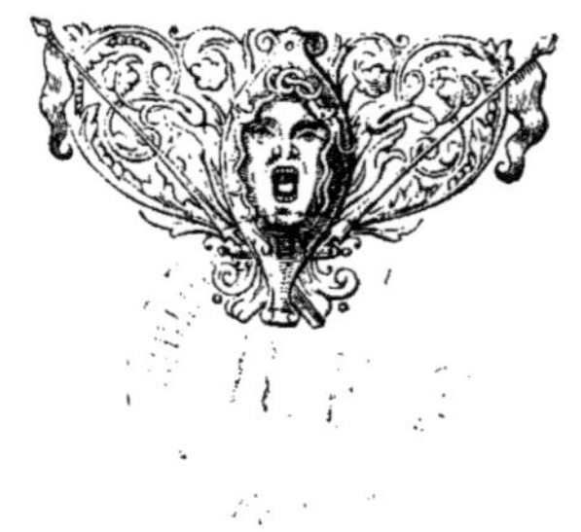

TABLE DES MATIÈRES

ORDRE DES VACATIONS

Première vacation. — Lundi 22 Mai 1911.

Nᵒˢ 1 à 187.

Deuxième vacation. — Mardi 23 Mai 1911.

Nᵒˢ 188 à 371.

Troisième vacation. — Mercredi 24 Mai 1911.

Nᵒˢ 372 à 560.

Quatrième vacation. — Vendredi 26 Mai 1911.

Nᵒˢ 561 à 741.

Cinquième vacation. — Samedi 27 Mai 1911.

Nᵒˢ 742 à 906.

CHARTRES. — IMPRIMERIE DURAND, RUE FULBERT.

6ᵉ Année. — Nº 5.

LA BIBLIOGRAPHIE

Mai 1911.

MENSUELLE
REVUE DES LIVRES NOUVEAUX
La Bibliographie mensuelle ne parait pas en Août et en Septembre

Librairie Henri LECLERC
PARIS — 219, Rue Saint-Honoré, 219 — PARIS

LISTE DES ABRÉVIATIONS EMPLOYÉES

Aquar. : Aquarelle. — Augm.: Augmenté. — Autog.: Autographié. — Broch. : Brochure. — Ch. : Papier de Chine. — Cart. : Cartonné. — Chromol. : Chromolithographie. — Corr. : Corrigé. — Coul. : Couleur. — Couv. : Couverture. — d. l. t. : dans le texte. — Dess. : Dessin. — Dir. : Direction. — E. F. : Eau forte. — Ex. : Exemplaire. — F. sim. : Fac-simile. — Fasc. : Fascicule. — FF. : Feuille. — Fig. : Figure. — Grav. : Gravure. — H.: Papier de Hollande. — Héliogr. : Héliogravure. — H. com. : Hors commerce — H. t. : Hors texte. — Ill. : Illustré ou Illustration. — In-f° : In-folio. — J.: Papier du Japon. — Lith. : Lithographie ou Lithographié. — Liv.: Livraison. — Orig. : Originale. — P.: Page. — Photograp. : Photographie. — Photograv.: Photogravure. — Pl.: Planche. — Port. : Portrait. — Préf. : Préface. — Reprod. : Reproduction. — Rel. t. : Reliure toile. — Tr. d. : Tranche dorée. — Vél.: Papier vélin. — Vol. : Volume.

Les chiffres en plus gros caractères indiquent les prix en francs.

Les formats non précisés sont les in-12, in-16, ou in-18, à peu près les mêmes dans la librairie française.

TABLE DES MATIÈRES

*Nous avons fait précéder d'une * les titres des ouvrages qui nous sont connus comme pouvant être mis dans toutes les mains au point de vue des mœurs et de ** ceux de littérature enfantine.*

Littérature (Prose)

Abbes (Cᵉ d'). Luxuria. *(Ambert).* 3.50

Andréief (L.). Les Sept pendus. La vie d'un Pope. Trad. du russe p. Persky et Touchard. 5 ex. H., 10— ; ex. ord. *(Eug. Fasquelle)* 3.50
Un tragique épisode de la répression du terrorisme a fourni le sujet du roman. *Les Sept Pendus*, du célèbre écrivain russe Andréief, qui paraît chez Fasquelle, traduit par S. Persky et A. Touchard. Une pathétique nouvelle, *la Vie d'un Pope*, du même auteur, termine le volume.

Angers (A. d'). Le Hasard. *(Daragon).* 1.25

Baruzi (J.). La Volonté de Métamorphose. *(B. Grasset).* 3.50

* **Bazin** (R.). L'Enseigne de vaisseau Paul Henry. Cart. *(A. Mame).* 1.50

* **Beaunier** (A.). Visages d'hier et d'aujourd'hui. 10 ex. H., 10— ; ex. ord. *(Plon-Nourrit et Cⁱᵉ).* 3.50

Bertrand (L.). L'Invasion. Cart. *(Nelson).* 1.25

* **Bergeret** (G.). Les Evénements de Pontax. Ill. de Haye et Gouillet. Rel. t., 1.50 : br. *(J. Tallandier).* .95

* **Boschot** (A.). Carnet d'Art. *(Bloud et Cⁱᵉ).* 3.50

* **Bossuet** (Correspondance de). Nouv. édit. augm., publ. p. Urbain et Levesque. T. IV (1689-91), in-8. *(Hachette et Cⁱᵉ).* 7.50

* **Bourgeois** (Abbé H.). Contes normands pour les Jours de Fête. 340 p. *(Jouve et Cⁱᵉ).* 3—

Bovet (M. A. de). Vierges folles. In-8, h. t. de Le Riverend. *(A. Mericant).* —95

Bringer (R.). L'Infidèle Amoureuse. Ill. d'ap. les aquar. de Gino. *(Id.).* 1.50

Cassagnac (Guy de). L'Agitateur. *(Plon-Nourrit et Cⁱᵉ).* 3.50

Cassot (C.). Héroïque. *(H. Daragon).* 3.50

* **Charles-Roux** (J.). En Camargue, Cœur ardent et Hirondelle brune. In-8. *(A. Lemerre).* 4—

Chennevière (G.). Le Printemps.
(*Eug. Figuière et C*). 3.50
Clouzet (G.). Jeanne Moreau.
(*Eug. Figuière et C*.). 3.50
* **Crane** (S.). La Conquête du Courage.
Trad. de l'angl. p. F. Vielé-Griffin et
H. D. Davray. (*Mercure de France*). 3.50
L'amour et la guerre sont les thèmes éternels de
toute grande littérature, et l'ouvrage dont MM. F. Vielé-
Griffin et Henri-D. Davray nous donnent la traduc-
tion, relate un des plus poignants épisodes de guerre
qui se puisse rencontrer. On a comparé ce livre à
la Guerre et la paix de Tolstoï, et son succès en
Angleterre et en Amérique a été colossal.
Delarue-Mardrus (L.). Tout l'Amour.
10 ex. H., 10— ; ex. ord. (*Eug. Fasquelle*). 3.50
Ardente et fraîche paysanne, Laurence Feuillant
se révèle grande cantatrice. Grisé par ses baisers,
Laudelin, poète et mondain, se résigne au rôle
ingrat de « mari d'étoile ». Tel est le sujet de *Tout
l'amour*, de Lucie Delarue-Mardrus, roman d'une
originale hardiesse que publie l'éditeur Fasquelle.
Diraison-Seylor (O.). Du fond des abîmes.
5 ex. J., 25— ; 10 ex. H., 15— ;
ex. ord. (*Eug. Figuière et C*). 3.50
* **Dombres** (G.). L'Enigme de la rue Cas-
sini. Couv. ill. (*P. Lafitte et C*). 3.50
Duclos. Histoire de Madame de Selve
(Edit. conforme à l'édit. orig.) Introd. par
E. Henriot. (*B. Grasset*). 2—
* **Favet** (V.). Mieux que l'amour.
(*P. Lethielleur*). 4—
Feli (V.). Ame de Femme. (*Id.*). 3.50
* **Fénelon.** Pages choisies. Introd. p. M. Ca-
gnac. Rel. t., 4— ; br. (*A. Colin*). 3.50
Fergan (A.). L'Ascète. (*B. Grasset*). 3.50
Fischer (M. et A.). Un jeune homme trop
aimable. (*Ambert*). —95
Forthuny (P.). Isabel ou le Poignard d'ar-
gent. (*Sansot et C*). 3.50
Francheville (R.). Chichis. Ill. de J. Xau-
daro. (*P. Ollendorff*). —95
Gravigny (J.). Externes surveillées. H. t.
d'apr. les aquar. de Bouard,
couv. ill. (*A. Mericant*). 3.50
Gyp. Le Bonheur de Ginette. Ill. de
R. Ranft. Rel., 1.50 ; br. (*Calmann-Lévy*). —95
* **Hermant** (A.). Le Cavalier Miserey. Ill.
et h. t. en coul. de P. Thiriat.
Rel., 1.50 ; br. (*A. Fayard*). —95
Heyse (P.). L'Amour en Italie. Trad.
p. V. Tissot. Ill. de M. Baldo. In-8, rel.
t., 1.50 ; br. (*E. Flammarion*). —95
* **Humphry Ward** (Mrs). George Ander-
son. Trad. de l'angl. p. B. de
Marmé. (*Hachette et C*). 3.50
** **Ivoi** (P. d'). La Capitaine Nilia. 2 vol.
in-8, ill. (*Boivin et C*). 4—
Jaloux (Ed.). L'Eventail de crêpe.
Couv. ill. (*P. Lafitte et C*). 3.50
Jeunesse sociale de Jean Venables
(La). Dess. de A. D. de Segonzac. (*H. Falque*). 3.50
Jouffroy (Cl.). Lettres d'une Morte.
(*A. Lemerre*). 1.50
Kistemaeckers (H.). L'Instinct. Marthe.
10 ex. H., 10— ; ex. ord. (*Eug. Fasquelle*). 3.50
La Belangeraie (M.). Le Clocher
fleuri. (*B. Grasset*). 3.50
La Vaudère (J. de). Folie d'opium. Aquar.

de M. Neumont ; couv. de Ch. Atanicau. In-8,
rel., 1.50 ; br. (*A. Mericant*). —95
Lavedan (H.). Bon an, mal an. Chroniques
de l'Illustration de 1910. 10 ex. H., 10— ; ex.
ord. (*Perrin et C*). 3.50
* **Leblanc** (M.). La Frontière.
(*P. Lafitte et C*). 3.50
Leca (V.). Vers l'Amour (Mœurs d'aujour-
d'hui). Couv. ill. (*Jean Fort*). 3.50
Le Maire (E.). Le Prince.
(*Plon-Nourrit*). et C 3.50
Lemercier de Neuville. Monologues et
Récits en vers et en prose.
2 vol. (*O. Bornemann, 15 r. de Tournon*). 4—
Lemonnier (C.). La Chanson du Carillon.
Couv. ill. (*P. Lafitte et C*). 3.50
Id. Comme va le Ruisseau. Ill. de G. Du-
puis. Rel., 1.50 ; br. (*Id.*). —95
Lespinasse (L. de). Le Martyre conjugal ou
l'impossible
vertu. (*Romans inéd. ill., 24. r. Cardinet*). 3.50
Lettres de la religieuse portugaise.
Introd. p. Em. Henriot (*B. Grasset*). 1—
** **Maël** (P.). Le Forban noir. Gr. in-8, 60
dess. de Vogel. Cart., 1.50 ;
br. (*Hachette et C*). 4—
* **Maigue** (L.). La Source du Bonheur.
(*Libr. des Saints-Pères*). 2.50
Maindron (M.. Hommes et Choses du
Vieux Temps. (*A. Mame*). 1.50
Martel (T.). Châteaux en Espagne.
(*H. Falque*). 3.50
* **Maryan** (M.). Le Château rose. Rel. t.,
3.50 ; br., couv. ill. (*H. Gautier*). 3—
Meade (L. T.) et **Clifford Halifax** (D').
L'Œil dans les Ténèbres. Trad. de l'angl. par
H. Magog. (*J. Tallandier*). 3.50
Montégut (M.). Les Bienfaits de l'Adul-
tère. 5 ex. J., 30— ; 5 ex. H., 10— ;
ex. ord. (*A. Lemerre*). 3.50
Murger (H.). Scènes de Campagne.
(*Calmann-Lévy*). —60
Nion (F. de). Bellefleur. Ill. p.
C. Hérouard. (*Ambert*). —95
* **Passy** (F.). Par-dessus la Haie.
(*Eug. Figuière et C*). 3.50
* **Poë** (Ed.). Les Lunettes. Trad. de l'angl.
p. G. Clerbois. (*Sansot et C*). 3.50
** **Robida** (A.). Le Capitaine Bellormeau.
Ill. de A. Robida. In-8, rel. t., 3— ;
br. (*A. Colin*). 2—
Rod. La Pensée d'Edouard Rod. Morceaux
publ. p. J. de Mestral-Combremont.
Port. autog. (*Perrin et C*). 3.50
Rolland (M.). La Dot de Fanette.
(*A. Dubray, 23, Boulev. des Italiens*). 3.50
* **Roure** (H. du). La Princesse Alice.
(*Bloud et Cie*). 2.50
Rousseau. Correspondance de J.-B. Rous-
seau et de Brossette, publ. p. P. Bonnefon. T. I
(1715-29), xvi-308 p. (*Ed. Cornély et C*). 6—
* **Ruskin** (J.). Souvenirs de Jeunesse. Trad.
par Mme G. Paris. Port.,
fac-sim. (*Hachette et C*). 3.50
* **Sabbionetta** (C de). Vie villageoise.
Trad. de l'ital. par
Mme de Zwart. (*P. Lethielleux*). 2.50

Saint-Point (V. de). L'Orbe pâle. Port.   (*Eug. Figuière et Cie*). 3.50

Saussay (V. du). Peau de Satin. Couv. ill. et h. t. p. Ch. Lapierre. (*Romans inéd. ill., 24, r. Cardinet*). 3.50

Schwæblé (R.). Le Livre de la Veine. (*H. Daragon*).   2.50

Senancour (P. de). De l'Amour (Nouv. édit. av. préf. de F. de Nion. In-8. (*Amhert*) 5—

* **Sonolet** (L.). Mes Chasses dans le Bougranda, p. le Président Armand Fallières. In 4, 60 p., 50 dess. de H. Goussé, couv. ill. (*Le Sourire, 60, R. de Richelieu*). —75

Stiernet (H.). Haute plaine. 250 p.   (*Ch. Petit, 5. R. Dante*). 3.50

* **Toudouze** (G.-G.). La Gondole fantôme. Cart.. 1.50 ; br.   (*Hachette et Cie*). 1—

Valder (J.). La Domination de la Vie. (*Eug. Figuière et Cie*).   3.50

** **Ville** (L.). Peaux-Rouges et Visages pâles. In-4. 255 p., grav.   (*Tolra et Simonet*). 5—

* **Wiseman** (Cardinal). Fabiola ou l'Eglise des Catacombes. Rel. t., 1.75 ; br.   (*E. Flammarion*). —95

Yver (Colette). Le Métier de Roi. 15 ex. H.. 12.50 ; ex. ord.   (*Calmann-Lévy*). 3.50

Zola (E.). Naïs Micoulin. Ill. de M. Toussaint. Rel. 1.50 : br.   . (*Id.*). —95

Littérature (Poésie)

Arces (R.). Ce qui naît. 143 p.   (*E. Figuière et Cie*). 3.50

Barratin (Mme). Lueurs du Soir. (*A. Lemerre*.   3.50

* **Bonnerot** (J.). Le Livre des Livres. (*B. Grasset*).   3.50

Deberly (H.). Elégies et sonnets. (*Id.*). 3.50

Ganay (E. de). Les Fleurs du Silence. (*Id.*).   3.50

Gendry (E.). Les Mouches, rondels satiriques. In-8. 70 p. (*J. Haizes, St-Servan*). 1.50

Gilkin (J.). La Nuit. (*Mercure de France*). 3.50

Hennezel (H. d'). Les Cendres du Foyer. (*B. Grasset*).   3.50

Irieux (G.). Les Branches incertaines. (*Plon-Nourrit et Cie*).   3.50

* **Jammes** (F.). Les Géorgiques chrétiennes. Chants I et II. 550 ex. pap. d'Arches.   (*Mercure de France*). 5 —

Lafon (A.). La Maison Pauvre. (*H. Falque*).   3.50

Leblanc (L.). Vers le Soleil. Recueil de poésies dédiées à la cause royaliste. 116 p   (*La Renaissance fse*). 2.50

* **Maingot** (H.). Rimes rustiques. Pet. in-8, III-96 p.   (*Clouzot, Niort*). 1.50

Nardin (G.). Les Métiers. (*A. Lemerre*). 3—

* **Picard** (H.). Nous n'irons plus au bois. (*Sansot et Cie*).   3.50

** **Richet** (Ch.). Pour les Grands et pour les Petits. Fables. Cart.   (*Annales polit. et littéraires*). 1.50

Rostand (Edmond). Les Musardises. (*E. Fasquelle*).   3.50

Les Musardises, premières poésies d'Edmond Rostand, restées si longtemps une rareté bibliographique, réapparaissent aujourd'hui chez Fasquelle, dans la collection inaugurée par *Cyrano de Bergerac*. Le nouveau volume a été grossi de nombreuses pièces inédites — souvenirs d'enfant et d'étudiant. parisiens et pyrénéens, — où l'on peut voir naître les tendances du poète dramatique et qui enthousiasmeront les liseurs et les diseurs de beaux vers.

Sales (P.). La Cigale ayant pleuré... 396 p.   (*E. Flammarion*). 3.50

Sarrazin (G.). La Chanson du Poète errant. (*Perrin et Cie*).   3.50

Strauss (M.). Les Inutiles. 192 p.   (*H. Daragon*). 3—

Terrien (A.). Vers le Grand Tout. 128 p.   (*Joure et Cie*). 2—

Touny-Lerys. Amoureusement. In-8.   (*Biblio. de poésie, Toulouse*). 2—

Vallet et **Venet**. Quelques vers. In 8, 45 p.   (*Imp. Razin, Chazelles-sur-Lyon*). 2—

Van Bever. Les Poètes du Terroir du xve au xxe s. Textes choisis. T. III, 550 p., rel., 5— ; br.   (*Ch. Delagrave*) 3.50

Théâtre

Ancey (M. C.). L'Ecole des Veufs, com. en 5 actes.   (*P. V. Stock*) 2—

Armand (A.). Bergeronnette, opérette en 1 acte. Gr. in-8, 30 p.   (*Soc. fr. d'Impr. et de Libr.*) 8—

Ars (J. d'). Madame Tartarin, com. en 2 actes. 69 p.   (*Imp. E. Grévin, Lagny*). 2—

Artois (A. d'). Une Farce de Maître Villon ou la Nuit de Saint-Jean, com. en 3 actes en vers.   (*Emile-Paul*). 2—

Autigeon (L.). L'affaire Chapoteau. 1 acte.   (*P. V. Stock*). 1.50

Bernstein (H.). Après moi, 3 actes.   (*A. Fayard*). 3.50

Boutelleau (G.). L'Etoile, com. en 1 acte.   (*P. V. Stock*). 1—

Id. Les Ciseaux. com. en 1 acte.   (*Id.*). 1—

Id. Oncle Sigismond, 1 acte.   (*Id.*). 1—

Caen (H.). L'Ami des deux, com. en 2 actes. 54 p.   (*Ondet et Viterbo*). 1—

Courteliné (G.). Boubouroche. L'article 330, etc. Ill. de A. Barrére. Rel., 1.50 : br.   (*A. Fayard*. —95

Couturet (A.). Gardons les mêmes. com. en 1 acte. In-8, 48 p.   (*E. Benoit*). 1.50

Fauvel (H.). Cymbeline), dr. en 5 actes. 172 p.   (*P. Rosier*). 3 —

* **Foley** (Ch.) et **Lorde** (A. de). Au Téléphone. — Un concert chez les Fous. — La Nuit rouge. Couv. en coul.. 11 grav.   (*J. Tallandier*). 3.50

Guitry (Sacha). Le Veilleur de nuit, com. en 3 actes. Gr. in-8 à 2 col., 24 p.   (*L'Illustration*). 1—

Id. Le Veilleur de nuit, com. en 3 actes. In-4, 15 ex. J., 15— ; ex. ord. (*Eug. Fasquelle*). 3.50

Hennequin. Yette, com. en 1 acte,   (*P. V. Stock*). 1.50

Jacoby et **Lippschitz**. Le Grand Ecart, 3 actes. Adap. de l'all. p. Mouezy-Eon et Bauer.   (*Id.*). 2 fr.

Jarry et **Demolder**. Pantagruel, opera-bouffe en 5 actes. Mus. de Cl. Terrasse. 95 p. *(Soc. d'édit. musicales)*. 1—

Kinon (V.). L'An Mille, dr. en 5 actes en vers. 222 p. *(Ch. Petit, 5, r. Dante)*. 3.50

* **Lanzac de Laborie** (L. de). Paris sous Napoléon. Le Théâtre français. In-8. *(Plon-Nourrit et Cie)*. 5—

* **Lemercier de Neuville**. Ombres chinoises. Dess. *(O. Bornemann)*. 3—

Lévy (J.). Un Juré, com. en 1 acte. *(P. V. Stock)*. 1—

Louys (P.) et **Frondaie**. La Femme et le Pantin, 4 actes. Port. *(Annales polit. et litter.)*. 3.50

Id. La Femme et le Pantin, 4 actes. In-8 à 2 col., 24 p., grav. *(L'Illustration)*. 1—

Marirose. Gens de désordre, 3 actes. In 4 à 2 col., port. *(Imp. de l'Union, Le Havre)*. 1—

Mirande et **Wolff**. Les Jeux sont faits ?... com. en 1 acte. 32 p. *(Ondet et Viterbo)*. 1—

Mouezy-Eon. On opère sans douleur, com en 1 acte. *(P. V. Stock)*. 1.50

Pochhammer (A.). L'anneau du Nibelung de Richard Wagner. Trad. de l'all. p. J. Chantavoine. *(F. Alcan)*. 2.50

Prabonneaud. Partie de campagne, com. en 1 acte. *(Id.)*. 1.50

Rabier (Benjamin) et **Herbel** (E.). Le Château des Loufoques. Com. en 3 actes. *(Id.)*. 2—

** **Ricquier** (L.). Petit Théâtre pour les Jeunes Gens et pour les Jeunes Filles. *(E. Flammarion)*. 2—

* **Scribe**. Théâtre choisi de Eugène Scribe par M. Charlot. Rel., 5 — ; br. *(Ch. Delagrave)*. 3.50

* **Saint-Georges de Bouhélier**. Le Carnaval des enfants, 3 actes. 222 p. *(E. Fasquelle)*. 3.50

Sajot (A.). Vendéenne, dr. en 3 actes en vers. *(H. Falque)*. 2—

Surin (A.). Monsieur Pucelle, 1 acte. *(P. V. Stock)*. 1—

Thierry (R.). Pantins ! com. en 1 acte. 46 p. *(L. Monce, Reims)*. 1.50

Critique, Biographie, Histoire littéraire

Albalat (A.). La Formation du Style par l'assimilation des Auteurs. Rel t. *(A. Colin)*. 4.50

Berret (P.). Le Moyen Age dans la Légende des Siècles et les sources de Victor Hugo. In-8, 448 p., couv. en 2 coul. *(H. Paulin et Cie)*. 10—

Id. *Voir à Philosophie,...*

Bertaut (Jules). Voltaire. Coll. « La Vie anecd. et pitt. des gr. écrivains ». 200 p., 45 ill. Rel. 3— ; br. *(Louis-Michaud)*. 3.50

Capus. Collection de l'Esprit français : Alfred Capus. Ill. de Capiello. Fabiano, Roubille, Touraine. *(F. Juven)*. —95

Churton Collins (J.). Voltaire, Montesquieu et Rousseau en Angleterre. Trad. de l'ang. p. P. Deseille. *(Hachette et Cie)*. 3.50

Clouzet (G). Le Roman français. 224 p., 45 grav., port. Rel., 2.75 ; br. *(Louis-Michaud)*. 2— (Voir aux annonces).

Coignet et **Ackain**. Henri Fauvel, sa vie, son œuvre. *(P. Rosier)*. 1—

Cousot (F.). Les Poètes de la nature Choix, préface et notes, 160 p., 9 grav., rel., 1.50 ; br. *(Louis-Michaud)*. 1—

Donnay. Collection de l'Esprit Français : Maurice Donnay. Ill. de L. Cappiello, A. Guillaume, L. Métivet, A. Roubille. *(F. Juven)*. —95

François. Souvenirs sur Guy de Maupassant par son valet de chambre (1883-93). *(Plon-Nourrit et Cie)*. 3.50

Fleury (V.). Le Poète Georges Herwegh (1817-75). In-8, xii-398 p. *(Ed. Cornely et Cie)*. 10—

Giraud (V.). Les Maîtres de l'Heure (P. Loti, F. Brunetière, E. Faguet, etc.). *(Hachette et Cie)*. 3.50

Griselle (E.). Fénelon. *(Id.)*. 3.50

Hemon (F.). Bersot et ses amis. *(Id.)*. 3.50

Hervier (M.). Les Ecrivains français jugés par leurs contemporains. viii-676 p. *(P. Delaplane)*. 4.50

Hervier (P. L.). Dickens. 200 p., 45 ill., couv. en coul., rel., 3— ; br. *(Louis-Michaud)*. 2.25

Lacretelle (P. de). Les Origines de la Jeunesse de Lamartine (1790-1812). *(Hachette et Cie)*. 3.50

Lafenestre (G.). St François d'Assise et Savonarole, inspirateurs de l'art italien. *(Id.)*. 3.50

Larmand (L.). Les Poètes de la Femme. Choix, préface et notes, 160 p., 9 grav., rel. 1.50 ; br. *(Louis-Michaud)*. 1—

Levrault (L.). La Critique littéraire (Evolution du genre). 138 p. *(P. Delaplane)*. —75

Pelloutier (M.). Fernand Pelloutier (1867-1901). In-8, E. E. de M. Froment. *(Schleicher frères)*. 2—

Piffre (L.). Manuel d'Histoire de la Littérature à l'usage des sous-officiers. In-8. *(H.-Ch. Larauzelle)*. 2—

Poinsot (C.). Les Poètes du Rire. Choix, préface et notes, 160 p., 10 grav., rel., 1.50 ; br *(Louis-Michaud)*. 1—

Poinsot (M. C.). Esthétique régionaliste. *(Eug. Figuière et Cie)*. 3.50

Reggio (A.). Regards sur l'Europe intellectuelle. *(Perrin et Cie)*. 3.50

Stapfer (P.). Humour et Humoristes. viii-250 p. *(Fischbacher)*. 3.50

Thomas (E.). La Littérature chrétienne. 224 p., 45 grav., port. Rel. 2.75 : br. *(Louis-Michaud)*. 2—

Topin (A.). Heine. In-8, 112 p., 4 pl., rel. t. 1.30 ; br. *(Larousse)*. 1—

Vanel (G.). Le Curé de Cucugnan et son véritable auteur. In-8. *(L. Jouan, Caen)*. 1.50

Beaux-Arts

Capart (J.). L'art égyptien (2e série). In-8, 100 pl. *(Vromant, Bruxelles)*. 10—

Christol (F.). L'art dans l'Afrique austale. In-4, xxi-47 p. *(Berger-Levrault et Cie).* 10—
Collignon (M.). Les Statues funéraires ans l'Art grec. In-4, ill., pl. *(E. Leroux).* 30—
Cornu (P.). Galerie des Modes et Costumes ançais, dess. d'ap. nature (1778-87). Réimpression, 325 pl. *En souscrip-*tion. *(Émile Lévy).* 500—
Corot, Favart et Mme Favart. Les crits et la vie anecdotique et pittoresque des rands artistes. 200 p., 45 ill., rel., 3.25 ; r. *(Louis-Michaud).* 2.50
Dake (C. L.). Josef Israels. 30 ex. Ch., 0— ; ex. ord rel. t., 10— ; r. *(Libr. art. internationale).* 7.50
Dechevrens (A.). Composition musicale f composition littéraire à propos du chant régorien. In-8, 198 p. (*A. Picard et fils).* 5—
Delzangles (F.). Folklore cantalien ; chants populaires d'Auvergne. Texte et trad. fr. av. nus. In-4. 136 p. *(J. Gamber).* 3—
Dupré et Nathan (D^rs). Le Langage musical. Étude medico-psychologique. In-8. *(F. Alcan).* 3.75
Fouquier (M.). De l'Art des Jardins du xve au xxe s. In-4, 400 reprod., 40 f. sim. h. t., vél. d'Arches. *(Émile-Paul).* 120—
Grand Carteret (J.). Les Élégances de la Toilette (1780-1875), 480 p., 243 h. t. en n. et coul. *(A. Michel).* 10—
Konody et **Brockwell.** Le Louvre. 54 ill. en coul. h. t. rel. *(Jack, Henrietta Street, Londres).* 26.25
Laurent (M.). L'Art chrétien primitif. 2 vol pet. in-8, 166 grav., 50 dess. et pl., rel. t. *(Vromant. Bruxelles).* 10—
Lavalley (P.). Douze Chefs-d'œuvre du Musée de Caen. Pet. in-4, 12 pl., 25 ex. H., 6— ; 200 ex. vél. *(L. Jouan, Caen).* 3.50
Le Chatelier (A.). Céramique. In-8. *(E. Leroux).* 1—
Lemonnier (H.). L'art français au temps de Louis XIV (1661-90). 35 grav. *(Hachette et Cie).* 3.50
Malpel Ch.). Notes sur l'Art d'Aujourd'hui et peut-être de Demain. 2 vol., 500 ill., 600 ex. num. *(Bernard Grasset).* 20—
Marcel (H.). Chasseriau. *(Gillequin et Cie).* 3.50
Méandre de Lapouyade. Un maître flamand a Bordeaux : Lonsing (1739-99). In-4, 18 héliograv.. 7 phototyp.. tiré à 100 ex. *(Jean Schemit).* 50—
Mireur (D^r). Dictionnaire des Ventes d'Art (xviiie et xixe s.). 8 vol., chaque. *(Ch. de Vincenti).* 40—
Stainer (J.). La Musique dans ses rapports avec l'intelligence et les émotions. Trad. p. L. Pennequin. *(H. Falque).* 2—
Streatfeild (R. A.). Musique et Musiciens modernes. Trad. p. L. Pennequin. *(H. Falque).* 3.50
Titien. L'œuvre du Maître. In-8, 284 grav.. rel. *(Hachette et Cie).* 14.50 et 12—
Veronèse (Paul). Coll. des Peintres illustres. 80 p., 8 f. sim. en coul.. rel. *(P. Lafitte et Cie).* 1.95

Histoire, Biographie Archéologie

Administration des monnaies et médailles. Rapport au Ministre des Finances (1910). In-8, xliv-330 p., fig., cartes, pl. *(Imp. nationale).* 4—
Aubert (Abbé). Histoire de Balleroy, jusqu'au xixe s. In-8, photog. *(L. Jouan, Caen).* 6—
Basile (E.). Studdi e Schizzi. 26 pl. (32 × 43). *(C. Crudo, Turin).* 30—
Batz (Baron de). Les Conspirations et la fin de Jean, Baron de Batz (1793-1822). In-8. *(Calmann-Lévy).* 7.50
Blaison (Cap^e). La Couverture d'une place forte en 1815. Belfort et le corps du Jura. In-8, 326 p., 2 cartes. *(H. Ch.-Lavauzelle).* 5—
Bled (V. du). La Société française du xvie s. au xxe s. VIIe Série : xviiie et xixe s. *(Perrin et Cie).* 3.50
Boudet (M.). Cartulaire du Prieuré de Saint-Flour (972-1476). In-4, pl., cart. *(A. Picard et fils).* 20—
Bray (Mémoires du Comte de). Publ. p. le Colonel d'État-Major F. de Bray. *(Plon-Nourrit et Cie).* 8.50
Albert Sorel avait révélé déjà l'importance des *Mémoires du comte de Bray*, en utilisant les renseignements ignorés qu'ils contiennent, dans son grand ouvrage sur *l'Europe et la Révolution française.* Le recueil de documents que présente aujourd'hui le colonel F. de Bray, avec une introduction de M. Ernest Daudet, confirme cette appréciation. L'auteur était né à Rouen en 1765, il fut tour à tour chevalier de Malte, attaché au ministère des affaires étrangères sous le comte de Montmorin, membre de la Légation française près la diète de Ratisbonne, employé ensuite par Maximilien Ier, roi de Bavière, et envoyé par lui à Saint-Pétersbourg, à Londres, à Berlin, à Paris et à Vienne. Il a été, à tous ces titres, le confident professionnel des plus illustres hommes d'État de son temps et le témoin d'événements considérables que ses rapports font revivre dans leur vérité, car ce fut un diplomate qui se laissa rarement tromper par les apparences. L'histoire de la Révolution s'accroît grâce à ses lettres, qui font penser à la fois à Mme de Sévigné à Saint-Simon, de détails précieux sur les cours d'Europe, sur celle du vainqueur d'Iéna, sur la dernière campagne de la Grande Armée et son effondrement. sur les tristes querelles qui agitent le monde des émigrés et les visées égoïstes de la Sainte-Alliance.
Cabouat (J.). Le Traité de Francfort. Gr. in-8. *(Giard et Brière).* 4.50
Cambrai, il y a cent ans. Notes et souvenirs d'un Cambrésien (1800-22). Pet. in-8, 242 p. *(O. Masson, Cambrai).* 2—
Caron (P.). Paris pendant la Terreur. In-8, lx-427 p. *(A. Picard et fils).* 8—
Chabot (Cte de). Vendéennes ! *(Libr. des Saints-Pères).* 3.50
Chardonchamp (G.). La Famille de Voltaire. Les Arouet. In-8, 71 p. *(H. Champion).* 2.50
Charles-Roux (J.). Autour de l'Histoire. In-4, 78 pl., 1 héliograv., 20 chromotyp., 298 ex. H. *(A. Lemerre).* 30—
Chuquet (A.). Ordres et apostilles de Napoléon (1799-1815). T. 1er, in-8, 400 p. *(H. Champion).* 7.50

Contrasty (Abbé). Le Clergé français exilé en Espagne (1792-1802). In-8, xii-391 p., port   (L. Sistac). 6—

David (L.). Le Canton de Montguyon (Charente-Inf.) à travers l'histoire. In-8. 382-ix p., grav.   (Imp. ouvrière, Angoul'me). 5—

Deaudeteau (Com.). Recherches historiques et généalogiques sur la maison de Tournebu. Gr. in-8, pl. en n. et coul   (L. Jouan, Caen). 8—

Delreuil (J.). Des comptes de Ciré à la fin du v⁰ s. In-8   (Larose et Tenin). 2.50

Depollier (L.). L'Annexion et la Presse savoisienne. xiv-534 p.   (Imp. J. Depollier, Annecy). 5—

Destray et **Isnard**. Voir à Armée,...

Faucon. Reliquiæ de Maurice Faucon. 2 vol. In-8. 2 port.   (Plon-Nourrit et Cⁱᵉ). 7—

Faure (C.). Mélanges d'histoire viennoise. In-8, vii-200 p.   (H. Martin, Vienne). 4—

Fedorowicz (W. de). 1809. Campagne de Pologne. T. I. In-8.   (Plon-Nourrit et Cⁱᵉ). 3—

Forestié Ed. La Grande Peur de 1789. In-8, 212 p.   (Paul Masson, Montauban). 4—

Fournez (Ph.). Histoire d'une Forteresse : Landrecies. Publ. p. H. R. de Planterose. In-8. grav., plans.   (Perrin et Cⁱᵉ). 5—

Gautherot (G.). Gobel, évêque métropolitain constitutionnel de Paris. xiv-418 p., port.   (Nouv. libr. nationale). 7.50

Gouraud d'Ablancourt (M.). La Duchesse d'Alençon intime. 2 port., f. sim.   (Libr. des Saints-Pères). 2—

Id. Les Reines chez elles. 40 photograp.   (Id.). 3.50

Guerre Russo-Japonaise (Opérations maritimes de la). 3ᵉ partie. tr. du Japonais p. H. Rouvier et P. Monconduit. In-8, 10 cartes.   (R. Chapelot et Cⁱᵉ). 4.50

Hozier (D'). Armorial général et universel, s. l. d. d'A Daigre. 2 vol. (33 × 28).   (G. Ficher). 60—

Jean-Bernard. La Vie de Paris (1910).   (A. Lemerre)   3.50

Landrieux (M.). L'Inquisition.   (P. Lethielleux).   —60

Langlois (L.). La Communauté des notaires de Tours, de 1512 à 1791. Gr. in-8, xii-524 p.   (H. Champion). 10—

Le Vard (G.). La décoration des habitations particulières édifiées à Caen aux xviiᵉ et xviiⁱ s. Gr. in-8, 22 pl. (L. Jouan, Caen). 20—

Marion, Benzacar et **Caudrillier**. Collection de documents inédits sur l'histoire de la Révolution. T. I : Districts de Bordeaux et de Bourg. In-8.   (E. Leroux). 7.50

Mathiez (A.). La Déportation des prêtres et la sécularisation de l'état-civil (10 août 1792). In-8.   (E. Leroux). 2—

Mathiez (A.). Rome et le Clergé français sous la Constituante. 534 p.   (A. Colin). 5—

Mikaïlovitch (Gᵈ Duc Nicolas). Correspondance de l'Empereur Alexandre Iᵉʳ avec sa sœur la Gᵈᵉ Duchesse Catherine, reine de Wurtemberg (1805-08). In-8, 300 p., 8 pl., f.-sim. d'autog.   (Manzi, Joyant et Cⁱᵉ). 15—

Misset (E.). Lampadius, Lampadia, Lam-

pas. ou Saint Louis et sa famille autour de Saint-Memmie dans un vitrail de la cathédrale de Châlons (1258). In-8. (A. Picard et fils). 1.50

* **Montier** (Éd.). Les Maries-Louises. (Bloud et Cie).   3.50

Morel (Gⁿ J.). Biéville-sur-Orne. Croq., 10 phototyp.   (L. Jouan, Caen). 6—

Moret (A.). Rois et Dieux d'Egypte. 20 grav., 16 pl., 1 carte.   (A. Colin). 4—

Pesnel (Mⁱˡˡᵉ M.). Marie-Edmée intime. (Libr. des Saints-Pères).   2—

Pétiet (R.). Armorial poitevin. In-8.   (H. Champion). 5—

Picard (Ernest). 1870. La guerre en Lorraine. 2 vol. in-16 avec 5 cartes.   (Plon-Nourrit et Cⁱᵉ). 10—

Le colonel Picard a exposé, dans un précédent ouvrage, les préliminaires de la guerre de 1870, et les opérations qui aboutirent à la Perte de l'Alsace pour nos armées. L'éminent historien militaire s'attache, dans son nouveau livre, à retracer les événements qui ont eu la Lorraine pour théâtre, depuis la veille de Forbach jusqu'au soir de Saint-Privat. C'est une synthèse des remarquables travaux qu'il a déjà publiés. Il apparaît, dans ce récit, d'une précision sobre, que l'infériorité du haut commandement fut le principal artisan de nos défaites. Nous pouvions vaincre, car l'élan de nos troupes était admirable, et l'état-major allemand laissa plus d'une fois percer ses hésitations et ses faiblesses.

Pol André. Les Petits Boudoirs sous Louis XV d'après L'Espion anglais. In-8, 440 p.   (A. Michel). 5—

Géographie, Voyages

Asselin (H.). Paysages d'Asie. (Hachette et Cⁱᵉ).   3.50

Au pays d'Anjou. Pet. in-8. 208 p., grav., cartes. Syndicat d'initiative. Angers). 1.25

Beauregard G. de et **Fouchier** (L. et C.). L'Italie méridionale : Naples et la Campanie. La Calabre. Rel. t., 5.50 ; br.   (Hachette et Cⁱᵉ). 4—

Bernard (A.). Les Confins algéro-marocains. In-8, 84 photograp., 5 cartes en coul.   (Emile Larose). 12—

Bertrand (L.). Le Livre de la Méditerranée. 350 p.   (Bernard Grasset). 3.50

Bujon (Ch.). En Italie. Journal des Voyages d'Alinda Brunamonti. (Falque). 3.50

Dautremer (J.). Grande Artère de la Chine : Le Yangtseu. In-8, ill., carte.   (E. Guilmoto). 6—

Dubreuil (J.). La Vie à Nice. In-8. 223 p.   (Imp. de l'Eclaireur, Nice). 2.50

Joanne. Menton et ses environs. 64 p., 5 cartes, 1 plan. 15 grav. (Hachette et Cⁱᵉ). 1—

Jousset (P.). L'Espagne et le Portugal illustrés. Gr. in-4, 772 photograp., 19 pl., 21 cartes et plans en n. et coul., r l., 28— ; br.   (Larousse). 22—

Id. L'Italie illustrée. Gr. in-4. 784 photograp., 12 pl., 23 cartes et plans en n. et coul., rel., 28— ; br.   (Id.). 22—

La Morinière de La Rochecantin (Cⁱˢˢᵉ de). Du Caire à Assouan. 40 ill.   (Plon-Nourrit et Cⁱᵉ). 3.50

Le Herissé (A.). L'ancien royaume du Dahomey. In-8, photograp., pl. en
coul. (*Emile Larose*). 12—
Montfort (Eug.). En Flânant de Messine à Cadix. (*A. Fayard*). 3.50
Puaux (R.). Silhouettes anglaises. Couv. (*Annales polit. et litter.*). 3.50

Bibliographie, Imprimerie
Librairie

Amiel (J.). La Bibliothèque publique de Carcassonne. In-8,
IU-191 p. *B. Le Soudier*. 3—
Annuaire de la Librairie 1911. In-8.
(*Id.*). 6—
Bibliographie agricole.
80 p. *Baillière et fils*. 4.—
Bibliographie des sciences médicales... In-8, 192 p. *Baillière et fils*. 1.—
Davois (G.). Bibliographie napoléonienne jusqu'en 1908, 3 vol.,
chaque. (*Kracher et Mandelbrod*). 50—
Labande et **Lavergne**. Inventaire du fonds Grimaldi-Regu...
In-8. (*A. Picard et fils*). 7.50
Le Soudier (H.). Bibliographie française, série. T. II (1905-1909). Gr. in-8, 1200 p.,
rel., 85— ; br. (*H. Le Soudier*). 75—
Sauvage (R. N.). Catalogue des Manuscrits de la collection Mancel.
In-8. *L. Jouan, Caen*. 7.50

Armée, Marine, Colonies

Annuaire du Corps de l'Artillerie 1911.
In-8, 128 p. (*Berger-Levrault et Cie*). 6
Beauvoir (R. de). Légion étrangère. In-8,
200 grav. d'ap. les dess. de Barthère, Bombled. Combaz, etc., rel. t. (*Firmin-Didot*). 8.50
Blaison (Capt.). Voir à Histoire,..
Boutault (A.). Voir à Agriculture,...
Chambon (A.). Du Sabre à pied. In-8,
5 phot.-grav. (*H. Ch.-Lavauzelle*). 2—
Colson et **Merlin**. Voir à Agriculture...
Destray et **Isnard**. La Marine bourguignonne et côte-d'orienne. (*G. Ficker*). 5—
Devé. Du rôle de l'aviation dans la marine.
In-8. (*B. Chapelot et Cie*). —40
Dislère (P.). Voir à Droit...
Dubois (E.). Ephémérides astronomiques
et annuaire des Marées pour l'année
1912. (*A. Challamel*). 1.50
Firinga (J.). Ile Sainte-Marie de Madagascar. Six mille Français dépouillés de la qualité de citoyen. In-8,
6 p. *Giard et Brière*. —50
Goulven (J.). L'Afrique équatoriale fr. Ancien Congo français.
In-8. *Emile Larose*). 5—
Grisot (Gal) et **Coalombon** (L.). La Légion étrangère de 1831 à 1887. In-8, 650 p.,
plan. (*Berger-Levrault et Cie*). 10—
Guerre Russo-Japonaise. Voir à Histoire,...

Guide Fournier à l'usage des Officiers...
In-16. 372 p., rel. (*L. Fournier*). 2—
Hoarau-Desruisseaux (Ch.). Aux Colonies. 376 p. (*Emile-Larose*). 3.50
Instructions nautiques. Océan indien Est. Mer d'Arafura (de la pointe Est du golfe de Carpentarie au cap Leeuwin. In-8,
xx-211 p. (*Imp. nationale*). 3.—
La Martinière (H. de). La Marine française en Crète. In-8. (*B. Chapelot et Cie*). 6—
Lomier (Dr). Le Bataillon des Marins de la Garde (1803-15). 502 p., ill. de
G. Amoretti. (*G. Ficker*). 8—
Massenet, Vallerey et **Letelle**. Gréement, manœuvre et conduite du navire à voiles et à vapeur. T. II, in-8, 440 p. 375 fig.,
rel., 13— ; cart. t., 11.50 ;
br. (*A. Challamel*). 10—
Mirc (Capt.). Essai sur les Mitrailleuses...
In-8, 120 p., dess.,
carte. (*L'Armée mod.*, 335, B. St-Germain). 2.50
Ned Noll. Almanach du Marsouin (1911).
Gr. in-8, 240 p., photograv., couv.
ill. (*H. Ch.-Lavauzelle*). 2—
Phares. Stations de sauvetage, de signaux, signaux horaires. Série C : Manche, Océan Atlantique Est (de la pointe de Penmarc'h au cap Trafalgar). In-8, xxviii-746 p.,
carte. (*Imp. nationale*). 2—
Id. Série E : Océan Atlantique Est du Sud (du cap Spartel). In-8, xx-170 p.,
carte. (*Id.*). 1.50
Id. Série G : Océan Atlantique Ouest (Côte Est d'Amérique au Nord du cap Canaveral. Etats-Unis). In-8, xxv-707 p.,
carte. (*Id.*). 3—
Id. Série H : Océan Atlantique Ouest (Côte Est d'Amérique au Sud du cap Canaveral. In-8, xxiii-401 p., carte. (*Id.*). 3—
Poulier (L. L.). Emploi des Automobiles dans les Armées modernes. In-8, 225 p.,
dess. (*L'Armée moderne*). 2.—
Stirn (Com.). Procédés de Combat du bataillon et de la compagnie d'Infanterie. In-8,
386 p., 24 fig. (*Berger-Levrault et Cie*). —
Vicard (L.) et **Rode** (Sergent). Le Chien sentinelle. Grav. (*H. Ch.-Lavauzelle*). 2.50
Vuillet (J.). Le Carisé et ses produits.
In-8, ill. (*Emile Larose*). 5—

Sports, Jeux, Automobilisme,
Aviation

Aubry (A.). Règl. du jeu de cartes « Le Handicap ». (*L'aut., 32, R. Balagny*). 1—
Bougier (H.). Cycles et Motocycles. In-8,
x-258 p., 146 fig., rel. 7.25 ;
br. (*Dunod et Pinat*). 4.75
Cunisset-Carnot. La Vie à la campagne. 3e série (1909-10). In-8. (*P. Roger et Cie*). 3.50
Delaire (H.). Traité-manuel des Echecs.
In-8, 240 p., rel. 5— ; br. (*Jean Schemit*). 4—
Eiffel (G.). La Résistance de l'air et l'aviation. In-4, viii-154 p., 77 fig., 27 pl.,
cart. (*Dunod et Pinat*). 20—
Faroux et **Bernard**. Aéro-manuel, réper-

toire sportif, technique et commercial de l'aéronautique. In-8, 515 p., fig., grav., port.   (*Dunod et Pinat*). 10—

Marchis (L.). Aérostation, étoiles, soupapes, filets de ballon. Aviation, lois expérimentales. In-8, 265 p., 80 fig.   (*Id.*). 12—

Economie domestique

Dombrey (Mme). La Pratique des ouvrages de Dames. 224 p., 189 fig., cart.   (*Libr. des Annales*). 2.50

Girodroux (Mme). La Société et ses Usages. In-8, 224 p., cart.   (*Id.*). 2.50

Kari (Rose). Potages, hors-d'œuvre et sauces. Œufs et pâtes alimentaires. 2 vol. chaque.   (*A. Méricant*). 1—

Lassablière (Dr P.). L'Hygiène infantile, à l'usage des mères.   (*Jouve et Cie*). —75

Mestadier (D^r). La Beauté. Hygiène féminine. 462 p.   (*G. Ficker*). 4—

Perreau. Ce que doivent savoir les mamans. In-8.   (*A. Maloine*). 1.25

Sciences médicales

Aldebrandin de Sienne. Le Régime du Corps. Texte français du xiiie s., publ. p. les Drs Landouzy et Pépin. In-8, lxxvi-262 p., reprod., 12 ex. J. miniatures peintes à la main, 400— ; 250 ex. num. ord.   (*H. Champion*). 15—

Bajenoff et **Ossipoff** (D^rs). La Suggestion et ses limites.   (*Bloud et Cie*). 1.50

Belbèze (Dr R.). La Neurasthénie rurale. In-8.   (*Vigot frères*). 3.50

Boudol (D^r). Les Resections partielles du foie,... In-8.   (*Id.*). 2.50

Brissaud, Pinard et **Reclus.** Nouvelle pratique medico-chirurgicale illustrée. T. III et IV.   (*Masson et Cie*). 40—

Busy. La Nucleo-Albuminurie. In-8.   (*A. Maloine*). 2.50

Chabrol (D^r Et.) Les Pancréatites dans les altérations du foie. In-8, 266 p., 25 fig., 2 pl. en coul.   (*G. Steinheil*). 8—

Dejerine (J.). Cahier de feuilles d'autopsies pour l'étude des lésions du névraxe (Nouv. édit. augm.). In-4, 30 pl.   (*Vigot frères*). 3.50

Delille (P. F. A.). Techniques du Diagnostic par la méthode de déviation du complément. In-8, vi 200 p., 25 fig., 1 pl., cart. t.   (*Masson et Cie*). 5—

Dulac (D^r). Des tumeurs congénitales de la région antero-latérale du cou du fœtus dans leurs rapports avec l'accouchement. In-8, fig.   (*Vigot frères*). 1.50

Dupré et **Nathan** (D^rs). *Voir aux Beaux-Arts*

Emery (D^r). Traitement de la syphilis par le dioscydiamidoarsenobenzol (Salvarsan). 208 p., fig., cart. t.   (*O. Doin et fils*). 4—

Fège (Dr A.). Massothérapie de l'Arthrite blennorrhagique à la phrase aiguë. In-8, 106 p.   (*G. Steinheil*). 3—

Gardette (D^r). Formulaires des Spécialités pharmaceutiques pour 1911. 379 p., cart.   (*Baillière et fils*). 3—

Guiart (Dr J.). Les Parasites inoculateurs de maladie. 105 fig.   (*E. Flammarion*). 3.50

Lassablière (Dr P.). Annuaire et guide d'Hygiène par un comité d'hygiénistes. In-8, 488 p., pl.   (*Jouve et Cie*). 2.50

Lavielle (J. L.). La sciatique et son traitement thermal à Dax. Gr. in-8, 105 p.   (*Baillière et fils*). 2.50

Leclercq (Dr A.). Les Maladies de la Cinquantaine. In-8, 335 p.   (*O. Doin et fils*). 6—

Lemanski (D^r). La Fièvre méditerranéenne. 188 p.   (*G. Steinheil*). 2.50

Levy-Bing et **Laffont** (D^rs). La syphilis expérimentale. 336 p., cart. t.   (*O. Doin et fils*). 4—

Lyon-Caen (Dr L.). La Tension superficielle (Rôle du foie dans les ictères). In-8. 148 p., 8 fig.   (*G. Steinheil*). 3.50

Maladies infectieuses. L'Immunité en six leçons.   (*A. Maloine*). 3.50

Maladies respiratoires et tuberculose (Thérapeutique des), p. les Drs Hirtz, Rist, Kuss, etc. In-8, 720 p., fig., cart.   (*Baillière et fils*). 14—

Médications générales, p. les Drs Bouchard, Roger, Bergonié, etc. In-8, 700 p., fig., cart.   (*Id.*). 14—

Paris (A.). Les Troubles de l'intelligence, de la sensibilité ou de la volonté chez les femmes enceintes...   (*A. Maloine*). 2—

Pascal (Dr C.). La Démence précoce. Cart.   (*F. Alcan*). 4—

Perrot et **Goris.** Travaux de Laboratoire de Matière médicale de l'Ecole supérieure de Pharmacie de Paris (T. VII, 1910). In-8, fig.   (*Vigot, frères*). 15—

Pétel (D^r). Fractures du Calcaneum et particulièrement des fractures par arrachement et des fractures sagittales. In-8. (*Id.*) 2—

Piquand (G.). L'Anesthésie locale. In-8, 112 p., 30 fig.   (*O. Doin et fils*). 2—

Rabinovitch (D^r). Traitement du cancer du col de l'utérus. In-8.   (*Vigot freres*). 2.50

Regnault (Dr J.). Ecole de médecine navale de Toulon. In-8, 56 p. (*Alte, Toulon*). 1.50

Richet (Ch.). Dictionnaire de Physiologie. Fasc. 25 : Ibogaïne-Insectes. Gr. in-8.   (*F. Alcan*) 8.50

Saissi (D^r). Essai sur la réduction non sanglante des fractures diaphysaires des os de la jambe. In-8 fig.   (*Vigot frères*). 2.50

Soulié (D^r). Précis d'anatomie topographique. In-8, 730 p., 240 fig., cart.   (*Baillière et fils*). 16—

Sciences naturelles
et techniques

Andrade (J.). Le Mouvement. Mesures de l'étendue et mesures du temps. In-8, 46 fig. cart.   (*F. Alcan*). 6—

Boudier (E.). Icones mycologicæ ou iconographie des champignons de France. 3 vol. in-4, 600 pl., tirés à 125 ex. (*L. Lhomme*). 1250—

Boudier (E.). Texte descriptif des 600 espèces représentées dans les Icones mycologicæ. In-4, 350 p.   (*L Lhomme*). 50—

Brun (A.). Nouvelles Etudes de Géochimie et de Géophysique. Recherches sur l'exhalaison volcanique. Gr. in-4, 300 p., 17 fig., 34 pl.   (*A. Hermann et fils*). 30—

Chevalier (M.). Les Cataclysmes terrestres 357 p., 51 dess., 78 fig.   (*Jouve et Cᵉ*). 3.50

Colson (A.). Contribution à l'étude de la Chimie, à propos du livre de M. Ladenburg. Gr. in-8, 130 p.   (*A. Hermann et fils*). 3—

Colson (R.). La Planchette-télémètre, ses usages.   (*Berger-Levrault et Cⁱᵉ*). 2—

Connaissance des temps pour l'an 1913, publ. p. le Bureau des Longitudes. In 8, viii-809 p., 3 cartes en coul., cart., 4.75 ; br.   (*Gauthier-Villars*). 4—

Coupin (H.). Lectures scientifiques sur la Physique. 368 p., 57 fig.   (*A. Colin*). 3—

Delacroix (Dʳ G.). Maladies des Plantes cultivées dans les Pays chauds. Publ. p. A. Maublanc. In-8, 605 p., 60 grav.   (*A. Challamel*). 22—

Doncieux (L.). Catalogue descriptif des Fossiles nummulitiques de l'Aude et de l'Hérault. Gr. in-8, 241 p., 16 pl.   (*Baillière et fils*). 7 50

Dumont (Em.). Grandeurs et nombres. Arithmétique générale. Gr. in-8, iv-280 p.   (*A. Hermann et fils*). 10—

Eisenmenger (G.). La Géologie et ses phénomènes. In-8, 70 grav., 10 pl.   (*P. Roger et Cⁱᵉ*). 4—

Fonck (L.). Le Travail scientifique. Trad. de l'all. p. J. Bourg et Decisier. 250 p.   (*Beauchesne et Cⁱᵉ*). 2.50

Frouessart (Dʳ E. L.). Faune des Mammifères d'Europe. Gr. in-8, xvii-266 p.   (*R. Friedlander et fils. Berlin*). 15—

Gautier (Em.). L'Année scientifique et industrielle, fondée p. Louis Figuier (54ᵉ année, 1910). 60 fig.   (*Hachette et Cⁱᵉ*). 3.50

Houlbert et **Monniot**. Faune entomologique armoricaine. 265 fig., 2 vol.   (*A. Hermann et fils*). 20—

Houllevigne (L.). Le Ciel et l'Atmosphère. (*A. Colin*).   3.50

Jeanpert (H.). Vade-Mecum du Botaniste dans la Région parisienne. In-8, cart.   (*L. Lhomme*). 7—

Klein (P.). Météorologie agricole et Prévision du Temps. 528 p., 147 fig., cartes, cart., 6— ; br.   (*Baillière et fils*). 5—

Ladenburg (A.). Histoire du développement de la Chimie depuis Lavoisier jusqu'à nos jours. Trad. p. A. Corvisy (Nouv. édit. augm. p. Colson). Gr in 8, vi-518 p.   (*A. Hermann et fils*). 17—

Lavie (H.). Nouvelles tables de Sinus naturels pour lever des plans de Mines. Cart.   (*Ch. Béranger*). 2—

Lespieau (R.). Chimie. Cart.   (*Hachette et Cⁱᵉ*). 1.50

Moreux (Abbé Th.). Quelques Heures dans le Ciel. 147 ill., 16 H. t., couv. en coul. ; rel. t., 1.50 ; br.   (*A Fayard*). 1—

Pacoret (Et.). *Voir à Agriculture,...*

Agriculture, Commerce Industrie, Finance

Advisse-Desruisseaux (P.). L'Ylang-Ylang. Culture, préparation, commerce. In-8, fig., photograph.   (*A. Challamel*). 3.50

Androuin. Pratique de l'interchangeabilité dans les ateliers de construction où l'on ne travaille pas en série. In-4, 48 p., 49 fig.   (*Dunod et Pinat*). 2—

Boutault (A.). L'Agriculture au régiment en 20 conférences. xi-321 p. (26, *R. Jacob*). 3—

Calmette, **Imbeaux** et **Pottevin**. Egouts et vidanges. Ordures ménagères. Cimetières. Gr. in-8, 568 p., 268 fig., cart., 15.50 ; br.   (*Baillière et fils*). 14—

Campagnac (Ch.). Le Port de Cette. Son rôle économique. Son avenir. In-8, 204 p.   (*Coulet et fils, Montpellier*). 5—

Colson et **Marlio**. Chemins de fer et Voies navigables. In-4, 108 p.   (*Dunod et Pinat*). 4.50

Cramer (Dʳ P. J. S.). La Culture de l'Hévéa. Trad. p. E. de Wildeman. In-8, 40 photograp.   (*A. Challamel*). 5—

Denil (G.). Les Echelles à poissons et leur application aux barrages de Meuse et d'Osurtbe. In-8, 152 p., 103 fig., 5 pl.   (*Dunod et Pinat*). 3.50

Ehrsam (R.). Formules des Mélanges et Procédés de Fabrication des Graisses industrielles. In-8.   (*Ch. Béranger*). 10—

Flamme (J.-B.). Le Matériel des Chemins de fer à l'Exposition de Bruxelles en 1910. In-4, 112 p., 161 fig., pl.   (*Dunod et Pinat*). 12—

Gérard (A.). Notes sur l'Industrie américaine. In-8.   (*Ch. Béranger*). 2—

Gramont (A. de). Notions d'analyse spectrale appliquée aux essais industriels. Gr. in-8, 32 p., 2 pl.   (*Hermann et fils*). 1.50

Guyot (P.). La Réforme des Bourses allemandes. Gr. in-8, 166 p.   (*A. Rousseau*). 3—

Haendel (J. H.). La Pratique commerciale. 400 p., fig., cart.   (*O. Doin et fils*). 5—

Hayem (J.). Mémoires et documents pour servir à l'histoire du Commerce et de l'Industrie en France. In-8. (*Hachette et Cᵉ*). 7.50

Hubert (P.). Propos sur la mouture par cylindres. In-8, 94 p., 9 fig., 29 croq.   (*Legrand, Vincennes (Seine)*). 2—

Krainik (S.). L'Evolution de la Répression des Fraudes et Falsifications alimentaires. In-8.   (*Larose et Tenin*). 6—

Laborderie. Le Rôle de l'électricité dans les accidents de travail.   (*A. Maloine*). 3.50

Lemire (Abbé). *Voir à Politique, ..*

Lepelletier (F.). Les Caisses d'Epargne. (*Gabalda et Cⁱᵉ*).   2—

Naquet-Radiguet. Des modifications aux statuts des sociétés par actions et du pouvoir qui les décide. Gr. in-8, 545 p. (*A. Rousseau*). 8—

Pacoret (Et.). La technique de la Houille blanche et des transports d'énergie électrique (Nouv. édit. augm.). 2 vol. In-8.   (*Dunod et Pinat*). 55—

Pacottet (P.). Vinificacion en los Viñedos

méridionales (R. Argentina, Chile, Peru, etc.).
Gr. en-8. 446 p., 166 fig. (*Baillière et fils*) 10—

Pellerin (G.). Préparation, Fabrication et Conservation des Denrées alimentaires. In-8, vii-524 p., 159 fig., cart., **17.50** ;
br.   (*Dunod et Pinat*). **16—**

Droit, Jurisprudence

Carpentier et **Frérejouan du Saint**. Supplément au Répertoire alphabétique du Droit français. 1ʳ vol. in-4, 800 p.   (*Larose et Tenin*). **25—**

Constant (A.). Guide des assurés. T. I : Assurances-Incendie. iv-186 p. (*P. Roger*. **1.50**

Cornilliat (J. L. M.). Répertoire formulaire des juges de paix. In 8.   (*Pichon et Durand-Auzias*). **10—**

Dislère (P.). Traité de législation coloniale. 4ᵉ supplément 1910. In-8. (*Paul Dupont*). **3—**

Duguit (L.). Traité de Droit constitutionnel. T. II : Les Libertés publiques. L'organisation politique. In-8.   (*Fontemoing et Cⁱᵉ*). **12—**

Fiore (P.). Le Droit international codifié (Nouv. édit. refondue). Trad. de l'ital. p. Ch. Antoine. In-8.   (*A. Pedone*). **18—**

Garcia-Lopez. Questions pénales. Le Délit.   (*A. Maloine*). **3—**

Internoscia (J.). Nouveau Code de Droit international. In-4.   (*A. Pedone*). **60—**

Japiot (R.). Le Fonds de Garantie (accidents du travail). Gr. in-8, 400 p.   (*A. Rousseau*). **6—**

Jardel (L.). La Lettre missive. In-8   (*Larose et Tenin*). **7—**

Lacoste (G. de). Essai les Méjoras ou avantages légitimaires dans le droit espagnol... Gr. in-8 52 p.   (*A. Rousseau*). **8—**

Lacourte (L.). Des garanties accordées aux Fonctionnaires contre les actes qui les révoquent. Gr. in-8. 349 p.   (*Id*). **5—**

Méthodes juridiques (Les). Leçons faites p. MM. Larnaude, Berthelemy, Tissier, etc. In 8, rel. 6— ; br.   (*Giard et Brière*). **5—**

Moreau (J.-B.). Manuel du Juge-Commissaire d'une faillite ou d'une liquidation judiciaire.   (*Marchal et Godde*). **2—**

Pappafava (Dʳ V.). Le Notariat en Egypte. Trad. de l'ital. p. J. Vattier.   (*Pichon et Durand-Auzias*). **2.50**

Paulian (A.). La Recognizance dans le Droit anglais. Gr. in-8. (*Giard et Brière*). **6—**

Pinelès (L.). Questions de Droit romain. Gr in 8.   (*Id*.). **3—**

Ransson (G.). *Voir à Philosophie*,...

Retraites ouvrières et paysannes. Loi du 5 avril 1910 et décrets du 24 et 25 mars 1911, portant Règlements d'administration publique. 100 p.   (*Berger-Levrault et Cⁱᵉ*). **1.50**

Retraites ouvrières et paysannes (La Loi sur les). In-8. 160 p. (*Paul Dupont*). **1.25**

Retraites ouvrières et paysannes. Loi du 5 avril 1910. Règlements d'Administration publique. In-8, 100 p. (*G. Roustan*). **1.25**

Politique, Economie sociale

Action socialiste municipale (L'). Etudes p. Garnier, Thomas, Bianconi, etc.   (*M. Rivière*). **1.25**

Albertini (L.). L'Argentine sans bluff ni chantage. (*Ann. Franco-améric., R. Tronchet*). **3.50**

Annuaire du Parlement (1911). Rel., 9—; br.   (*G. Roustan*). **7—**

Antonelli (Et.). La Démocratie sociale devant les Idées présentes. 269 p.   (*M. Rivière*). **3—**

Arminjon (P.). La situation économique et financière de l'Egypte. In-8, 2 cartes.   (*Pichon et Durand-Auzias*) **18—**

Bates Clark (J.). Principes d'économique... Trad. p. Oualid et Leroy. In-8, rel., 11—; br.   (*Giard et Brière*). **10—**

Bertillon (Dʳ J.). La Dépopulation de la France. In-8, cart.   (*F. Alcan*). **6—**

Biétry (P.). Le Trépied. (*Soc. franç. d'Impr. et de Libr.*). **3.50**

Bourgin (H.). Le Socialisme et la Concentration industrielle. 88 p. (*M. Rivière*). **—75**

Clermont-Tonnerre (Cᵗᵉ L. de). Pourquoi nous sommes sociaux. 64 p.   (*Bloud et Cⁱᵉ*) **—60**

Cœurderoy (E.). OEuvres. T. II et III (1854-55). Le vol.   (*P. V. Stock*). **3.50**

Compte-rendu de la Semaine sociale de Rouen. In-8.   (*Gabalda et Cⁱᵉ*). **5—**

Deromas (P.). La Petite Propriété rurale. In-8.   *M. Rivière*. **4—**

Dodu (G.). Le Parlementarisme et les Parlementaires sous la Révolution (1789-99). In-8.   (*Plon-Nourrit et Cⁱᵉ*). **7.50**

Dufeuille (Eug.). *Voir à Philosophie*,...

Engels (F.). Philosophie. Economie politique. Socialisme (Contre Eugène Dühring). Trad. de l'all. p. Ed. Laskine. In-8.   (*Giard et Brière*). **10—**

Escarra (Ed.). Les Modifications apportées à l'Income-Tax par le Finance-Act de 1909 10. Gr in-8.   (*Id*.). **1.50**

F. F. O. La Vérité sur le Régime constitutionnel des Jeunes-Turcs. Comment il a été compromis. In-8. (*Plon-Nourrit et Cⁱᵉ*). **1.50**

Garzon (E.). L'Amérique latine.   (*Louis Conard*) **3.50**

Gorju (C.). L'Evolution coopérative en France. 2ᵉ partie.   (*M. Rivière*). **1—**

Guesde (J.). Questions d'hier et d'aujourd'hui. Réformisme bourgeois. Les Syndicats...   (*Giard et Brière*). **—50**

Harmignie (P.). L'Etat et ses agents (Syndicalisme administratif). In-8. (*F. Alcan*). **7.50**

Janvier (R. P.). L'Action catholique. In-8   (*P. Lethielleux*). **4—**

Lacourte (L.). *Voir à Droit*,...

Lannoy (de). La Révolution préparée par la Franc-Maçonnerie.   (*Id*.). **4—**

Lemire (Abbé). Le Travail de nuit des Enfants dans les usines à feu continu.   (*Larose et Tenin*). **1—**

Lépine (F.). La Représentation proportionnelle. In-8.   (*M. Rivière*). **4—**

Lesigne (E.). Les Droits du travail. T. I : L'Homme ne veut plus du Salariat. 242 p. *(Id.)*. 3—

Lewy (E.). Paix sociale et internationale. In-8. *(Giard et Brière)*. 1—

Lhermitte (G.). Pourquoi je ne paie pas mes Contributions. In-8. *(Schleicher frères)*. —50

Martin (J.). La Terre et le Peuple de Basse-Normandie. ix-234 p. *(Imp. Barbaroux, St-Lô)*. 3.50

Maze-Sencier (G.). Le Rôle moral et social de la Presse. *(P. Lethielleux)* 1.50

Mermeix. L'Angleterre. Aspects inconnus. *(P. Ollendorff)*. 3.50

Pédagogie

Faure (A.). L'Individualisme et la Réforme de l'Enseignement. *(P. V. Stock)*. 1—

Instructions concernant les programmes de l'Enseignement secondaire. Préf. de L. Liard. In-8. *(Ch. Delagrave)*. 5—

Montier (Ed.). De l'éducation sociale et sentimentale des Filles. *(Soc. franç. d'Imp. et de Libr.)*. 3—

Linguistique

Hovelaque (E.). Deux Conférences sur l'Enseignement des Langues vivantes. In-8. *(Ch. Delagrave)*. 2—

Lévi. Mélanges d'Indianisme offerts par ses Élèves à Sylvain Lévi. Recueil p. Bloch, Bode, de Blonay, etc. In-8. *(E. Leroux)*. 15—

Philosophie, Morale, Religion Ascétisme

Abramowski (Ed.). L'Analyse physiologique de la Perfection. *(Bloud et Cie)*. 1.50

A.-Cinelli (El.). *Voir à Politique....*

Arambault (Paul). Pascal. 224 p., 10 gr. et p. Coll. « Les grands philos. franç. et étrang. » Relié 2.75 ; br. *(Louis-Michaud)*. 2— (Voir aux annonces).

Artaud (V. D.). La vraie Piété. *(Beauchesne et Cie)*. 2.50

Battandier (Mgr A.). Annuaire pontifical catholique (1911). In-8 à 2 col., 91 p., port., grav. *(La Bonne Presse)*. 5—

Berret (P.). La Philosophie de Victor Hugo (1854-59). In-8, 144 p., couv. en coul. *(H. Paulin et Cie)*. 5—

Binet (A.). L'Année psychologique. In-8, ix-500 p. *(Masson et Cie)*. 15—

Bohn (G.). La nouvelle psychologie animale. *(F. Alcan)*. 2.50

Borrell (P.). Benoît Spinoza. 68 p. *(Bloud et Cie)*. —60

Bouldoires (L.). Saint Pierre et les Origines de l'Église catholique. 104 p., grav. *(Desclée, de Brouwer et Cie)*. 4—

Bouvier (P.). La vocation sacerdotale. *(P. Lethielleux)*. 4—

Chachoin (L.). Les Religions. Histoire, Dogmes, Critique. 690 p. *(Paul Geuthner)*. 7.50

Chevrier (G.). Une introduction à l'étude de la généalogie de l'homme. 36 p. *(Édit. théosophiques)*. —75

Coignet (C.). De Kant à Bergson. *(F. Alcan)*. 2.50

Delanne (G.). Les Apparitions matérialisées des vivants et des morts. Gr. in-8, 845 p., photograp. *(Leymarie)*. 10—

Dessenne (Abbé). Guide des œuvres. *(Imp. de la Presse populaire, Arras)*. 2.50

Dufeuille (Eug.). L'anticléricalisme avant et pendant notre République. In-8. *(Calmann-Lévy)*. 5—

Dupuy (P.). Le Positivisme d'Auguste Comte. In-8. *(F. Alcan)*. 5—

Emerson (R. W.). Société et Solitude. Trad p. Dugard. *(A. Colin)*. 3.50

Fogazzaro (A.). Les Ascensions humaines. Évolutionnisme et Catholicisme. *(Perrin et Cie)*. 3.50

Foucher (A.). La Madone bouddhique. Gr. in 4, 23 p., 9 fig. *(E. Leroux)*. 40—

Gougaud (Dom L.). Les Chrétientés celtiques. xxxvi-440 p., 3 cartes. *(Gabalda et Cie)*. 350.

Moisant (X.). L'Optimisme au xixe s., xvii-265 p. *(Beauchesne et Cie)*. 3—

Vaschide (N.). Le sommeil et les rêves. *(Bibl. de Phil. Scient.)*. *(E. Flammarion)*. 3.50

La conclusion certaine tirée de l'analyse des faits par Vaschide est que ni l'attention ni la volonté ne sont abolies pendant le sommeil, qu'elles ne cessent de fonctionner pendant le rêve ; et que de plus, en rêve il y a parfois une abolition surprenante du sens de la durée. Toute personne sachant regarder un peu au-delà de la vie de tous les jours, ou qui en veuille pénétrer le sens mystérieux, lira ce travail avec intérêt.

Polygraphie. Divers

Guenin (E.). Quelle sténographie apprendre ? In-8, 39 p. *(38, R. de Vaugirard)*. 1—

Sommaire des Revues

La Revue Hebdomadaire.
20e Année

Ne publie que de l'inédit ; chaque n° 168 pages ; un supplément illustré hors texte. *Librairie Plon, Nourrit et Cie*, 8, rue Garancière, PARIS.

Nos des 25 Mars, 1er, 8, 15 Avril 1911. — Maurice Donnay : *Molière.* — « *Le Médecin malgré lui* » ; « *Mélicerte* » ; « *Pastorale comique* » ; « *le Sicilien* » ; « *Tartuffe* » ; — « *Amphitryon* » ; « *George Dandin* » ; « *l'Avare* » ; « *Monsieur de Pourceaugnac* » ; « *les Amants magnifiques* » ; « *le Bourgeois gentilhomme* » ; « *Psyché* » ; « *les Fourberies de Scapin* » ; « *la Comtesse d'Escarbagnas* » ; « *la Mort de Madeleine Béjart* ». — Comtesse de Noailles : *Poèmes*. — LES MINISTÈRES : Étienne Flandin : *Ministère de la Justice.* — Charles Laurent : *Ministère des Finances.* — Gabriel Comparet : *Ministère de l'Instruction publique.* — *** : *Ministère de la Marine.* — Fernand Laudet : *Mme Swetchine.* — Edward White : *Terres de Silence* (Traduit de l'anglais par J.-G. Delamain). — André Chaumeix : *Le mouvement des idées: les Idées de M. Maeterlinck.*

— Comte d'Haussonville : *Prévost-Paradol.* — Eusèbe de Bremond d'Ars : *Poème.* — Henry Bordeaux : *La Vie au Théâtre ; Les Amants de Genève : Ferdinand Lassalle et Hélène de Dœnniges.* — Jean Aicard : *Poème : Ponce Pilate.* — Raymond de Passillé : *Le Cheval dans l'antiquité préhistorique.* — François Le Grix : *Les Livres.* — Pierre de la Gorce : *L'Exposition universelle de 1867.* — Robert Chauvelot : *Un Grand Mariage aux Indes : les Noces de Kapurthala.*

Prix de l'abonnement : trois mois, 5 fr. 75 ; six mois, 10 fr. 50 ; un an, 20 fr. ; Etranger, 8 fr. 25 ; 15 fr 50 ; 30 fr. ; le numéro, 0 fr. 50.

Mercvre de France.

26, rue de Condé, PARIS — Sommaire du 1er avril 1911. — Saint-Alban : *Le Nu au Théâtre.* — André Rouveyre : *Visages : LXII. Aurel.* — Adolphe Paupe : *Vingt-neuf lettres inédites de Prosper Mérimée à Sutton Sharpe.* — Maurice Serval : « *La Rabouilleuse* ». *Les sites et les gens, les personnages, Balzac à Issoudun.* — François Mauriac : *Enfance, poésie.* — Péladan : *Philosophie de la Volupté.* — Léon Thévenin : *L'Enseignement du latin pour les femmes.* — Jean Daluze : *Vers la tragédie moderne.* Albert Erlande : *Il Giorgione,* roman (fin). — Revue de la quinzaine.

Sommaire du 16 avril. — Paul Louis : *Le Double Prolétariat antique.* — André Rouveyre : *Visages : LXIII. Jules Soury.* — Marcel Fosseyeux : *La Vie au XVII° siècle : L'Abbé Blache ou le Poison au Couvent.* — André Spire : *Poèmes.* — Jules Borély : *Une Visite à J.-H. Fabre.* — Auguste Callet : *Le Système étymologique de Littré et de son école.* — Edmond Pilon : *Sur une épitaphe : Maître Jean Renard.* — Louis Dumur (*illustrations de* Gustave Wendt) : *L'Ecole du Dimanche* (I-II), roman. — Revue de la quinzaine.

Revue des Deux Mondes.

15, rue de l'Université, PARIS

Sommaire de la livraison du 1er avril 1911
Leïla (4° partie), p. Antonio Fogazzaro. — *L'Esprit de la nouvelle Sorbonne,* p. M. Emile Faguet. — *La Fille du ciel* (2° partie), p. Mme Judith Gautier et M. Pierre Loti. — *La Banque de France,* p. M. R.-G. Lévy. — *Nationalisme canadien et impérialisme britannique,* p. M. Jacques Bardoux. — *La Conspiration Magon,* p. M. Ernest Daudet. — *Poésies : Le Secret de l'opale,* p. Auguste Angellier. — *L'Armée du Salut,* p. Gaston Bonet-Maury. — *Revue dramatique,* p. M. René Doumic. — *Chronique de la quinzaine,* p. M. Francis Charmes. — *Bulletin bibliographique.*

Sommaire de la livraison du 15 avril 1911
Leïla (5° partie), p. Antonio Fogazzaro. — *Mérimée inspecteur des monuments historiques,* p. M. André Hallays. — *La Fille du ciel* (3° partie), p. Mme Judith Gautier et M. Pierre Loti. — *La Haine du plaisir dans le puritanisme anglais,* p. Mlle Léonora Heibert. — *Alfred de Vigny et Hector Berlioz,* d'après des lettres inédites, p. M. Ernest Dupuy. — *Une histoire de France : L'Histoire de la France depuis les origines jusqu'à la Révolution,* de M. Ernest Lavisse, p. M. A. Albert-Petit. — *Le Problème politique dans l'Inde anglaise et l'Indo-Chine française,* p. M. Pierre Khorat. — *A propos d'une nouvelle biographie de Canova,* p. M. T. de Wyzewa. — *Revue musicale,* p. M. Camille Bellaigue. — *Ernest Herbert,* p. M. Louis Gillet. — *Chronique de la quinzaine,* p. M. Francis Charmes. — *Bulletin bibliographique.*

Prix de l'abonnement du 1er et du 15 de chaque mois. — Paris : un an, 50 fr. ; six mois, 26 fr. ; trois mois. 14 fr. — Départements : un an, 56 fr. ; six mois, 29 fr. ; trois mois. 15 fr. — Etranger : un an. 62 fr. ; six mois, 32 fr. ; trois mois, 17 fr.

ÉDITIONS DV MERCVRE DE FRANCE
26, rue de Condé — PARIS-VI°

STEPHEN CRANE
La Conquête du Courage. Episode de la Guerre de Sécession. Traduit de l'anglais par FRANCIS Vielé-Griffin et Henry-D. Davray. Vol. in-18............ **3 fr. 50**

FRANCIS JAMMES
Les Géorgiques Chrétiennes. Chants I et II. Vol. in-16 soleil, tiré sur vergé d'Arches.
— Prix............ **5 fr.**

IWAN GILKIN
La Nuit, poèmes. Vol. in-18............ **3 fr. 50**

HENRI DE RÉGNIER, *de l'Académie française*
Le Miroir des Heures, poèmes. Vol. in-18............ **3 fr. 50**

ANDRÉ GIDE
Nouveaux Prétextes. Réflexions sur quelques points de littérature et de morale. Vol. in-18..... **3 fr. 50**

FRANÇOIS PORCHÉ
Humus et Poussière, poèmes. Vol. in-18............ **3 fr. 50**

RUDYARD KIPLING
Actions et Réactions. Traduction de Louis Fabulet et Arthur Austin-Jackson. Vol. in-18............ **3 fr. 50**

SENANCOUR
De l'Amour. Vol. petit in-18............ **3 fr.**

LÉON BLOY
Le Vieux de la Montagne. *Pour faire suite au* **Mendiant Ingrat,** *à* **Mon Journal** *et à* **Quatre ans de Captivité à Cochon-ssur-Marne** *et à* **l'Invendable.** 1907-1910. Préface de André Dupont, avec deux gravures. Vol. in-18............ **3 fr. 50**

LAFCADIO HEARN
Chita, Un Souvenir de l'Ile Dernière, traduit de l'anglais par Marc Logé. Vol. in-18............ **3 fr. 50**

CLAIRE RICHTER
Nietzsche et les Théories biologiques contemporaines. Vol. in-18............ **3 fr. 50**

J.-W. BIENSTOCK et Dr A. SKARVAN
Au Pied de l'Echafaud, récits, trad. du russe de Andréev, Anoutchine, Boretzky, Korolenko, Séménov, Tolstoï, Wladimirov. Vol in-18............ **3 fr. 50**

ANDRÉ SPIRE
Vers les Routes absurdes, poèmes. Vol. in-18....... **3 fr. 50**

Librairie Henri LECLERC, *rue Saint-Honoré, 219 — PARIS*

Pour paraître le 20 Mai 1911 :

PIERRE DE NOUVION et ÉMILE LIEZ

UN MINISTRE DES MODES
sous Louis XVI

MADEMOISELLE BERTIN

Marchande de Modes de la Reine

1747–1813

Sa Famille — Sa Maison de Commerce — Ses Clientes
Compte des Dépenses de la Reine Marie-Antoinette

D'après des documents inédits tirés des Archives nationales et de collections particulières

Un volume in-4°, imprimé sur beau velin d'Arches fabriqué pour cet ouvrage. Orné de 11 portraits et planches gravées en couleurs par G. RIPART. — Tirage à 400 exemplaires dont 250 seulement mis dans le commerce.

EN SOUSCRIPTION AU PRIX DE : **150** FR.

A une époque où les personnes et les événements du xviii⁰ siècle retiennent l'attention du public, l'histoire de Mademoiselle Bertin offre un intérêt particulier.

S'il est fait souvent mention de la marchande de modes de la Reine dans les ouvrages qui ont été consacrés à la reine Marie-Antoinette, aucun auteur ne s'était encore préoccupé de dire exactement ce que fut Mademoiselle Bertin.

MM. Emile LIEZ et Pierre DE NOUVION nous présentent la célèbre modiste. Ils nous la montrent dans sa famille, ils nous dépeignent sa maison de commerce, ils nous font pénétrer dans son magasin où nous assistons au défilé d'une clientèle composée de reines, princes, princesses, grandes dames, actrices, etc.

L'importante étude qu'ils ont consacrée aux relations de Mademoiselle Bertin avec la reine Marie-Antoinette suffirait à donner un intérêt considérable à leur ouvrage.

Les nombreuses factures qu'ils publient des comptes de Mademoiselle Bertin sont des documents qui pourront être utilisés avec profit par tous ceux qui s'occupent d'industries de modes.

M. G. RIPART, un artiste de talent et médaillé de la Société des Artistes français, a donné à cet ouvrage une illustration qui en fait une œuvre de valeur.

Les célèbres portraits de Mademoiselle Bertin, par Janinet, et de Marie-Antoinette, d'après Dagoty, avaient leur place toute indiquée dans cette histoire d'un ministre des modes sous Louis XVI.

Rédigée avec soin et d'après des documents absolument inédits dont beaucoup sont extraits d'archives particulières, l'histoire de Mademoiselle Bertin nous révèle un personnage inconnu et peu ressemblant à celui que nous présente la légende.

Société des Éditions **LOUIS-MICHAUD,** 168, boulevard Saint-Germain, PARIS

GROS SUCCÈS !!!   3 fr. 50

Jeanne LANDRE et Comtesse Xavier D'ABZAC

CAMELOTS du ROI

Roman de la plus grande actualité où les auteurs ont jeté à profusion leurs qualités
d'esprit et d'ironie

Romans de JEANNE LANDRE déjà parus : **La Gargouille, Echalote et ses Amants,
Echalote continue..., Plaisirs d'Amour.**

---

2 fr. **ENCYCLOPÉDIE LITTÉRAIRE ILLUSTRÉE** **2 fr. 75**
BROCHÉ Publiée sous la direction de M. CHARLES SIMOND RELIÉ

LE ROMAN FRANÇAIS

par Gabriel CLOUZET

Préface de J.-H. ROSNY aîné. — Essai sur **L'Histoire du Roman** par CH. SIMOND

LA LITTÉRATURE CHRÉTIENNE

par E. THOMAS

Essai sur Les Etudes religieuses en France par CH. SIMOND

Chaque volume de 224 pages forme un travail complet. Il contient une analyse des œuvres,
une biographie des auteurs, un choix des textes et 45 gravures et portraits. C'est le seul travail
de ce genre paru jusqu'ici en France et à l'étranger.

Déjà parus : **La Grèce, L'Inde, La Norvège, Les Poètes latins, La Perse, Le Théâtre
français. Les Prosateurs latins, Le Roman allemand, Les Poètes anglais,
Le Théâtre italien.**

---

2 fr. 25 **LA VIE ANECDOTIQUE ET PITTORESQUE DES GRANDS ÉCRIVAINS** **3 fr.**
BROCHÉ RELIÉ

DICKENS

par P.-L. HERVIER

Un beau volume de 200 pages, avec 50 illustrations documentaires

Déjà parus dans cette Collection (9 volumes) : **George Sand, Paul Verlaine, Gœthe,
Lord Byron, Diderot. Tolstoï. Baudelaire, Balzac, Victor Hugo.**

---

2 fr. **LES GRANDS PHILOSOPHES FRANÇAIS ET ÉTRANGERS** **2 fr. 75**
BROCHÉ RELIÉ

PASCAL

par Paul ARCHAMBAULT

Etude sur la philosophie de Pascal, choix très important de textes, notices biographique
et bibliographique, nombreuses illustrations, documents et portraits.

Déjà parus (12 volumes) : **Platon, Descartes, Kant, Tarde, Lamarck, Montesquieu,
Soloviev, Bergson, Boutroux, Cabanis, Helvétius, Leibniz.**

Auguste BLAIZOT, Libraire-Éditeur, 26, *rue Le Peletier.* — *PARIS*

Vient de paraître :

NADAR

CHARLES BAUDELAIRE INTIME

LE POÈTE VIERGE

DÉPOSITION, DOCUMENTS, NOTES, ANECDOTES

CORRESPONDANCE, AUTOGRAPHES ET DESSINS

LE CÉNACLE, LA FIN

Avec cinq portraits de Baudelaire, Banville, Nadar, Th. Gautier, Champfleury

Un volume petit in-8° de 143 pages, imprimé par Hérissey sur papier velin d'Arches

DÉTAIL DU TIRAGE ET PRIX

1 exemplaire sur papier de Chine n° 1... Souscrit.
20 exemplaires sur papier du Japon, numérotés de 2 à 21. — Prix................. 30 fr.
250 exemplaires sur papier velin d'Arches, numérotés de 22 à 271 (225 exemplaires
   seulement dans le commerce). — Prix.. 15 fr.

Vient de paraître :

J.-K. HUYSMANS

EN RADE

Eaux-fortes en couleurs et bois originaux de Paul GUIGNEBAULT

Un volume petit in-4° de 208 pages sur papier velin d'Arches

DÉTAIL DU TIRAGE ET PRIX

1 à 20. Exemplaires contenant 3 états des eaux-fortes, dont l'eau-forte pure et la suite
   des bois, plus une aquarelle, à pleine page, de l'illustrateur.................... 450 fr.
21 à 50. Exemplaires contenant 3 états des eaux-fortes, dont l'eau-forte pure et la
   suite des bois... 350 fr.
51 à 70. Exemplaires contenant 2 états des eaux-fortes, dont celles avec les remarques
   et la suite des bois.. 250 fr.
71 à 250. Exemplaires contenant les eaux-fortes avec la lettre..................... 180 fr.

(Tirage unique sur papier velin d'Arches)

Librairie LAROUSSE, *13-17, rue Montparnasse, PARIS (6ᵉ)*

BLOUD & Cie, Éditeurs, 7, place Saint-Sulpice — PARIS (VIe)

Viennent de paraître :

Émile GEBHART
de l'Académie française **De Panurge à Sancho-Pança**
ÉTUDES DE LITTÉRATURE EUROPÉENNE
Un volume in-16. — Prix.................................... 3 fr. 50

Vicomte E.-M. DE VOGÜÉ
de l'Académie française **Sous les Lauriers** ÉLOGES ACADÉMIQUES
Un volume in-16. — Prix.................................... 3 fr. 50

Henry JOLY
de l'Institut **L'Italie contemporaine** ENQUÊTES SOCIALES
Un volume in-16. — Prix.................................... 3 fr. 50

Maurice LEGENDRE
Agrégé de l'Université **Le Problème de l'Education**
Ouvrage couronné par l'Académie des Sciences Morales et Politiques
Un volume in-16. — Prix.................................... 3 fr. 50

Étienne LAMY
de l'Académie française **Quelques Œuvres,**
Quelques Ouvriers
Un volume in-16. — Prix.................................... 3 fr. 50

Paul THUREAU-DANGIN
de l'Académie française **Le Cardinal Vaughan**
Un volume in-16. — Prix.................................... 1 fr. 20

COLLECTION DES GRANDS ÉCRIVAINS ÉTRANGERS
Volumes in-16 illustrés. — Prix : **2 fr. 50**

Viennent de paraître :

Émile HAUMANT
Professeur à la Sorbonne **Pouchkine**

Firmin ROZ **Tennyson**

Récemment parus :

Ernest DIMNET
Agrégé de l'Université **Les Sœurs Brontë**

Émile LEGOUIS
Professeur à la Sorbonne **Chaucer**

PARIS. — Impr. de la *Bibliographie Mensuelle*.　　　LE GÉRANT : PIERRE DAUZE.

9 782329 605265